Stambuł

ORHAN PAMUK

Stambuł
WSPOMNIENIA
I MIASTO

PRZEŁOŻYŁA

Anna Polat

WYDAWNICTWO LITERACKIE

Mojemu ojcu
Gündüzowi Pamukowi (1925–2002)

*Piękno krajobrazu
kryje się w jego smutku*
Ahmet Rasim

1.
Drugi Orhan

Od wczesnego dzieciństwa wierzyłem, że gdzieś w Stambule, w mieszkaniu dokładnie takim samym jak nasze, mieszka drugi Orhan, który jest podobny do mnie jak dwie krople wody. Nie pamiętam, skąd mi przyszła ta myśl. Prawdopodobnie zrodziła się we mnie w czasie utkanym z nieporozumień, przypadków, gier i obaw. Chcąc wyjaśnić, co czułem, kiedy to wyobrażenie zaczynało przebłyskiwać w mojej głowie, muszę opowiedzieć o chwili, w której po raz pierwszy stało się ono bardzo wyraźne.

Gdy miałem pięć lat, musiałem na jakiś czas opuścić rodzinny dom. Po kolejnej kłótni i kolejnym rozstaniu matka i ojciec postanowili razem wyjechać do Paryża, pozostawiwszy mnie i brata w Stambule. Mój starszy brat razem z babcią i resztą rodziny został w dzielnicy Nişantaşı*, w kamienicy Pamuków, mnie natomiast odesłano do ciotki na Cihangir.

---

* Wymowa w języku polskim niektórych głosek tureckich — patrz strona 468 (przyp. red.).

W mieszkaniu tym, gdzie zawsze przyjmowano mnie z radością, wisiał oprawiony w białe ramy obrazek przedstawiający małego chłopca. Od czasu do czasu ciotka albo wuj wskazywali go i mówili z uśmiechem: „Spójrz, to ty".

Sympatyczny chłopiec o dużych oczach rzeczywiście trochę mnie przypominał — miał taki sam kaszkiet, w jakim ja wychodziłem czasami na ulicę. Ale chociaż wiedziałem, że to nie jestem ja (jedynie przywieziona z Europy ładna, ale kiczowata reprodukcja jakiegoś dziecięcego portretu), to zawsze się zastanawiałem, czy nie jest on przypadkiem drugim Orhanem, który mieszkał w innej części mego rodzinnego miasta.

Teraz również mieszkałem gdzie indziej. Tak jakbym musiał się przeprowadzić, aby zobaczyć swojego sobowtóra. Wcale jednak nie byłem zadowolony z naszego spotkania. Chciałem tylko wrócić tam, skąd przybyłem, do kamienicy Pamuków. Za każdym razem, kiedy wuj i ciocia powtarzali mi, że to ja jestem na tym obrazku, czułem zamęt w głowie i wszystko — moje wyobrażenia na swój temat, mój dom, mój portret i portret podobnego do mnie chłopca, on sam i jego dom — zaczynało mi się mylić tak, że pragnąłem jak najszybciej wrócić do swoich bliskich.

Moje życzenie się spełniło, ale wizja żyjącego gdzieś w Stambule drugiego Orhana nigdy mnie już nie opuściła. Tkwiła w mojej głowie przez cały okres dzieciństwa i wczesnej młodości, zawsze gotowa rozwinąć się pod działaniem wyobraźni. Kiedy w zimowe wieczory spacerowałem po Stambule, czasem nagle z drżeniem uświadamiałem sobie, że fantazjuję o tym drugim Orhanie, mieszkającym w jednym z domów, których wnętrza próbowałem dojrzeć, z których okien sączyły się pomarańczowe światła, a mieszkańcy ich żyli według mnie szczęśliwie, spokojnie i dostatnio.

W miarę upływu czasu fantazja ta przerodziła się w senny koszmar. W snach, czasem krzycząc z przerażenia, spotykałem chłopca zawsze w tym drugim mieszkaniu i wówczas obaj z zaskakującym opanowaniem mierzyliśmy się bezlitosnym spojrzeniem. Wtedy, zawieszony gdzieś pomiędzy jawą i snem, jeszcze mocniej zapadałem się w poduszkę, w swój dom, ulicę, miejsce, w którym żyłem. A kiedy było mi źle, wyobrażałem sobie, że przyjdzie dzień, gdy trafię do tego domu, do życia drugiego Orhana — zaczynałem nawet wierzyć, że jakąś częścią tkwi on we mnie, odczuwałem przyjemność na myśl o tym, że jest szczęśliwy. To fantazjowanie sprawiało mi tak wielką radość, że nie zaprzestałem poszukiwania tamtego domu i zaglądania przez okna do cudzych mieszkań.

I oto dotarliśmy do sprawy najważniejszej: od dnia narodzin nigdy nie opuściłem Stambułu. Chociaż bywało, że mieszkałem w innych dzielnicach, to teraz, po pięćdziesięciu latach, znów wróciłem do kamienicy Pamuków. Wciąż tkwię w miejscu, w którym zrobiono mi pierwsze fotografie, gdzie matka po raz pierwszy wzięła mnie na ręce, aby pokazać mi świat. Wiem, że moje przywiązanie do tego domu wynika między innymi z głęboko zakorzenionej wiary w istnienie drugiego Orhana i więzi, jaka nas połączyła. Ponieważ żyjemy w czasach naznaczonych masowymi wędrówkami ludzi i twórczością emigrantów, trudno jest mi wyjaśnić, dlaczego pozostałem nie tylko w tym samym miejscu, ale nawet w tym

samym domu. Słyszę wtedy smutny głos matki: „Dlaczego nie wyjdziesz stąd nawet na chwilę, nie zmienisz otoczenia, nie wybierzesz się w podróż?".

Niektórzy pisarze, jak Conrad, Nabokov czy Naipaul, potrafili zmienić język, narodowość, kulturę, kraj, kontynent, a nawet cywilizację. Ich wyobraźnia karmiona była atmosferą zesłania, moc czerpali nie ze swych korzeni, ale właśnie z sytuacji wykorzenienia. Ja jednak muszę pozostawać w tym samym mieście, na tej samej ulicy, oglądać te same widoki. Los Stambułu to mój los: jestem przywiązany do tego miasta, bo uczyniło mnie tym, kim jestem dzisiaj.

Na sto dwa lata przed moimi narodzinami Stambuł odwiedził Flaubert, który — zafascynowany egzotyką tego miejsca i ludźmi — wieszczył w jednym ze swoich listów, że nim upłynie wiek, miasto stanie się stolicą świata. Ta przepowiednia się nie sprawdziła — wprost przeciwnie: kiedy przestało istnieć imperium osmańskie, świat niemal zapomniał o Stambule. W dniu moich narodzin miasto przeżywało najgorsze dni w swej dwutysiącletniej historii: coraz większą izolację i biedę. Losy Stambułu kojarzyły mi się zawsze z goryczą porażki po upadku imperium, ubóstwem i smutkiem, które emanowały z wypełniających je ruin. Całe moje życie upłynęło na walce z tym smutkiem albo — jak w przypadku wszystkich stambulczyków — próbach pogodzenia się z nim.

Każdy, kto próbuje nadać sens swojemu istnieniu, przynajmniej raz w życiu zastanawiał się nad znaczeniem miejsca i czasu, w którym przyszedł na świat. Dlaczego urodziliśmy się akurat w tym zakątku i tego dnia? Czy ten kraj, to miasto i ta rodzina, przydzielona nam jak los w loterii, rodzina, którą powinniśmy szanować i którą rzeczywiście w końcu udaje się nam szczerze pokochać — czy to wszystko może być tylko przypadkiem? Czasem myślę, że jestem pechowcem, bo urodziłem się w Stambule przysypanym przez popioły i ruiny imperium, nijakim od smutku, ubóstwa i udręki. Ale jakiś głos wewnętrzny podpowiada mi jednocześnie, że może właśnie dlatego jestem szczęściarzem. Jeśli zaś chodzi o stan posiadania, to miałem szczęście, przychodząc na świat w zamożnej rodzinie w czasie, gdy miasto przeżywało największy kryzys (choć inni zapewne by się z tym nie zgodzili). Właściwie nie mogę się skarżyć: zaakceptowałem miasto, w którym się urodziłem, tak jak zaakceptowałem moje ciało (chociaż chciałbym być bardziej przystojny i lepiej zbudowany) i moją płeć (chociaż ciągle, nieco naiwnie, zastanawiam się nad tym, czy nie byłoby lepiej, gdybym był kobietą). Takie jest moje przeznaczenie i nie ma sensu z nim dyskutować. Ta książka opowiada właśnie o przeznaczeniu...

Urodziłem się krótko po północy 7 czerwca 1952 roku w niewielkim prywatnym szpitalu w stambulskiej dzielnicy Moda. Nocą szpitalne korytarze i świat były spokojne. Na naszej planecie nie działo się nic wstrząsającego poza tym, że dwa dni wcześniej włoski wulkan Stromboli nagle zaczął pluć ogniem i lawą. W gazetach pojawiały się informacje o tureckich żołnierzach walczących w Korei Północnej i krótkie notki o podejrzeniach Amerykanów w sprawie planowanego przez Koreańczyków użycia broni biologicznej. Ale najważniejsze wiadomości, czytane przez większość mieszkańców Stambułu, a więc również moją matkę na kilka godzin przed porodem, dotyczyły naszego miasta: dzień wcześniej pewien handlarz tekstyliami zidentyfikował zwłoki złodzieja recydywisty, który dwie noce wcześniej w przerażającej masce usiłował włamać się przez okienko toalety do pewnego domu w dzielnicy Langa. Został zauważony, a następnie — w wyniku pościgu zorganizowanego przez stróżów i odważnych uczniów z internatu Konya Talebe Yurdu — zapędzony do magazynu drewna, gdzie obrzucił wyzwiskami funkcjonariuszy policji, po czym popełnił samobójstwo. Wspomniany handlarz tekstyliami zeznał, że w zeszłym roku opryszek ów, grożąc mu pistoletem, w biały dzień obrabował jego sklep. Moja matka czytała o tym wszystkim, leżąc samotnie w szpitalu, ponieważ — jak wyznała mi po latach z odrobiną gniewu i żalu w głosie — ojciec, znudzony czekaniem na przedłużający się poród, poszedł na spotkanie z kolegami. Podczas porodu towarzyszyła jej więc tylko siostra, która dostała się do środka późną nocą przez płot w ogrodzie. Matka, gdy zobaczyła mnie po raz pierwszy, pomyślała, że jestem znacznie drobniejszy i szczuplejszy niż mój brat, którego urodziła dwa lata wcześniej.

Powinienem właściwie napisać: „podobno pomyślała". Forma, którą tak bardzo lubię, używana w języku tureckim w opowieściach o snach, baśniach i wszystkim, czego nie doświadczyliśmy osobiście, jest najbardziej odpowiednia dla relacji o tym, co przeżywaliśmy w kołysce, dziecinnym wózku lub gdy stawialiśmy pierwsze kroki. To przecież rodzice po latach opowiadają nam o naszych wczesnych doświadczeniach, a my, drżąc z emocji, słuchamy ich tak, jakby te słowa i pierwsze nieporadne kroki dotyczyły kogoś innego. To miłe uczucie, przypominające zadowolenie, z jakim śnimy czasem o sobie, ale płacimy za nie wysoką cenę: raz wpisane w nasz umysł relacje innych o naszych dokonaniach stają się ważniejsze od tego, co sami zapamiętaliśmy. I dzieje się podobnie, jeśli uczymy się naszego życia od innych, pozwalamy, by inni kształtowali nasze wyobrażenie miasta, w którym mieszkamy.

Gdy więc przyjmuję jako własne opowieści innych o moim Stambule i sobie samym, kusi mnie, żeby powiedzieć:

„Dawno, dawno temu malowałem obrazy. Podobno urodziłem się w Stambule i byłem ciekawskim dzieckiem. A potem, kiedy skończyłem dwadzieścia dwa lata, z niewiadomych przyczyn zacząłem pisać powieści". Takim właśnie językiem chciałbym napisać tę książkę, jakby moje życie przydarzyło się komuś innemu, jakby było snem, w którym mój głos i wola słabną. Ale chociaż piękny to język, uważam go za mało przekonujący — nie mogę zaakceptować tego, że mity, jakie opowiadamy o naszym pierwszym życiu, przygotowują nas do jakiegoś prawdziwszego i jaśniejszego drugiego życia, które się zacznie, gdy się przebudzimy. Ponieważ — przynajmniej dla ludzi takich jak ja — to drugie życie jest po prostu książką, którą trzymasz w dłoniach. A więc, drogi czytelniku, uważaj! Ja będę z tobą szczery, ale ty okaż mi zrozumienie.

2.

Fotografie mrocznego domu-muzeum

Razem z matką, ojcem, starszym bratem, babką, ciotkami i wujami mieszkaliśmy na różnych piętrach czterokondygnacyjnej kamienicy. Jeszcze rok przed moimi narodzinami wszyscy oni żyli razem (jak wiele osmańskich rodów) w dużej, wzniesionej z kamienia rezydencji. Później wynajęli ją jednak prywatnej szkole podstawowej i na sąsiedniej działce postawili nowoczesny budynek, którego trzecie piętro zajmowała nasza rodzina. Na fasadzie, zgodnie z ówczesną modą, z dumą napisano: „Kamienica Pamuków". Na każdym z pięter, które w pierwszych latach swego życia przemierzałem

w ramionach matki, widziałem przynajmniej jedno pianino. Kiedy ostatni kawaler w naszej rodzinie oderwał się w końcu na tyle długo od gazety, żeby się ożenić, i do mieszkania na pierwszym piętrze sprowadził żonę, która następne pół wieku spędziła na gapieniu się przez okno, wraz z nią sprowadził pianino. Stało, nigdy nie używane, tak jak pozostałe — pewnie dlatego wywoływały we mnie taki smutek.

Ale nie dotyczyło to tylko nie używanych instrumentów. We wszystkich mieszkaniach stały także serwantki pełne chińskiej porcelany, filiżanek, srebrnych zastaw, cukiernic, tabakier, kryształowych kieliszków, flakonów po wodzie różanej, talerzy i kadzidełek, których nigdy nie brano do ręki (chociaż pewnego dnia uznałem serwantki za świetną skrytkę na samochodziki), oraz powleczone masą perłową zapomniane stoliki, puste *kavukluki**, secesyjne parawany zdobione na styl japoński, które niczego nie zasłaniały. W bibliotece za szklanymi drzwiczkami gromadziły kurz książki medyczne mojego wuja lekarza, który dwadzieścia lat wcześniej wyemigrował do Ameryki — od tamtej pory żadna dłoń ich nie dotknęła. Mój dziecięcy umysł rejestrował te przedmioty zagracające wszystkie pokoje, jakby wstawiono je tu z myślą nie o żywych, ale o zmarłych. (Od czasu do czasu zdarzało się, że jakiś stolik lub rzeźbiony kufer znikał z jednego salonu, aby pojawić się w drugim na innym piętrze).

Kiedy czasem w zabawie rzucaliśmy się na zdobione masą perłową i wyszywane srebrną nicią fotele, babka przywoływała nas do porządku: „Siadajcie jak należy!". Pokoje dzienne nie służyły do tego, żeby miło w nich spędzać czas. Niczym małe muzea miały przekonywać gości o zainteresowaniu domowników zachodnim stylem życia. Ktoś, kto nie pości

---

* *Kavukluk* — półka na turban (wszystkie przypisy pochodzą od tłumaczki).

w czasie ramadanu, ma mniejsze wyrzuty sumienia, mieszkając wśród kredensów i martwych pianin, niż gdyby musiał siadać po turecku na poduchach i *sedirach**. A ponieważ nie bardzo było wiadomo, czemu służy europeizacja — poza uwolnieniem się od wymogów religii — przez pięćdziesiąt lat salony w całej Turcji przypominały przypadkowe i posępne, ale czasem także poetyckie ekspozycje symboli Zachodu. Ich wygląd zmienił się dopiero pod koniec lat siedemdziesiątych, kiedy w domach pojawiły się telewizory. Gdy ludzie odkryli przyjemność, jaką daje wspólne oglądanie wieczornych wiadomości, małe muzea zaczęły się przekształcać w małe sale kinowe. Ale pamiętam, że nawet w tamtych latach można było jeszcze spotkać telewizor w pokoju przechodnim, a drzwi do salonowych muzeów otwierano tylko w święta i dla specjalnych gości.

Między piętrami kamienicy Pamuków, jak przystało na rodową rezydencję, panował ciągły ruch. Dlatego drzwi mieszkań zazwyczaj pozostawały otwarte. Po wyjściu mojego brata do szkoły ja razem z matką lub sam szedłem do mieszkania piętro wyżej odwiedzić babcię leżącą jeszcze w łóżku. Ciężkie zasłony w jej salonie były zawsze zaciągnięte, a bliskość sąsiedniego budynku sprawiała, że w pokoju zwykle panował mrok, zwłaszcza rano. Siadałem na dużym grubym dywanie i bawiłem się przywiezionymi z Europy samochodzikami, które obsesyjnie ustawiałem w równych rzędach w garażu. Wyobrażałem sobie, że dywany są morzem, fotele i stoły zaś wyspami, na które muszę przeskakiwać bez dotykania wody (identycznie jak Baron z książki Calvina**, który spędził

---

* *Sedir* — rodzaj niskiej sofy bez oparcia i podłokietników.
** *Baron drzewołaz* włoskiego pisarza i dziennikarza Italo Calvina (1923––1985).

całe życie na drzewach, nie dotknąwszy nigdy ziemi). Kiedy ta powietrzna przygoda albo zabawa w powożenie fotelami (inspirowana zapewne widokiem bryczek na Heybeliadzie*) mnie zmęczyła, zmieniałem ją na inną, która nigdy mnie nie nudziła, nawet gdy byłem już dorosły: wyobrażałem sobie, że miejsce, w jakim się znajduję (czy to sypialnia, czy salon, klasa, baraki, sala szpitalna, urząd), tak naprawdę jest zupełnie gdzie indziej. Ale gdy i na te fantazje zabrakło mi siły, szukałem schronienia w fotografiach, które umieszczono na każdym stole, stoliku i każdej ścianie.

Ponieważ pianina nigdy nie były używane, sądziłem, że służą wyłącznie do eksponowania zdjęć. Wszystkie wolne przestrzenie w salonie mojej babki pokryte były ramkami różnych rozmiarów. Najważniejsze były dwa ogromne portrety, wiszące nad kominkiem, w którym nigdy nie rozpalano. Jeden przedstawiał retuszowaną fotografię mojej babki, drugi — zmarłego w 1934 roku dziadka. Każdy, kto wchodził do tego salonowego muzeum, widząc miejsce powieszenia portretów i pozy, w jakich babka i dziadek zostali na nich uwiecznieni — zwróceni do siebie jak europejscy królowie i królowe na znaczkach pocztowych — od razu wiedział, że to od nich wszystko się zaczęło...

Oboje pochodzili z położonej niedaleko Manisy miejscowości Gördes, z rodu Pamuków**, nazwanych tak ze względu na niezwykle jasne jak na tamten region cerę i włosy. W żyłach babki płynęła krew Czerkiesów, których kobiety przez setki lat z powodu swej wspaniałej urody i figury zapełniały sułtańskie haremy. Jej ojciec uciekł do Anatolii w czasie

---

* Heybeliada — druga co do wielkości z Wysp Książęcych na Morzu Marmara.
** *Pamuk* — znaczy bawełna.

wojny turecko-rosyjskiej, trwającej w latach 1877–1878, następnie razem z rodziną przeniósł się do Izmiru (od czasu do czasu krążyły pogłoski o znajdującym się tam opuszczonym domu), a później do Stambułu, gdzie mój dziadek studiował inżynierię. Dziadek zbił fortunę przy budowie kolei, na którą w latach trzydziestych władze nowo powstałej Republiki Tureckiej wydawały gigantyczne pieniądze. Na brzegu wpadającej do Bosforu rzeczki Göksu założył fabrykę produkującą wszystko — od sznurków po sprzęt niezbędny do suszenia tytoniu. Kiedy zmarł w 1934 roku, w wieku pięćdziesięciu dwóch lat, pozostawił tak wielki majątek, że nie były go w stanie zmarnować nawet plajtujące co chwila kolejne przedsiębiorstwa zakładane przez mego ojca i wuja.

Drogę z salonu do biblioteki wyznaczały idealnie równo powieszone wielkie fotografie młodszego pokolenia, wykonane przez tego samego artystę, co można było stwierdzić na podstawie pasteli użytych do retuszu. Dalej widać było wuja Özhana, mężczyznę tęgiego, ale krzepkiego, który wyemigrował do Ameryki, aby studiować medycynę. Nie mógł on wrócić do Turcji z powodu nie odbytej służby wojskowej, co skłoniło moją babkę do życia w wiecznej żałobie. Było tam też zdjęcie jego młodszego brata, wuja Aydın; mieszkał na najniższym piętrze kamienicy. Tak jak mój ojciec studiował on kiedyś inżynierię i większość swojego życia poświęcił wielkim projektom, z których właściwie nigdy nic nie wynikło. Na innej ścianie wisiała fotografia siostry ojca, studiującej w Paryżu grę na pianinie. Jej mąż był asystentem na wydziale prawa. Zajmowali mieszkanie na ostatnim piętrze. To samo, do którego przeprowadziłem się wiele lat później i w którym teraz piszę tę książkę.

Kiedy opuszczało się bibliotekę i wracało do salonu, który w bladym świetle kryształowych lamp był jeszcze bar-

dziej przygnębiający, pośród zgromadzonych tam niewielkich czarno-białych zdjęć życie nagle nabierało tempa: młode
pokolenie pozowało tutaj z okazji swoich zaręczyn i ślubów
oraz innych wspaniałych wydarzeń. Obok pierwszych kolorowych fotografii przysłanych przez wuja z Ameryki wisiały
zdjęcia całej rodziny podczas świątecznego obiadu, w różnych parkach stambulskich, na placu Taksim czy nabrzeżach
Bosforu. Na jednym z nich ja z bratem i rodzicami na jakimś weselu, na kolejnym dziadek i wuj na tle samochodu
w ogrodzie starego domu i inny wuj przed drzwiami naszej
kamienicy...

Zawsze, gdy przekraczałem próg salonu, zaczynałem na
nowo oglądać fotografie, choć wszystkie widziałem już przecież setki razy, a żadna z nich nigdy się nie zmieniała. Poza
wyjątkowymi sytuacjami, jak ta, gdy podobiznę pierwszej żo-

ny mieszkającego w Ameryce wuja zastąpiono zdjęciem jego drugiej żony, obowiązywała tu stara zasada: raz umieszczony w muzeum obiekt nigdy nie zmieniał swojego miejsca.

Ilekroć tylko spojrzałem na te fotografie, coraz lepiej rozumiałem znaczenie życia i jego poszczególnych chwil, chronionych przed upływem czasu, schwytanych i oprawionych w ramki. Widziałem wuja w chwili, gdy pytał mego brata o jakieś zagadnienie matematyczne, i jednocześnie zerkałem na jego fotografię zrobioną w podobnej sytuacji trzydzieści dwa lata wcześniej. Obserwowałem ojca przeglądającego gazetę i z uśmiechem przysłuchującego się żartom rzucanym przez zgromadzone w pokoju towarzystwo i jednocześnie widziałem jego zdjęcie z włosami długimi jak dziewczynka, na którym miał pięć lat — tyle co ja wtedy. Było dla mnie jasne, że to dzięki babce, która zatrzymała w ramkach wspomnienia, miałem szansę wpleść je na nowo w teraźniejszość. Kiedy babka tonem, jakim mówi się o założycielu państwa, wspominała mego przedwcześnie zmarłego dziadka, wskazując go jednocześnie na rozwieszonych na ścianach i poustawianych na stołach fotografiach, rozdźwięk między trwaniem a ulotnością chwili, zwyczajnością a przyjętym protokołem zachowań stawał się jeszcze bardziej widoczny. Z jednej strony rozumiałem znaczenie i wagę tych szczególnych momentów, ukrytych za szkłem przed niszczycielskim wpływem czasu, ludzi i przedmiotów, z drugiej jednak — wspomnienia szybko mnie nużyły.

Z czasem te długie świąteczne obiady z okazji *Şeker Bayramı**, niekończące się uroczyste kolacje, noworoczne spotkania, gdy cała rodzina zwlekała z rozejściem się po posiłku, by zagrać w lotto, zaczęły mnie nudzić. Co roku przysięgałem

---

* *Şeker Bayramı* — trzydniowe święto kończące miesiąc ramadanu.

24

sobie, że to ostatni raz, ale z jakiegoś powodu nie mogłem skończyć z tym nawykiem. Gdy byłem mały, wprost uwielbiałem te spotkania. Żarty krążące wokół stołu, rechot wuja, popijającego rakı lub wódkę, i uśmiech babci, sączącej ze szklaneczki piwo, sprawiały, że — chociaż nic na to nie mogłem poradzić — to życie wymykające się z ram wydawało mi się o wiele weselsze. Przynależność do dużej i szczęśliwej rodziny dawała mi poczucie bezpieczeństwa i złudzenie, że znaleźliśmy się na tej ziemi właśnie po to, by zaznać owej przyjemności. Nie przeszkadzało to, że moi krewni, którzy wspólnie dowcipkowali i bawili się przy jednym stole podczas świątecznych obiadów, z wyjątkową zaciekłością spierali się o pieniądze w wybuchających co pewien czas rodzinnych awanturach. Kiedy zostawaliśmy sami z matką, z gniewem opowiadała mi i mojemu bratu o krzywdach wyrządzonych nam przez „waszą ciotkę”, „waszego wuja” czy „waszą babkę”. Problemy z podziałem majątku, udziałów w fabryce lin albo pięter naszej kamienicy stawały się pretekstem do długotrwałych sporów. Wśród gwaru i śmiechów rozlegających się w mieszkaniu babki udawało mi się nieraz zapomnieć o tych niemiłych historiach, które były niczym rysy na pokrywających pianino fotografiach — bardzo wcześnie pojąłem, że kryją się za nimi rozmaite pretensje i żale.

Każda z rodzin miała swoją służącą i nawet one czuły się w obowiązku brać udział w tych kłótniach (na przykład Esma, którą zatrudniała moja matka, toczyła wojnę z Ikbal pracującą dla ciotki). Następnego dnia przy śniadaniu matka pytała: „Słyszałeś, co powiedział Aydın?”. „Co powiedział?”, odpowiadał pytaniem ojciec, początkowo zaciekawiony historią, ale gdy wysłuchał jej do końca, stwierdzał krótko: „Daj spokój na litość boską...”, i wracał do swojej gazety.

Nawet jeśli mimo wszystkich tych sporów nie dostrzegałem powolnego rozpadu rodziny, która wciąż jeszcze żyła jak stare osmańskie rody, to wiele do myślenia dawały mi ciągłe bankructwa ojca oraz jego coraz częstsze nieobecności. Niekiedy matka zabierała nas w odwiedziny do drugiej babki i podczas gdy my bawiliśmy się w pokojach pełnego duchów domu w dzielnicy Şişli, ona opowiadała babce o wszystkich kłopotach i niepowodzeniach. Ta zaś, martwiąc się, że matka może zechce wrócić do tego pustego dwupiętrowego domu, w którym babka mieszkała teraz sama, bez końca wymieniała jego wady.

Ojciec, jeśli pominąć chwilowe wybuchy gniewu, był człowiekiem zadowolonym z siebie, z życia, losu, wyglądu i intelektu. Jak dziecko zachwycał się swoją urodą, mądrością i szczęściem, czego nawet nigdy nie próbował ukryć. Pamiętam, że często gwizdał, przeglądał się w lustrze i, wycisnąw-

szy w dłonie sok z cytryny, wcierał go we włosy jak brylanty-
nę. Lubił żarty, anagramy, niespodzianki, lubił też recytować
wiersze, popisywać się inteligencją i latać samolotami. Nigdy
nas nie strofował ani nie karał, niczego nie zabraniał. Gdy
zabierał mnie na wycieczki albo wałęsaliśmy się godzinami
po mieście, to powstawała między nami nić porozumienia
— czułem wówczas, jakby świat został stworzony po to, by
sprawiać nam przyjemność.

Podczas gdy ojciec uciekał od zła i zwyczajnej nudy, zby-
wając je milczeniem, matka ustanawiała zakazy i, robiąc sro-
gą minę, ostrzegała nas przed ciemną stroną życia. Rzadko
oddawała się rozrywkom, ale byłem uzależniony od jej miłości i troski, gdyż poświęcała dzieciom więcej czasu niż ojciec, który, jeśli tylko nadarzyła się okazja, znikał z domu.
Konieczność rywalizacji o jej miłość z bratem stanowiła jedną
z podstawowych życiowych lekcji, jakie musiałem opanować.

 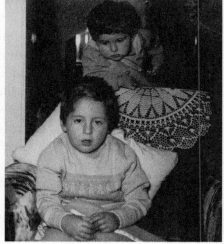

Silne współzawodnictwo z bratem i walka o matczyną miłość były dla mnie tym, czym mogłaby się w innych warunkach stać siła i autorytet ojcowski. Ale wówczas nie pojmowałem tego tak jak teraz. Nasze współzawodnictwo, szczególnie na początku, nie ujawniało się bowiem w sposób oczywisty. Było zawsze elementem zabawy, w której na chwilę stawaliśmy się kimś innym. Zazwyczaj nie ścieraliśmy się ze sobą jako Orhan i Şevket, ale jako na przykład piłkarz i jakaś wymyślona postać. Przekonani, że stajemy się innymi osobami, pozwalaliśmy, aby zabawa całkowicie nas pochłonęła. Dopiero gdy pojawiały się krew i łzy, złość i zazdrość przynosiły zapomnienie, że jesteśmy braćmi. Według obliczeń mojego brata, którego zawsze interesowały statystyka sukcesu i szczegółowe analizy zwycięstw, to właśnie on wygrał dziewięćdziesiąt procent naszych zabaw i wojen.

Kiedy dopadały mnie smutek, poczucie krzywdy czy nuda, bez słowa wychodziłem z naszego mieszkania i szedłem na piętro zajmowane przez babkę lub niżej, by pobawić się z kuzynem. („W dzieciństwie ani razu nie powiedziałeś, że ci się nudzi", stwierdziła kiedyś moja matka). Chociaż wszystkie mieszkania w naszej kamienicy wyglądały podobnie, z takimi samymi krzesłami i zastawami stołowymi, cukiernicami i popielniczkami, każde stanowiło dla mnie odrębną krainę, różny wszechświat. W zagraconym salonie babci, w cieniu stolików, kredensów z wazonami i fotografiami, mogłem sobie wyobrażać, że jestem zupełnie gdzie indziej.

Wieczorami, kiedy zbierała się tu cała rodzina, mieszkanie babki zmieniało się w mostek kapitański na jakimś wielkim statku. Tę fantazję zawdzięczałem cieśninie Bosfor — smutne syreny pływających po niej okrętów wkradały się do moich snów. A ja, prowadząc mój wyimaginowany statek przez rozszalały sztorm, gdy załoga i pasażerowie coraz bardziej martwili się na widok groźnych fal, czułem dumę, wiedząc, że los naszego okrętu, naszej rodziny spoczywa w moich rękach.

Chociaż komiksy brata mogły stanowić inspirację tych fantazji, na pewno wzmacniały je również myśli o Bogu. Otóż sądziłem, że Bóg nie połączył nas z łonem miasta, bo po prostu byliśmy bogaci. Zawsze, gdy odwiedzałem mieszkanie babki, czułem smutek. Kiedy jednak z powodu plajt mego ojca i wuja, podziałów majątku i kłótni rodziców obie rodziny — ta wielka i ta nasza, nieduża — zaczęły się kurczyć, biednieć i w szybkim tempie zmierzać do samounicestwienia, powoli zacząłem zdawać sobie sprawę, że przygnębienie, żal i poczucie straty, które dosięgnęły Stambuł po upadku imperium osmańskiego, nieco spóźnione i czym innym spowodowane, w końcu dopadły i nas...

3.

Ja

W chwilach szczęścia, których pełne było moje dzieciństwo, zamiast zastanawiać się nad sensem własnego życia, doświadczałem, jak piękny i dobry jest świat. Ale niektóre rzeczy wprowadzały dysonans: znienawidzone potrawy, igła wbita w dłoń czy deski klatki, którą gryzłem z wściekłością (z nieznanych mi powodów nazywanej parkiem) i w której zamykano mnie, abym nie uciekł, kiedy byłem jeszcze bardzo mały, oraz najstraszniejsze wspomnienia z dzieciństwa, jak choćby to, gdy, przytrzasnąwszy sobie palec drzwiami

samochodu wuja, szlochałem godzinami (potem następowała przerażająca wizyta u lekarza robiącego prześwietlenie). Wszystko to nauczyło mnie więcej o naturze cierpienia i zła niż o mnie samym. Ale poczucie, że jestem dla siebie kimś najważniejszym, rodziło się we mnie powoli, między kolejnymi przypływami i odpływami samoświadomości, wśród marzeń i napięć. Dokładnie tak samo jak poczucie winy...

Kiedy miałem cztery lata, mój starszy o dwa lata brat poszedł do szkoły i ta intensywna, ale ambiwalentna relacja, jaka istniała między nami, zaczęła blaknąć. Był to dla mnie również okres wytchnienia od rywalizacji z nim i jego przewagi. Czułem się wspaniale, gdyż cała uwaga kamienicy Pamuków, w tym mojej matki, skupiła się wyłącznie na mnie. Wtedy też odkryłem zalety samotności i zebrałem pierwsze wstrząsające wspomnienia, które nigdy mnie nie opuściły.

Gdy brat wychodził do szkoły, brałem jego komiksy i „czytałem" z pamięci to, co on mi czytał wcześniej na głos. Któregoś przyjemnego, ciepłego popołudnia byłem zbyt pobudzony, żeby zapaść w drzemkę, sięgnąłem więc po przygody Toma Miksa i po chwili poczułem, jak twardnieje mi coś, co mama nazywała siusiakiem. Stało się to, gdy patrzyłem na rysunek półnagiego Indianina, który miał na biodrach tylko cieniutki sznurek, a między pachwinami kawałek białego materiału z narysowanym pośrodku kółkiem...

To samo poczułem również pewnego popołudnia, kiedy leżąc w piżamie pod kołdrą, rozmawiałem z miśkiem, moim odwiecznym towarzyszem. Co zaskakujące, to dziwne i miłe zdarzenie — które na wszelki wypadek wolałem zachować w tajemnicy — nastąpiło w momencie, gdy powiedziałem do zwierzaka: „Zjem cię!". I nie dotyczyło ono przywiązania do pluszaka — potrafiłem je przywołać w dowolnym momencie, tylko dzięki powtórzeniu samej tej groźby... Po prostu słowa

te zawsze robiły na mnie ogromne wrażenie, gdy matka, odgrywając postacie z bajek, wypowiadała je do mnie. Dla mnie nie tyle oznaczały pochłonięcie czegoś, co unicestwienie. Po latach odkryłem, że dewy, te małe, przerażające ogoniaste potwory, które w klasycznej literaturze perskiej były braćmi diabłów i dżinów, a które często przedstawiali miniaturzyści, przeniknęły do tureckich bajek w postaci olbrzymów. A moje wyobrażenie olbrzyma ukształtowane zostało na podstawie okładki do skróconej wersji tureckiego eposu o Dede Korkucie*. Jak Indianin z komiksu był on tutaj półnagi i wyglądał tak, jakby władał całym światem.

W tym samym czasie mój wuj kupił mały projektor i z zakładu fotograficznego w Nişantaşı zaczął wypożyczać krótkie filmy Charliego Chaplina, Walta Disneya, Laurela i Hardy'ego.

---

* *Dede Korkut Kitabı* — turecki epos spisany w XV w.

W czasie przyjęć świątecznych i noworocznych wyświetlał je na białej ścianie nad kominkiem, po uprzednim ceremonialnym zdjęciu fotografii dziadka i babci. Niektóre filmy oglądane były wielokrotnie. Z mojego powodu jeden film Disneya z kolekcji wuja został wyświetlony jedynie dwa razy. Jego bohaterem był prymitywny, ociężały olbrzym, wielki jak budynek, który gonił maleńką myszkę Miki. Myszka schowała się na dnie studni, a dew jednym ruchem wyrywał studnię z ziemi i pił z niej jak z filiżanki. Gdy Miki już miała wpaść do paszczy potwora, zaczynałem drzeć się wniebogłosy. Podobnie działa na mnie obraz Goi *Saturn pożerający jedno ze swoich dzieci*, wystawiony w muzeum Prado, na którym olbrzym porywa z ziemi i pożera człowieka — do dziś budzi to we mnie strach.

Pewnego popołudnia, kiedy znów groziłem miśkowi, jednocześnie czuląc się do niego, nagle otworzyły się drzwi i stanął w nich ojciec, który zobaczył mnie z opuszczonymi majtkami i twardym siusiakiem. Po chwili drzwi się zamknęły nieco delikatniej, niż zostały otwarte, jak mi się wydaje — z szacunkiem. Ojciec zawsze wracał do domu w czasie sjesty, jadł obiad i tuż przed wyjściem do pracy wchodził do mojego pokoju, by mnie pocałować. Wystraszyłem się, iż dopuściłem się czegoś złego, co gorsza, że zrobiłem to dla przyjemności — to właśnie wtedy zacząłem traktować przyjemność jako coś niedobrego, zatrutego.

Moje obawy potwierdziły się po kolejnej kłótni rodziców. Pamiętam, że matka opuściła dom i wówczas myła mnie sprowadzona niańka. Głosem pozbawionym delikatności powiedziała wtedy coś o mojej psiej naturze. A ja przecież nie byłem w stanie kontrolować reakcji własnego ciała. Co gorsza, wydawało mi się, że to, co nazywano erekcją, było wyłącznie moją przypadłością. Dopiero sześć, siedem lat później, w męskim gimnazjum, do którego przyszło mi uczęszczać, zasłuchany w chłopięce zwierzenia, zrozumiałem, że nie było to tylko moje doświadczenie.

Myśl, iż wyłącznie ja posiadłem ten haniebny i tajemniczy talent, skłaniała mnie do ukrywania go przed innymi w tym drugim świecie, gdzie zarówno przyjemność, jak i moja mroczna natura mogły się swobodnie rozwijać. Czułem, że głównym źródłem zła, jakie noszę w sobie — poza nie tak znów częstymi erekcjami — było właśnie to fantazjowanie. Marzyłem, najczęściej z nudów, żeby chociaż przez chwilę być kimś innym i mieszkać w innym miejscu. Ucieczka do tego świata, którego tak pilnie strzegłem, była niewiarygodnie prosta: siedząc w babcinym salonie, nagle zaczynałem sobie wyobrażać, że jestem na okręcie podwodnym. W tamtym czasie po raz pierwszy zaprowadzono mnie do pachnącego kurzem kina „Saray" na Beyoğlu na adaptację powieści Verne'a *Dwadzieścia tysięcy mil podmorskiej żeglugi*. Cisza, jaka panowała w tym filmie, wprawiała mnie w przerażenie. Czarno-biały obraz i zacienione wnętrza, których kamera nie opuszczała nawet na chwilę, przywodziły mi na myśl nasz dom. Duża część filmu była dla mnie niezrozumiała, ponieważ nie umiałem jeszcze czytać, ale wypełniałem te puste miejsca własnymi wyobrażeniami, jak podczas „czytania" komiksów brata. (Do dziś zresztą ważniejsze od zrozumienia jest dla mnie dodawanie znaczeń wytworami fantazji).

Marzenia pozostawały pod moją absolutną kontrolą w przeciwieństwie na przykład do erekcji, które zawsze wzbudzały mój popłoch. Kiedy fantazjowałem, sprzed moich oczu znikał ustawiony pod wielkim żyrandolem, zdobiony masą perłową rzeźbiony stół z ogromnym blatem i barokowymi ornamentami. Na jego miejscu moja wyobraźnia wznosiła wielką górę, znaną mi z „przeczytanego" ostatnio komiksu, pośrodku której rodziła się dziwna, obca cywilizacja. I nagle wszystkie inne przedmioty stawały się wzniesieniami, a ja szybującym między nimi aeroplanem. Mknąłem przed siebie szybciej i szybciej, nerwowo poruszając nogami. „Nie machaj tak nogami, bo kręci mi się w głowie", napominała siedząca po drugiej stronie stołu babka. Uspokajałem się, a mój aeroplan znikał w dymie gelincika, którym babcia się zaciągała. Szybko jednak zaczynałem wędrować wzrokiem po leśnej gęstwinie, między liśćmi, zającami, wężami i lwami, które wcześniej odkrywałem wśród różnych wzorów na dywanach. Przypominałem sobie jakąś przygodę z komiksu, wzniecałem pożar, mordowałem kilka osób, dosiadałem konia. Inna część mojego umysłu zachowywała jednak czujność i rejestrowała trzaśnięcie drzwi windy, którą służący Ismail wjechał właśnie na nasze piętro, podczas gdy ja w tym samym czasie wpadałem w kolejną przygodę pośród półnagich czerwonoskórych. Lubiłem palić domostwa i strzelać do nieszczęsnych gospodarzy, uciekać z trawionych przez pożar budynków wykopanymi w ziemi tunelami. Rozgniatać powoli muchę, uwięzioną między szybą i przesiąkniętą tytoniem kotarą. Gdy muchy konały na perforowanej osłonie kaloryfera, stawały się gangsterami ponoszącymi karę za swoje zbrodnie. Nawet jako czterdziestopięcioletni mężczyzna, dryfując na słodkiej chmurze między jawą i snem, zabawiałem się wyobrażaniem sobie, że kogoś morduję. Dziś przepraszam wszystkich: krewnych, brata i inne bliskie mi osoby, a także polityków, literatów, rzemieślników i wiele wyimaginowanych ofiar mojej fantazji.

A oto inne moje zbrodnie: chociaż bardzo kocham koty, często w chwilach zwątpienia czy pustki zdarzało się, że chichocząc, potajemnie dawałem im w kość, a potem czułem żal i wstyd. Dwadzieścia pięć lat później, w wojsku, kiedy cała kompania siedziała w stołówce, plotkując i paląc papierosy, wyobrażałem sobie, że tych siedmiuset pięćdziesięciu niemal identycznie wyglądających szeregowców ma obcięte głowy. Zakrwawione szyje z wolna kołysały się w ogromnej kantynie, otulonej słodkim błękitem papierosowego dymu, kiedy nagle siedzący obok mnie kolega upominał mnie: „Nie machaj tak nogami, człowieku, jestem zmęczony, wystarczy".

Wyglądało na to, że jedyną osobą świadomą istnienia mojego drugiego świata był ojciec. Świat ten ukrywałem tak samo jak erekcje. Wydawał mi się niegroźny, pod warunkiem, że pozostawał tajemnicą. Kiedy akurat rozmyślałem o miśku, któremu w chwili złości wydłubałem oko i który był coraz chudszy i chudszy, gdyż wyciągałem mu po trochu z brzucha trociny, albo gdy myślałem o malutkim piłkarzu, który kopał nieistniejącą piłkę, kiedy wcisnęło się mu guzik na głowie — był to już mój trzeci piłkarz, bo dwóch poprzednich zniszczyłem — albo gdy z przerażeniem myślałem o kunach, które nasza służąca Esma widziała na dachu domu naprzeciwko naszego — a mówiła to takim tonem, jakiego używała podczas rozmów o Bogu — mój ojciec odzywał się nagle: „Powiedz, o czym myślisz, a dam ci dwadzieścia pięć kuruszów". Uśmiechał się, kiedy milczałem, a ja zastanawiałem się, czy wyjawić całą prawdę, czy coś zataić, czy też może wymyślić jakieś kłamstwo. Po chwili zaś śmiał się ze mnie: „Już za późno, trzeba było powiedzieć od razu".

Czy to możliwe, żeby mój ojciec także żył w swoim drugim świecie? Po latach odkryłem, że tę moją dziwną skłonność banalnie nazywano marzycielstwem. Pytania ojca zawsze wytrącały mnie z równowagi, dlatego w naturalnym odruchu starałem się jak najprędzej o nich zapomnieć.

Utrzymywanie świata marzeń w tajemnicy ułatwiało pogrążanie się w nim i opuszczanie jego granic. Siedząc na wprost babki, zatapiałem wzrok w promieniach słońca, wpadających do pokoju zza kotary, które przypominały reflektory statków penetrujące nocą Bosfor. Przymykałem powieki i już widziałem dokładnie to, co chciałem widzieć — przed moimi oczami zaczynały przemykać czerwone statki kosmiczne. W ten sam prosty sposób potrafiłem świadomie stworzyć każde wyobrażenie, a potem wyjść z niego, jak się wychodzi

z pokoju po wyłączeniu światła (gdy byłem dzieckiem, często mi o tym przypominano).

Różnica między człowiekiem, który lubi myśleć, że jest Napoleonem, a tym, który się za niego uważa, jest taka, jak między radosnym marzycielem i nieszczęśliwym schizofrenikiem. Doskonale rozumiem schizofreników, którzy nie mogą żyć bez wyobrażeń o innym świecie, bez przemiany w kogoś innego. Ale tym uwięzionym po tamtej stronie, bez szansy na powrót do radosnej, stabilnej rzeczywistości, współczuję i trochę nimi gardzę. Jeśli marzyłem o zamienieniu się miejscem z tym drugim Orhanem; jeśli tęskniłem do życia poza muzealnymi pokojami, korytarzami i dywanami (jak ja ich nienawidziłem!) i towarzystwem mężczyzn zafascynowanych matematyką i krzyżówkami; jeśli czułem się osaczony przez ten posępny, zagracony dom, który odrzucał — chociaż moja rodzina by temu zaprzeczyła — wszelkie przejawy duchowości, miłości, sztuki, literatury i nawet mitologii, jeśli od czasu do czasu uciekałem od tego wszystkiego w swój drugi świat, to nie dlatego, że byłem nieszczęśliwy. Byłem przecież — zwłaszcza przez dwa lata poprzedzające szkołę — radosnym i grzecznym dzieckiem, kochanym niemal przez wszystkich, stale przytulanym, wędrującym z jednych kolan na drugie, otrzymującym całusy, pochwały i smakołyki: jabłko od sprzedawcy owoców („Nie jedz, zanim nie umyjesz", prosiła matka), figi od handlarza kawą („Zjesz po obiedzie") i cukierki od ciotki spotkanej po drodze („Podziękuj"). Wszystko to sprawiało, iż jeszcze mocniej czułem, jak okropny, dziwaczny i godny potępienia jest mój drugi świat. I koniecznie muszę go ukryć.

Mogłem się skarżyć jedynie na to, że nie potrafiłem przenikać wzrokiem murów. Gdy wyglądałem przez okno, nie widziałem kamienicy stojącej naprzeciwko naszej ulicy w dole, tylko wąski pas nieba. Irytowało mnie, że byłem za mały, żeby zobaczyć, jak rzeźnik z zakładu naprzeciwko (zapomniałem już tego zapachu, przypomina mi się tylko wtedy, gdy wychodzę z domu na zimną ulicę) bierze do ręki jeden ze swoich długich noży (długich jak jego nogi), aby pokroić mięso na drewnianym blacie. Nienawidziłem tego, że nie mogłem zajrzeć do chłodziarek z lodami, zlustrować przedmiotów leżących na ladach i stołach ani też dosięgnąć guzików przy drzwiach i w windzie. Kiedy tylko na ulicy zdarzała się stłuczka albo jechał konny patrol, tuż przede mną wyrastał nagle jakiś dorosły, a ja traciłem połowę przedstawienia. W czasie meczów piłkarskich, na które ojciec zabierał mnie od najwcześniejszych lat, na widok niebezpiecznej sytuacji wszyscy widzowie wstawali jednocześnie, zasłaniając mi widok piłki wpadającej do bramki. Chociaż tak naprawdę piłka niewiele mnie interesowała. Skupiałem się na pizzy z serem, tostach i czekoladkach w sreberku, które ojciec nam kupował. Najbardziej jednak nienawidziłem chwil po meczu, kiedy stałem uwięziony w gąszczu przepychających się do wyjścia męskich nóg, nie mogąc złapać tchu, a cały świat stawał się nagle ciemnym i dusznym lasem wygniecionych spodni i ubłoconych butów.

Z wyjątkiem pięknych kobiet, takich jak moja matka, nie przepadałem za dorosłymi. Byli brzydcy, owłosieni i brutalni. Zbyt niezdarni, ociężali i przyziemni. Być może kiedyś widzieli ten drugi ukryty świat, ale potem przestali odczuwać zdumienie i zapomnieli o marzeniach, co miało, jak sądziłem, związek z włosami rosnącymi na knykciach, szyi, w nosach i uszach. Lubiłem, jak się uśmiechali na mój widok i rozpieszczali mnie prezentami, ale irytowały mnie ich pocałunki, podczas których ocierali mi skórę na twarzy brodami i wąsami, drażniły mnie ciężka woń perfum i oddech przesycony nikotyną. Uważałem mężczyzn za należących do gorszej i bardziej pospolitej rasy, więc byłem wdzięczny losowi za to, że większość z nich nie spędzała czasu na ulicach.

Wszystkie te narzekania wyprowadziły nas z domu do życia toczącego się na ulicach Stambułu...

4.
Smutek zniszczonych rezydencji.
Odkrywanie ulic

Kamienicę Pamuków wybudowano w dzielnicy Nişantaşı, w rogu szerokiej działki, która przed laty stanowiła ogród wielkiej rezydencji. Ten rejon Stambułu zawdzięcza swoją nazwę (oznaczającą dosłownie kamienny cel) Selimowi III i Mahmutowi II, reformatorom i zeuropeizowanym sułtanom z końca osiemnastego i początku dziewiętnastego wieku, którzy ustawiali na pustych wzgórzach otaczających to miejsce kamienne tablice, aby ćwiczyć się w strzelaniu z łuku i broni palnej. Na tablicach zapisywano potem informacje o tym, gdzie padła strzała albo który dzban został rozbity przez pocisk. Kiedy sułtańscy reformatorzy, wiedzeni pragnieniem życia w zachodnim komforcie oraz strachem przed gruźlicą, opuścili Topkapı i przenieśli się do nowych pałaców Dolmabahçe i Yıldız, ich wezyrowie, wielcy wezyrowie i książęta zaczęli wznosić dla siebie drewniane rezydencje na wzgórzach pobliskiej dzielnicy Nişantaşı. Moja szkoła podstawowa mieściła się początkowo w rezydencji księcia Yusufa Izzeddina Paszy (obecnie liceum Işık), a następnie w siedzibie wielkiego wezyra Halila Rıfata Paszy (teraz liceum Şişli Terakki). Oba budynki spłonęły, kiedy grałem akurat z kolegami w piłkę w szkolnym ogrodzie. Dom stojący naprzeciwko naszej kamienicy został wzniesiony na ruinach rezydencji sekretarza Faika Beja. Jedyną starą i niezniszczoną kamienną budowlą w okolicy był postawiony pod koniec dziewiętnastego wieku pierwszy dwór wielkiego wezyra, który po upadku imperium i przeniesieniu stolicy do Ankary został przejęty przez miasto. W innym pałacu, należącym do osmańskiego paszy, zamienionym później na siedzibę lokalnych władz, zostałem zaszczepiony przeciwko różyczce. Pozostałe, w których niegdyś Wielka Porta przyjmowała gości z Zachodu, podobnie jak pałace córek sułtana Abdülhamita, spłonęły i popadły w ruinę. Pamiętam porośnięte paprociami i drzewami figowymi ceglane mury, wybite okna, połamane kręcone schody. Ich widok nadal budzi we mnie głęboki smutek i przywołuje mroczne wspomnienia. Pod koniec lat pięćdziesiątych dwudziestego wieku część z nich została jednak całkowicie wyburzona i na ich miejscu wznoszą się teraz budynki mieszkalne.

Rezydencja, której ruiny stały jeszcze wśród lip i cyprysów na tyłach naszej kamienicy przy alei Teşvikiye, została wzniesiona na zlecenie Hayrettina Paszy z Tunisu, który w latach 1877–1878, podczas wojny z Rosją, sprawował krótko funkcję wielkiego wezyra. Ten czerkieski pasza, urodzony na Kaukazie, został jako dziecko, w latach trzydziestych dziewiętnastego wieku (dziesięć lat przed tym, jak Flaubert napisał, że chciałby się przenieść do Stambułu i kupić sobie niewolnika), sprzedany do Stambułu, stamtąd zaś jako niewolnik trafił do majątku gubernatora Tunezji, gdzie nauczył się języka arabskiego, którym posługiwał się do końca życia. Młodość spędził we Francji. Po powrocie do Tunezji wstąpił do armii, awansował i został komendantem. Kilka lat później był już gubernatorem, potem dyplomatą i finansistą. Pod koniec życia przeniósł się do Paryża, skąd — gdy miał już sześćdziesiąt lat — za namową tunezyjskiego szejka Zafiriego, został wezwany z powrotem do Stambułu przez sułtana Abdülhamita. Tutaj jakiś czas zajmował się finansami, a w końcu został wielkim wezyrem. Z człowiekiem tym — jednym z pierwszych w Turcji wielkich finansistów i zarządców, wykształconym w zachodnim świecie, którego stał się częścią — wiązano ogromne nadzieje. Jak wielu później jego następców miał uratować tonący w długach kraj, ponieważ czuł się bardziej Europejczykiem niż Turkiem... Z tego samego powodu człowiek ów został później strącony z piedestału.

Krążyły plotki, że Hayrettin Pasza po każdym spotkaniu w seraju wsiadał do swej bryczki, gdzie notował po arabsku treść odbytych rozmów, a później zlecał sekretarzowi tłumaczyć zapiski na język francuski. Rozpuszczano też pogłoski, jakoby pasza nie dość dobrze władał tureczczyzną, i zarzucano mu potajemne próby utworzenia państwa arabskiego. Sułtan Abdülhamit poważnie potraktował wszystkie donosy, nawet te najbardziej nieprawdopodobne, i odsunął paszę od pełnienia obowiązków wielkiego wezyra. Hayrettin Pasza, popadłszy w niełaskę, nie mógł wrócić do ukochanej Francji i resztę życia spędził w domowym areszcie: zimą zamieszkiwał rezydencję (w jej ogrodzie stanęła później kamienica Pamuków), a latem wypoczywał nad brzegiem Bosforu, w domu w Kuruçeşme. Gdy nie przygotowywał raportów dla Abdülhamita, zajmował się spisywaniem wspomnień w języku francuskim, które zostały wydane po turecku osiemdziesiąt lat później i udowodniły niezbicie, że dla Hayrettina Paszy poczucie obowiązku było ważniejsze nawet niż poczucie humoru. Pamiętnik ten zadedykował swoim synom: jednego z nich skazano na karę śmierci pod zarzutem udziału w zamachu na wielkiego wezyra Mahmuda Şevketa Paszę[*]; rezydencję przejął Abdülhamit i podarował swojej córce Şadiye.

---

[*] Mahmut Şevket Pasza (1856–1913) — dowódca wojskowy, działacz młodoturecki.

W naszej kamienicy nie mówiło się o tych wszystkich spalonych i zniszczonych rezydencjach, przywodzących na myśl historie szalonych książąt, uzależnionych od opium dam dworu, dzieci przetrzymywanych na strychach, zdradzieckich sułtańskich córek, zesłanych na banicję albo zamordowanych paszów — a każda kojarzyła się z upadkiem imperium. Gdy rodzina Pamuków pojawiła się w Nişantaşı, republika usunęła już w cień osmańskich paszów, książąt i urzędników Wielkiej Porty, a tutejsze miniaturowe pałace zaczęły zionąć pustką i powoli obracać się w ruinę.

Zewsząd ziało smutkiem umierającej kultury. Próby europeizacji kraju bardziej przypominały desperackie uwalnianie się od bolesnej i pełnej wspomnień przeszłości niż rzeczywiste dążenie do nowoczesności. Jakby wzgardzony kochanek

pozbywał się biżuterii, fotografii i sukni utraconej ukochanej. A ponieważ nie udało się tu stworzyć nowoczesnego świata ani w zachodnim, ani we wschodnim stylu, cały ten wysiłek posłużył głównie zapominaniu o przeszłości. Sprawił, że rezydencje spłonęły, cywilizacja upadła, a wnętrza domostw zmieniły się w muzea nie istniejącej już kultury. To, co po latach uznałem za wszechogarniającą melancholię i tajemnicę, w dzieciństwie odczuwałem jako nudę, przygnębienie, otępiającą monotonię, płynące również z tureckiej muzyki, której rytm moja babka nieświadomie wybijała czubkiem pantofla. Uciekałem od tych doznań w świat fantazji.

Drugim sposobem na ucieczkę przed melancholią były spacery z mamą. Dzieci nie wyprowadzało się wtedy na świeże powietrze, do parku albo ogrodu, dlatego dni, kiedy mama zabierała mnie z sobą, miały szczególne znaczenie. „Jutro idę do miasta!", mówiłem z dumą do młodszego ode mnie o trzy lata syna ciotki. A potem pokonywałem kręte schody i przystawałem na moment przed okienkiem stróża (jeśli go nie było akurat u siebie), skąd dozorca widział każdego, kto wchodził na posesję lub opuszczał ją. Po raz ostatni mama sprawdzała mój wygląd, upewniała się, czy wszystkie guziki mam zapięte, a kiedy wreszcie wychodziliśmy na zewnątrz, mruczałem z zachwytem: „Ulica!".

Słońce, czyste powietrze, światło. W naszym domu panował taki mrok, że kiedy wychodziło się na zewnątrz, trzeba było zmrużyć oczy, jakby ktoś nagle rozsunął kotary w letni dzień. Trzymałem mamę za rękę i z fascynacją przyglądałem się sklepowym wystawom. Przez zaparowaną szybę kwiaciarni cyklameny przypominały czerwone wilki; w sklepie obuwniczym buty na wysokich obcasach wisiały w powietrzu na niemal niewidocznych drutach; okna wystawowe pralni, do której ojciec oddawał koszule do krochmalenia i prasowania, były tak samo zaparowane jak te kwiaciarni... Gdy w witrynie sklepu papierniczego zauważyłem identyczny podręcznik, jakiego używał mój brat w szkole, wiedziałem już, że nasze zwyczaje i dobytek nie są wcale wyjątkowe, że inni ludzie wiodą życie podobne do naszego.

Szkoła podstawowa, do której uczęszczał mój brat i do której ja także miałem pójść za rok, przylegała do meczetu na Teşvikiye. Stąd wyruszały wszystkie orszaki pogrzebowe. Ponieważ brat w podnieceniu wciąż opowiadał o swoim wychowawcy, byłem przekonany, że każdy uczeń ma swojego osobistego nauczyciela, tak samo jak każde dziecko ma własną nianię. Gdy więc rok później zobaczyłem w klasie trzydzieścioro dwoje uczniów i jednego nauczyciela, poczułem głębokie rozczarowanie. Wniosek: poza domem nie mogę

za bardzo na nic liczyć. To tylko pogłębiło zawód i smutek z powodu rozłąki z matką i wygodnym domowym życiem. W szkole byłem przecinkiem w gęstym tłumie...

Kiedy matka weszła do lokalnego oddziału İş Bankası, odmówiłem — bez wyjaśnienia — pokonania wraz z nią sześciu schodków, dzielących nas od okienka. Bałem się, że wpadnę do dziury między drewnianymi stopniami i zniknę na zawsze. „Dlaczego nie idziesz?!", krzyczała mama z góry, kiedy ja milczałem w obawie, iż nie zrozumie i uzna mnie za dziwaka; zerkając w jej stronę, zaczynałem wyobrażać sobie, że jestem kimś innym. Właśnie znalazłem się w pałacu, właśnie trafiłem na dno studni... Kiedy wędrowaliśmy w stronę Osmanbey albo Harbiye, do tych wyobrażeń dołączał wymalowany na ścianie jednej z kamienic olbrzymi Pegaz — logo stacji benzynowej Mobil. Wydawało mi się, że przez otwór w murze wypadną zaraz wszystkie konie, wilki i straszliwe stwory, o których często fantazjowałem.

Czasem odwiedzaliśmy starą Greczynkę, która cerowała rajstopy i handlowała paskami oraz guzikami. Z lakierowanej szufladki wyjmowała jedno po drugim wiejskie jaja i sprzedawała je tak, jakby były klejnotami. W jej sklepie stało akwarium, w którym falujące płetwami czerwone ryby otwierały swoje małe, ale przerażające paszcze i próbowały ugryźć mnie w palec przyciśnięty do szyby, tańcząc wokół niego z bezmyślną determinacją, co nigdy nie przestawało mnie bawić.

Kolejnym miejscem odwiedzanym po drodze był należący do Jakuba i Wasyla kiosk z tytoniem, gazetami i artykułami piśmienniczymi — tak mały, że najczęściej nie mogliśmy nawet wejść do środka. A potem był sklep z kawą nazywany „U Araba" (jak kiedyś w Ameryce Łacińskiej Arabów nazywano Turkami, tak w Stambule na garstkę tutejszych czarnoskórych zwykło się mówić Arabowie). Gdy włączano olbrzymi młynek do kawy, który hałasował i dygotał identycznie jak nasza pralka, odsuwałem się ze strachem, a „Arab" uśmiechał się do mnie, rozwiewając moje obawy. Kiedy w następnych latach wszystkie te sklepiki pozamykano na skutek przemijającej mody, razem z bratem — wiedzeni raczej chęcią ćwiczenia pamięci niż tęsknotą za przeszłością — wymyśliliśmy następującą zabawę: jeden z nas mówił na przykład wieczorem: „Sklep naprzeciwko liceum żeńskiego", a drugi wymieniał kolejne biznesy, jakie z biegiem czasu powstawały w tym miejscu: 1. cukiernia greckiej *madame*, 2. kwiaciarnia, 3. sklep z torbami, 4. zegarmistrz, 5. loteria sportowa, 6. galeria i księgarnia, 7. apteka...

Jeszcze zanim zanurzyłem się w mroku przypominającego jaskinię, prowadzonego niezmiennie od pięćdziesięciu lat

sklepiku Aladyna z tytoniem, zabawkami, gazetami i artykułami papierniczymi, błagałem matkę, żeby kupiła mi gwizdek, kilka kolorowych kulek, książeczkę do rysowania albo jo-jo. I kiedy tylko zakup lądował w matczynej torbie, budziło się we mnie pragnienie powrotu, choć nie wynikało ono tylko z chęci dotknięcia nowej zabawki. „Dojdźmy chociaż do parku", prosiła mama, ale na moje nogi i na całego mnie spadał nagle jakiś dziwny ciężar, a brak chęci promieniował z ciała prosto w moją duszę i wiedziałem już, że nie dam rady iść dalej.

Identyczną skargę usłyszałem po latach z ust mojej córki, z którą spacerowałem po tych samych zakątkach, kiedy miała tyle lat, co ja wtedy. Zabraliśmy ją nawet wtedy do lekarza, który stwierdził zwykłe zmęczenie i związany z tym narastający ból nóg. Kiedy osłabienie już mnie dopadło, ulice i sklepowe wystawy, które jeszcze przed chwilą mnie urzekały, traciły kolory, po chwili zaczynałem widzieć miasto wyłącznie w czerni i bieli. „Mamo, weź mnie na ręce..." „Dojdźmy do Maçki — mówiła matka. — Tam wsiądziemy do tramwaju".

Tramwaj jeździł naszą ulicą od 1914 roku, łącząc Maçkę oraz Nişantaşı z placem Taksim, Tünelem, mostem Galata i innymi starymi, biednymi, historycznymi dzielnicami, które we mnie wywoływały wrażenie, jakby należały do innego kraju. W te wieczory, kiedy wcześniej szedłem do łóżka, melancholijny jęk tramwaju utulał mnie do snu. Uwielbiałem jego obite drewnem wnętrze, błękitną szybę w przesuwanych drzwiach, oddzielających motorniczego od pasażerów, i motorniczego, który pozwalał mi na ostatnim przystanku, kiedy razem z mamą czekaliśmy na odjazd, bawić się dźwigniami... Zanim jednak ruszyliśmy w drogę powrotną, ulice, budynki, a nawet drzewa wydawały mi się czarno-białe.

5.
Czerń i biel

Moje dzieciństwo było jak czarno-białe fotografie Stambułu — dwubarwne, zatopione w stalowoszarym półmroku. Ale tak się do niego przyzwyczaiłem, że przygnębiające wnętrza domu-muzeum były mi bliższe niż kolorowy świat zewnętrzny. Ulice, aleje i biedne dzielnice wyglądały niebezpiecznie, jak z gangsterskiego filmu.

Moje umiłowanie mroku sprawiało też, że w Stambule zawsze wolałem zimę od lata. Nadal lubię patrzeć, jak późną

jesienią zapada zmierzch, obserwować bezlistne drzewa smagane podmuchami północnego wiatru i ludzi, którzy w ciemnych płaszczach i kurtkach przemykają do domów mrocznymi ulicami. Lubię ten przejmujący smutek, jaki ogarnia mnie na widok starych kamienic, i ciemność wypełniającą opuszczone, obracające się w ruinę rezydencje, które przybierają charakterystyczną „stambulską" fakturę. Gdy patrzę na przesuwające się czarne cienie ludzi w zbyt wcześnie zapadłych ciemnościach zimowego wieczoru, silniej odczuwam swoją przynależność do tego miejsca. Kiedy ciemność nocy okrywa miękkim kocem nasze życie, nasze ulice oraz należące do nas przedmioty, a my jesteśmy bezpieczni w swoich domach, sypialniach i łóżkach, możemy wrócić w snach do minionej świetności i dawnych legend. Lubię tę ciemność, która, nie poddając się wątłym światłom latarni, tak poetycznie opada na biedne przedmieścia Stambułu. Lubię ją, bo wtedy my, mieszkańcy tego miasta, zasłaniamy się przed obcymi spojrzeniami ludzi Zachodu, osłania ona nasze ubóstwo, które tak bardzo pragniemy ukryć.

Czasem przychodzi mi na myśl pewna fotografia Ary Gülera*, na której doskonale uchwycił on zapomniane uliczki mojego dzieciństwa, gdzie duże bloki mieszkalne sąsiadowały z drewnianymi domami, a uliczne lampy oświetlały pustkę, i opadający na to wszystko — a dla mnie będący istotą tego miasta — światłocień zmierzchu. (Potem na tym miejscu wybudowano nowe bloki, ale uczucie pozostało to samo). Nie pociąga mnie jednak w tej fotografii widok chodników z mojego dzieciństwa, ulicznego bruku, żelaznych krat w oknach czy wymarłych domów, ale raczej sugestia,

---

* Ara Güler — artysta fotografik (ur. 1928), Turek pochodzenia ormiańskiego, autor wielu fotografii zamieszczonych w tej książce.

że to właśnie te dwie postacie, rzucające długie cienie i wracające wieczorem do domu, okrywają mrokiem nocy całe miasto.

W latach pięćdziesiątych i sześćdziesiątych na rogu prawie każdej ulicy można było spotkać ekipy filmowe wyposażone w minibus i dwie potężne lampy zasilane generatorem, złożone z suflera, który, przekrzykując ryk urządzenia, podpowiadał kwestie jaskrawo umalowanej kobiecie i przystojnemu elegantowi, a także pracowników planu, kopniakami i kuksańcami odganiających dzieciarnię i gapiów z pola widzenia kamery. Jak każdy przechodzień długo się im przyglądałem. Czterdzieści lat później oglądam w telewizji tamte czarno-białe filmy (za upadek tureckiej kinematografii winić należy nieudolnych scenarzystów, aktorów i producentów oraz Hollywood, z którym trudno rywalizować) i kiedy patrzę na ówczesne ulice, stare ogrody, nabrzeża Bosforu

i zburzone rezydencje, zapominam czasami, że to film; pogrążony w myślach, mam wrażenie, że jestem tam, w tamtym
czasie.

Nieodłącznym elementem czarno-białej tkanki miasta był
uliczny bruk, którego wygląd zawsze mnie wzruszał. Kiedy
miałem piętnaście, a może szesnaście lat, wyobrażałem sobie, że jestem stambulskim impresjonistą i czerpałem bolesną
przyjemność z dokładnego odwzorowywania jednego kocie-
go łba po drugim. Zanim bruk został bezlitośnie przykryty
przez pracowite służby miejskie asfaltem, kierowcy taksówek
i *dolmuszów** wiecznie utyskiwali, że niszczy ich wozy. Skarżyli się także na ciągłe roboty drogowe, związane z wymia-
ną kanalizacji albo kabli elektrycznych. Lubiłem patrzeć, jak
przed rozkopaniem ulicy robotnicy musieli zdejmować jeden

---

*   *Dolmusz* — środek transportu miejskiego.

54

kamień po drugim, co przeciągało roboty w nieskończoność — zwłaszcza jeśli przy okazji odkrywali pod ziemią bizantyńskie korytarze — a gdy naprawa została przeprowadzona, uwielbiałem obserwować, jak zwinnie układają kamienie z powrotem, niczym w hipnotycznym rytmie.

Podobną fascynującą moc miały dla mnie ruiny drewnianych rezydencji i nieco mniejszych, skromniejszych domów, stojących w wąskich uliczkach przedmieść. Z powodu nędzy i zaniedbania nigdy nie zostały pomalowane, a brud, upływający czas i wilgoć nadały ciemniejącemu drewnu specyficzny kolor i niepowtarzalną fakturę, co jako dziecko uważałem za efekt celowych zabiegów, gdyż były w tych dzielnicach aż tak powszechne. Niektóre z nich — te przy najbiedniejszych ulicach — miały brązowy odcień i rzeczywiście nigdy nie zasmakowały farby. Ale podróżnicy z Zachodu, którzy odwiedzali Stambuł w połowie dziewiętnastego wieku, a nawet wcześniej, i opisywali jasną kolorystykę bogatych rezydencji, właśnie w nich znajdowali źródło siły i piękna. Jako dziecko marzyłem, żeby wszystkie te domy zostały kiedyś pomalowane, ale kiedy ów szczególny rodzaj poczerniałych desek na dobre zniknął z mego miasta i życia, poczułem żal i tęsknotę. Latem drewno schło i domy stawały się ciemnobrązowe, łatwopalne jak pudełka zapałek, zimą zaś, po wielu dniach chłodów, śnieg i deszcz sprawiały, że zaczynało w nich pachnieć wilgocią.

Drewniane siedziby bractw religijnych, w których według prawa republiki nie prowadzono już żadnej działalności, świeciły pustką i przez lata nie gościły w swoich progach nikogo poza rozbrykanymi dzieciakami, upiorami i poszukiwaczami staroci. Przyciągały mnie, budząc równocześnie obawę i ciekawość. Zdjęty strachem i pożądaniem, patrzyłem na ich szkielety zza na wpół zrujnowanych murów.

Ponieważ zawsze wyobrażałem sobie duszę mojego miasta w kolorach czerni i bieli, uwielbiam rysunki takich ciekawych wszystkiego zachodnich artystów, jak Le Corbusier, i czarno-białe komiksy, których akcja toczy się w Stambule. (Od dziecka czekałem na to, że Hergé stworzy odcinek o stambulskich przygodach Tintina. Gdy powstawała pierwsza ekranizacja komiksu, jakiś sprytny piracki wydawca wypuścił na rynek czarno-biały komiks *Tintin w Stambule*, w którym wykorzystał przerobione przez miejscowych rysowników kadry z filmu — nakręconego w 1962 roku, ale nie mającego powodzenia — oraz obrazki z przygód Tintina*). Uwielbiam też stare gazety. Zawsze gdy przeglądam doniesienia lub informacje o zbrodniach, samobójstwach i nieudanych napadach, odczuwam smutek i tęsknotę za przeszłością, ale nie strach.

Istnieją też jeszcze takie miejsca, jak boczne uliczki Tepebaşı, Cihangiru, Galaty, Fatihu, Zeyreku, Üsküdaru i wioski

---

* *Przygody Tintina* — seria komiksowa autorstwa Georgesa Remi (pseud. Hergé).

nad Bosforem, po których wciąż przechadza się czarno-biały duch, jakiego usiłuję tu opisać. Mgliste, tonące w dymie poranki, deszczowe i wietrzne noce, stada mew gnieżdżących się w kopułach meczetów, rury piecyków spowite w kłęby sadzy, przerdzewiałe kubły na śmieci, puste, zostawione w zimie bez opieki parki i ogrody, pośpiech ludzi wracających do domu wieczorem w śniegu i błocie — wszystko to przemienia się nagle w czerń i biel, które drżą w moim sercu żalem i szczęściem. Oznaką istnienia czarno-białej duszy tego miasta są dla mnie niszczejące, od wieków nieczynne fontanny, biedne dzielnice z zapomnianymi meczetami, niespodziewanie zalewający ulicę tłum uczniów w czarnych fartuszkach i białych kołnierzykach, sterane, leciwe ciężarówki pełne węgla, maleńkie sklepiki pociemniałe ze starości i od kurzu, bez klienteli, nędzne lokalne kawiarenki pełne przygnębionych bez-

robotnych, cyprysy, które zawsze wydawały się czarne, a nie ciemnozielone, stare cmentarze rozciągnięte na wzgórzach, zrujnowane mury obronne wyglądające z daleka jak brukowane uliczki, wejścia do kin, po jakimś czasie podobne do siebie, sklepiki z leguminą, uliczni sprzedawcy gazet, chodniki, po których nocą włóczą się pijaczki, blade światła latarni, promy pływające po Bosforze to w jedną, to w drugą stronę, kłęby dymu z ich kominów i widok miasta okrytego śniegiem...

Śnieg jest nieodłącznym elementem moich stambulskich wspomnień z lat dziecinnych. Niektóre maluchy nie mogą się doczekać pierwszego dnia wakacji — ja nigdy nie mogłem się doczekać śniegu. I wcale nie dlatego, że chciałem bawić się na dworze, ale dlatego, że miasto zyskiwało nowy wygląd. Śnieg nie tylko zakrywał błoto i ruiny, miejsca brzydkie i zaniedbane, ale każda ulica i każdy widok zyskiwały

dzięki niemu jakiś niesamowity moment, zapowiedź nieuchronnie nadciągającej katastrofy. Chociaż śnieg padał co roku przez kilka dni, a miasto pozostawało zasypane najwyżej przez dziesięć dni, biały puch zaskakiwał stambulczyków za każdym razem tak samo: boczne drogi były nieprzejezdne, podobnie jak główne ulice, a przed piekarniami ustawiały się kolejki jak w czasie wojny i narodowych tragedii. Ale najbardziej lubiłem w śniegu to, że potrafił zmusić ludzi do jednego: odcięci od reszty świata, byliśmy zdani na samych siebie... Dlatego w śnieżne dni miasto pustoszało, przypominając trochę dawne, bajkowe czasy.

Pewnego razu wyjątkowo zimne arktyczne powietrze sprawiło, że Morze Czarne zamarzło na odcinku od ujścia Dunaju do Bosforu. Było to tak niezwykłe zdarzenie dla Stambułu, który był przecież metropolią śródziemnomorską, że ludzie

z dziecięcym zdziwieniem opowiadali sobie o tym jeszcze przez wiele lat.

Stambuł wydawał mi się miastem czarno-białym, ponieważ jego uroda i historyczna wielkość nie mogły przebić się na powierzchnię, przykryte ubóstwem, starością i zaniedbaniem. Nawet najwspanialsza architektura osmańska ma w sobie skromność i prostotę świadczące o tęsknocie za dawnym imperium, przypominające o bolesnej kapitulacji wobec poniżającego naporu Europejczyków i wobec odwiecznej biedy, do której trzeba się przyzwyczaić jak do nieuleczalnej choroby. To właśnie tą rezygnacją żywi się zamknięta w sobie dusza Stambułu.

Ta czarno-biała aura jeszcze bardziej uwydatniała stambulską melancholię, a dzięki nam wszystkim wciąż odradzała się na nowo. Chcąc ją dobrze zrozumieć, trzeba dotrzeć

tu samolotem z jakiegoś bogatego zachodniego miasta i zanurzyć się w uliczny tłum. Albo wejść pewnego zimowego dnia na most Galata, który jest sercem miasta, i popatrzeć na mijających przechodniów, odzianych w wyblakłe, bure, nie rzucające się w oczy stroje. Stambulczycy z moich czasów unikają jaskrawej czerwieni, pomarańczu czy zieleni, tak lubianych przez ich bogatych i dumnych przodków. Na pierwszy rzut oka można by pomyśleć, że robią to celowo, jakby uznawali to za kwestię moralną. Chociaż oczywiście przyczyna jest inna — to ich głęboka melancholia nakazuje im skromność. Jakby mówili: „Tak należy się ubierać w czarno-białym mieście. Tak należy opłakiwać miasto, które od stu pięćdziesięciu lat chyli się ku upadkowi".

Psie watahy, o których z jednakowym przejęciem pisali w dziewiętnastym wieku wszyscy odwiedzający Stambuł

podróżnicy z Zachodu — od Lamartine'a i Nervala po Marka Twaina — nadal budzą trwogę. Wyglądają niemal identycznie, a sierść czworonogów ma trudny do określenia kolor — coś pomiędzy grafitowym a popielatym, czyli zasadniczo żaden. Są zmorą rady miasta: w niezmiennym poczuciu wolności i władzy wciąż krążą po stambulskich ulicach. Ich obecność przypomina mi o wszystkich nieudanych próbach unowocześnienia i europeizacji miasta, o przedsięwzięciach, które miały pomóc pozbyć się psiego brzemienia z naszych ulic. A one wciąż biegają wolno jak żywe symbole naszej rezygnacji, ospałości i tkliwości zarazem.

To czarno-białe odczuwanie Stambułu nie sposób narysować żadną ręką ani zobaczyć w pełnych dumy i triumfu barwach przeszłości miasta. Nie istnieje malarstwo osmańskie, które mogłoby przemówić do naszych gustów. Nie zachowało się ani jedno dzieło literackie czy plastyczne, które nauczyłoby nas rozumieć klasyczne malarstwo perskie oraz wzorowaną na nim twórczość osmańską. Osmańscy miniaturzyści, tak jak poeci dywanowi, sławili i kochali to miasto, jakby nie było konkretnym miejscem, ale słowem, i podobnie jak kartograf Nasuh* wyobrażali sobie Stambuł jak mapę, coś, co przesuwa się przed ich oczami. Nawet w *Surname*** ich uwaga skupia się ną sługach i poddanych padyszacha albo bogactwie przedmiotów, a miasto nie zostało ukazane jako miejsce, gdzie toczy się codzienne życie, ale jako scena dla sułtańskiego orszaku, lub jakby był jedynym niezmiennym elementem scenografii.

Kiedy więc redaktorzy jakiejś gazety, magazynu czy podręcznika szkolnego, pragnąc sprostać gustom milionów ludzi zakochanych w pocztówkach i fotografiach, poszukują dawnego stambulskiego pejzażu, nieodmiennie sięgają po ryciny zachodnich artystów i podróżników. Pomijają subtelne kolorystycznie gwasze Mellinga, do którego jeszcze wrócę. Akceptując swój los i wybierając najprostsze rozwiązania, wolą oglądać naszą przeszłość w łatwiejszych do produkcji obrazkach monochromatycznych. Wpatrując się w nie, zgadzamy się na naszą melancholię.

Kiedy byłem dzieckiem, w Stambule stało niewiele wysokich budynków. Dlatego kiedy noc opadała na miasto, usuwała trzeci wymiar z domów i drzew, balkonów, letnich kin, otwartych okien, wspomagając chylące się ku upadkowi budowle, kręte uliczki i z mroczną elegancją owijając

---

* Matrakçı Nasuh (?–1564) — osmański miniaturzysta, historyk, matematyk.

** *Surname* — utwór wierszem lub prozą, opisujący uroczystości urządzane z okazji ważnego wydarzenia w życiu rodziny sułtańskiej, np. ceremonii obrzezania lub ślubu.

wzgórza... Szczególnie bliska jest mi pewna rycina, wykonana przez Thomasa Alloma w 1839 roku jako ilustracja do jednej z książek podróżniczych. Noc jest tu metaforycznym oprawcą. Przedstawiając ciemności jako źródło zła, Allom ukazał to, co bywa nazywane stambulską kulturą mehtapu*. Jak wielu, którzy zbierają się nad brzegiem wody, aby odprawić proste rytuały związane z jego blaskiem, księżyc w pełni, ratujący miasto przed absolutnymi ciemnościami, muska powierzchnię wody albo (jak tutaj) lekko odbija się w chmurach: morderca po prostu wyłączył światło, aby nikt nie mógł zobaczyć, jak popełnia zbrodnię.

Nie tylko zachodni podróżnicy używali języka nocy do opisu niedostępnych sekretów miasta. Jeśli wiedzieli coś na

---

*   Mehtap — światło księżyca w pełni.

temat pałacowych intryg, to dlatego, że stambulczycy także kochali plotki o zamordowanych niewolnicach z haremu, których ciała po kryjomu były wynoszone poza mury seraju i pod osłoną nocy ginęły w wodach Złotego Rogu.

Legendarna zbrodnia z Salacak, popełniona latem 1958 roku, która tak przeraziła moją, a także inne stambulskie rodziny (choć wtedy nie potrafiłem czytać ani pisać, znałem wszystkie jej szczegóły), obejmowała te same znajome elementy. Ta przerażająca historia do tego stopnia podsyciła moje czarno-białe fantazje na temat nocy, łódek i wód Bosforu, że śni mi się do dzisiaj. Złoczyńca, jak mi go początkowo opisali rodzice, był młodym, biednym rybakiem. Wkrótce trafił na języki mieszkańców Stambułu i stał się ludowym demonem. „Potwór z Salacak", jak zaczęły go nazywać gazety, zgodził się zabrać matkę z trójką dzieci na przejażdżkę swoją łódką po Bosforze. Potem jednak utopił dzieci, a kobietę zgwałcił. Moja matka tak się przeraziła, że wśród rybaków, którzy niedaleko naszego letniego domu na Heybeliadzie zarzucali sieci, może się czaić morderca, że zabroniła nam, mnie i mojemu bratu, bawić się na dworze, nawet w naszym ogrodzie. W moich snach czasem widuję rybaka wrzucającego dzieci do wody, a one rozpaczliwie czepiają się brzegu łódki. Słyszę krzyk ich matki, gdy upiorny cień rybaka okłada je wiosłem po głowach. Jeszcze dzisiaj, kiedy czytam w stambulskich gazetach opisy morderstw (a robię to z prawdziwą przyjemnością), ciągle mam przed oczami te sceny w czerni i bieli...

6.
Odkrywanie Bosforu

Po zbrodni z Salacak nigdy już nie wypłynęliśmy z matką i bratem na przejażdżkę łódką. A jeszcze poprzedniej zimy, po tym, jak obaj zachorowaliśmy na krup, w ramach kuracji każdego dnia zabierała nas nad Bosfor. Pamiętam, że najpierw zachorował mój brat, a ja dziesięć dni po nim. Pamiętam też, że widziałem wiele pozytywnych stron choroby — mama była troskliwa, mówiła same miłe rzeczy i kupowała mi różne drobiazgi. Najbardziej bolało mnie, że nie mogłem uczestniczyć we wspólnych posiłkach, które podawano u nas lub piętro wyżej, i z zaciekawieniem przysłuchiwać się rozmowom dorosłych, brzękowi sztućców i talerzy.

Kiedy minęła nam gorączka, doktor Alber, pediatra, w którym wszystko budziło nasze przerażenie — od lekarskiej torby po wąsy — doradził mamie, aby zabierała nas na wycieczki nad Bosfor, byśmy mogli zażywać tam świeżego powietrza. Turecka nazwa cieśniny to *Boğaziçi*, co oznacza też gardło, i od tamtej zimy miejsce to już zawsze kojarzyło mi się z oddychaniem. Może dlatego niezbyt zaskoczyła mnie informacja, że pewna nadbosforska wioska, w której znany poeta Kawafis ponad sto lat temu spędził dzieciństwo i która teraz powszechnie nazywana jest Tarabya (wtedy była to senna grecka rybacka osada, a nie popularny kurort z restauracjami i hotelami wzdłuż promenady), nosiła kiedyś nazwę Therapia.

W przeciwieństwie do reszty miasta, przytłoczonej smutkiem i biedą, Bosfor tętnił radością życia, ekscytacją i szczęś-

ciem. Teraz cieśnina jest źródłem siły Stambułu, ale na początku jej nie doceniano — ot, zwykły brzeg z jakąś drogą, ładnym widokiem, po prostu dobre miejsce na letnie pałace i rezydencje, jakie budowano tam w ciągu ostatnich dwustu lat.

Przez setki lat funkcjonowały tu tylko greckie wioski rybackie, ale od osiemnastego wieku, kiedy w okolicach ówczesnych miejscowości Göksu, Küçüksu, Bebek, Kandilli, Rumelihisarı czy Kanlıca Osmanowie zaczęli wznosić swoje letnie rezydencje, rozwinęła się tu charakterystyczna imperialno-stambulska kultura, odcięta od świata zewnętrznego. *Yalı*, nadmorskie mansiony osmańskich paszów, przedstawicieli elit i zamożnych warstw społecznych, w dwudziestym wieku zostały uznane przez republikę i tureckich nacjonalistów za wzorcowy przykład dawnej architektury i tożsamości. Ale wszystkie „nowoczesne" konstrukcje, które swymi wykuszami, wąskimi i wysokimi oknami, szerokimi dachami oraz cienkimi kominami naśladują stare nadmorskie rezy-

dencje, są tylko nieudolnymi cieniami zniszczonej, pogrzebanej kultury. Jej prawdziwe perły można zobaczyć już tylko na kartach *Wspomnień znad Bosforu* Sedada Hakkıego Eldema, ilustrowanych fotografiami i grafikami wykonanymi między innymi przez Mellinga.

W latach pięćdziesiątych dwudziestego wieku autobus linii Taksim–Emirgân ciągle jeszcze przejeżdżał przez Nişantaşı. Chcąc dotrzeć nad Bosfor, po prostu wsiadaliśmy do niego razem z matką na przystanku przed domem. Kiedy jechaliśmy tramwajem, wysiadaliśmy na pętli na Bebeku, a potem szliśmy długo nabrzeżem do łódki, która zawsze na nas czekała w tym samym miejscu. Uwielbiałem pływać po zatoce Bebek, krążyć wśród innych łodzi, kutrów, promów i kryp z burtami oblepionymi przez ostrygi; czuć siłę prądu z dala od brzegu i uderzenia fal wzbudzanych przez mijające nas jednostki. Chciałem, aby te wyprawy nigdy się nie kończyły.

Podróż przez środek miasta tak wspaniałego, historycznego i tak zaniedbanego jak Stambuł, a potem smakowanie

swobody otwartego morza — na tym polegał urok wycieczek nad Bosfor. Podróżnik przecinający silne prądy i orzeźwiany przez morskie powietrze wolne od brudu, dymu i hałasu zatłoczonego miasta zaczyna rozumieć, że mimo wszystko wciąż jeszcze można tu cieszyć się samotnością i swobodą. Ale niech nie ulegnie pokusie porównywania pokonywanego

właśnie szlaku do kanałów w Amsterdamie czy Wenecji albo rzek przepływających przez Rzym i Paryż. Wody Bosforu kryją bowiem silne prądy, są głębokie i ciemne. Jeśli jednak nasz wędrowiec zdecyduje się wsiąść na pokład któregoś z miejskich promów, kolebiących się niczym olbrzymie skorupiaki, a wiatr będzie mu sprzyjał, dostrzeże najpierw *yalı* i wpatrzone w niego stare kobiety, popijające herbatę na balkonach, potem zobaczy bloki mieszkalne, pomosty i kawiarnie z parasolami, dzieciaki kąpiące się w morzu tuż obok rury kanalizacyjnej albo wyciągnięte na asfalcie, by się ogrzać, wędkarzy na kutrach i leniuchów na jachtach, uczniów, którzy z plecakami wędrują wzdłuż nabrzeża, i podróżnych wyglądających na morze przez okna uwięzionego w ulicznym korku autobusu. Jeśli będzie uważny, zobaczy też koty czekające na pirsie na powrót rybaków, nadzwyczaj wysokie platany, ukryte wille i ogrodzone ogrody, widoczne tylko od strony morza, wąskie alejki prowadzące na wzgórza i dalekie wysokie kamienice. A potem zobaczy w oddali cały Stambuł z jego rozgardiaszem: meczetami, biednymi przedmieściami,

mostami, minaretami, wieżami, ogrodami i gigantycznymi
wieżowcami. Przejażdżki po Bosforze — czy to łodzią motorową, statkiem, czy też zwykłą szalupą, jakie ja odbywałem
w dzieciństwie — dają nieodpartą przyjemność podglądania
tego miasta dom po domu, dzielnica po dzielnicy, a jednocześnie pozwalają podziwiać z oddali jego wiecznie zmienia-
jący się, jak miraż, zarys.

W naszych rodzinnych wyprawach nad Bosfor najbardziej
podobało mi się odkrywanie pozostałości po czasach, kiedy cywilizacja i kultura osmańska dostała się pod zachodnie
wpływy, a mimo to nie utraciła nic ze swej siły i oryginalności. Na widok imponujących żelaznych wrót nadmorskiej
rezydencji o odrapanych ścianach, potężnych murów porośniętych mchem, okiennic, które cudem uniknęły pożaru, jakiegoś rzemieślniczego majstersztyku albo godnych podziwu
krzewów judaszowca ciągnących się aż po odległe wzgórza,

do ogrodów silnie zacienionych przez wiecznie zielone i liczące kilka wieków platany, uświadamiałem sobie, że są to ślady potężnej, ale już przebrzmiałej cywilizacji, której przedstawiciele, ludzie podobni do nas, wiedli tu kiedyś życie zasadniczo różniące się od naszego — a my, ich następcy, czujemy się od nich biedniejsi, słabsi i bardziej prowincjonalni.

Gdy w połowie dziewiętnastego wieku seria porażek militarnych zaczęła podkopywać imperium, a Stare Miasto zostało zalane przez imigrantów i nawet najokazalsze imperialne budowle zaczęły zdradzać pierwsze oznaki ubóstwa i ruiny, wśród paszów i dygnitarzy, którzy zaprowadzali tu nowoczesną zachodnią biurokrację, zapanowała moda na szukanie schronienia w nadmorskich rezydencjach wznoszonych na brzegach Bosforu, co oznaczało tworzenie nowej, odciętej od świata kultury. Europejscy podróżnicy nie mogli się jej przyjrzeć z bliska, gdyż początkowo nie prowadziła tam

żadna droga. I chociaż później — w połowie dziewiętnastego stulecia — otwarto przystań i powstały połączenia morskie, cudzoziemcy, którzy wciąż nie mogli się stać pełnoprawnymi mieszkańcami Stambułu, nadal nie mieli nad Bosfor dostępu. A ponieważ mieszkający tu w czasach osmańskich Turcy nie napisali słowa o swoim świecie, musimy zaufać temu, co później opowiadali nam ich synowie i wnukowie.

Wśród nich najwybitniejszym kronikarzem był Abdülhak Şinasi Hisar (1887–1963), którego *Cywilizacja Bosforu* jest pełna opisów przypominających nieco wrażliwość Prousta. Spędził dzieciństwo w jednej z nadmorskich rezydencji wzniesionych w pobliżu twierdzy Rumeli Hisarı, młodość zaś — w Paryżu, gdzie razem ze swym przyjacielem i poetą Yahyą Kemalem (1884–1958) studiował nauki polityczne. Hisar w swoich *Bosforskich pałacykach* i *Pełniach księżyca nad Bosforem* „niczym dawny miniaturzysta z największą

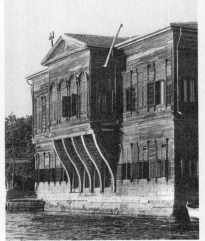

pieczołowitością i uwagą" próbuje opisać tę specyficzną kulturę Stambułu, chcąc choć o chwilę przedłużyć jej istnienie.

Lubię od czasu do czasu przypomnieć sobie fragment *Melodia ciszy* z *Pełni księżyca nad Bosforem*. Opisuje on poranne przygotowania do nocnych przejażdżek po cieśninie, gdy srebrzyste światło księżyca tańczyło na wodnej tafli, a z oddali przypływała melodia wygrywana na innych łódkach. Potem Hisar z ogromnym przekonaniem — równie wielkim jak jego przywiązanie do szczegółów — opowiada o długim dniu i nocy, o ciszy, miłościach i zwyczajach. Biorąc do ręki *Pełnie księżyca nad Bosforem*, nie mogę powstrzymać smutku, który ogarnia mnie na myśl o tym, że nie dane mi było zaznać tamtych namiętności i tamtej ciszy, nie mogę powstrzymać irytacji, jaką budzi we mnie tęsknota za rajem utraconym tak silna, że niemal ślepa na drążące go mrok i zło. „Kiedy nie czuliśmy nawet najsłabszego podmuchu, woda jakby

wzdrygała się w jakiejś wewnętrznej konwulsji i migotała setką barw", pisał Hisar przy pełni księżyca, gdy łodzie zamie-
rały, a muzycy poddawali się nocnej ciszy.

Kiedy razem z matką pływaliśmy łódką po cieśninie, miałem wrażenie, że kolory bosforskich wzgórz nie były tylko
refleksem, grą światła. Myślałem, że to jakieś promienie wy-
tryskują spomiędzy dachów, platanów, krzewów judaszowca, skrzydeł mew śmigających przed moimi oczami i desek
rozpadającej się szopy na łodzie. Nawet w najgorętsze dni,
kiedy dzieci biedoty skaczą do morza z drogi ciągnącej się
wzdłuż nabrzeża, słońce nie potrafi całkowicie zawładnąć
cieśniną. W letnie wieczory czerwieniejące niebo łączy się
z ciemnymi, tajemniczymi wodami Bosforu, a fale pienią się
szaleńczo za łódkami przecinającymi wodę. Ale tam, gdzie
jest wolna od piany, spokojna, mieni się kolorami jak pełen
nenufarów staw Moneta.

W połowie lat sześćdziesiątych chodziłem do Robert
College'u i zawsze, gdy rankiem jechałem, stojąc w zatłoczo-
nym autobusie jadącym z Beşiktaşu do Sarıyeru, lubiłem patrzeć, jak słońce wstaje za szczytami po azjatyckiej stronie,

a wody wzburzonego niczym czarne i tajemnicze morze Bosforu zmieniają barwy w nowym świetle.

Czasami wyobrażam sobie samotnego, smutnego człowieka, który wsłuchany w odgłos własnych kroków idzie bez celu przed siebie nabrzeżem. Jest wiosenna i mglista noc, księżyc osiągnął pełnię. Albo inaczej: noc jest letnia — bezksiężycowa, bezwietrzna i cicha. Człowiek dociera na cypel — do

Akıntıburnu albo latarni morskiej przed cmentarzem Aşiyan — gdzie słyszy stłumiony ryk niespokojnych morskich prądów i ze strachem patrzy na połyskującą bielutką pianę, która pojawia się bez powodu, i tak jak A.Ş. Hisar oraz niegdyś ja czuje, że Bosfor odkrywa właśnie przed nim swoją duszę.

To, co teraz czytacie, jest moją własną historią... To opowieść o cyprysach i ciemnych zagajnikach, o opuszczonych i zaniedbanych nadmorskich domach, starych, przeżartych rdzą statkach i Bóg jeden wie jakich towarach, o poezji bosforskich łodzi i dworów, zrozumiałej wyłącznie dla ludzi, których życie upłynęło na tym brzegu, o odkrywaniu smaku życia pośród ruin cywilizacji — jakże potężnej, prężnej i wyjątkowej; o radości, zabawie i zwyczajnej chęci zrozumienia tego świata, odczuwanej przez dziecko, które nic sobie nie robi z historii i dawnej potęgi. To opowieść o niepewności

i bólu pięćdziesięcioletniego pisarza, o jego przyjemnościach i doświadczeniach, które nazywa życiem.

Kiedy tylko zaczynam mówić o Bosforze, Stambule, poezji i uroku ciemnych uliczek, jakiś wewnętrzny głos powstrzymuje mnie przed wyolbrzymianiem urody tego miasta. Nie pozwala popełnić grzechu poprzedników, którzy nie chcieli dostrzec niedoskonałości własnego życia. Jeżeli moje miasto wydaje mi się tak magiczne i piękne, to moje życie też takie być powinno. Za każdym razem, kiedy jakiś pisarz opowiadał o przyprawiających o zawrót głowy cudownościach Stambułu, słuchałem zafascynowany. A potem przypominałem sobie, że to j u ż nie jest ta metropolia, którą on zapamiętał. Że sam wybrał europejskie udogodnienia.

Starsze pokolenie pisarzy uświadomiło mi, że my, którzy tak bardzo wychwalamy Stambuł, dawno już nie mieszka-

my w jego murach, że piękne wydaje się to, na co patrzymy z zewnątrz. Kiedy zmęczony wyrzutami sumienia pisarz opowiada o smutku i ruinach, powinien też wspomnieć o tajemniczym świetle, jakie rzucają one na jego życie. A kiedy wychwala urodę Bosforu, niech pamięta, że jego żałosne istnienie w żaden sposób nie pasuje do minionej świetności tego miejsca.

Nasze wycieczki z matką po Bosforze zawsze kończyły się tak samo: po kilku niebezpiecznych przygodach, kiedy to dryfowaliśmy niesieni przez prąd albo kołysaliśmy się na falach wzbudzonych przez jeden z ogromnych statków, właściciel łodzi wysadzał nas przy Aşiyanie, a potem szliśmy do miejsca, gdzie cieśnina robiła się najwęższa, do półwyspu blisko Rumeli Hisarı. Bawiliśmy się przez chwilę obok armat z czasów Mehmeta Zdobywcy, ustawionych dla ozdoby na

zewnętrznym dziedzińcu bliźniaczych twierdz, i zaglądaliśmy do olbrzymich walców, gdzie nocowali bezdomni i pijacy — po których pozostawały tylko kawałki szkła, śmieci, puszki i niedopałki. Nie mogliśmy nic na to poradzić, ale oboje domyślaliśmy się, że imponujący spadek, jakim była historia Stambułu i cieśniny, jest dla większości mieszkających tu ludzi sprawą ciemną, podejrzaną i kompletnie niezrozumiałą.

Kiedy docieraliśmy do przystani promowej przed twierdzą Rumeli Hisarı, matka wskazywała brukowaną drogę i chodnik, zajęty teraz przez małą kawiarnię, i opowiadała o drewnianej rezydencji, która stała tutaj wcześniej: „Gdy byłam mała, wasz dziadek przywoził nas tutaj podczas lata", mówiła. Ten letni nadmorski dom, który wyobrażałem sobie jako stary i opuszczony, na zawsze skojarzył mi się z pierwszą historią, jaką o nim usłyszałem. Kiedy moja matka spędzała tu lato w połowie lat trzydziestych, właścicielka domu, córka pewnego paszy, która zajmowała parter, została zamordowana w tajemniczych okolicznościach przez włamywaczy. Dostrzegłszy moje poruszenie wywołane przez tę makabryczną historię, matka pospiesznie zmieniała temat. Wskazywała pozostałości starej szopy na łodzie i ze smutnym uśmiechem wspominała naszego dziadka, który pewnego dnia ze złości wyrzucił przez okno prosto do morza garnek z niedogotowaną okrą.

W nadmorskiej dzielnicy Istinye mieszkali nasi dalecy krewni, do których matka przenosiła się po kłótniach z ojcem. Okna ich domu wychodziły na starą stocznię. Ale pamiętam, że tamto miejsce również dość prędko popadło w ruinę. W czasach mojego dzieciństwa domy nad Bosforem nie były atrakcyjne dla nowej klasy ówczesnych nuworyszy i powoli kształtującej się stambulskiej burżuazji. Panowała w nich wieczna wilgoć, a wystawione na wiatr i mróz, były wyjątkowo trudne do ogrzania. Nowi bogaci nie byli tak twardzi jak osmańscy paszowie, a poza tym w swoich otaczających plac Taksim kamienicach z widokiem na morze czuli się jak prawdziwi Europejczycy, dlatego nie palili się, by wykupywać stare nadbosforskie domy z rąk właścicieli, którymi byli głównie zubożali potomkowie odsuniętych od władzy możnych osmańskich rodów, jak A.Ş. Hisar. Do połowy lat siedemdziesiątych, kiedy miasto nagle zaczęło się rozrastać, część nadmorskich rezydencji albo stała się przedmiotem sporów spadkowych między wnukami paszów a mieszkającymi w nich szalonymi kobietami z haremu sułtana, albo — po podzieleniu na piętra czy pokoje — była wynajmowana. Większość z nich jednak niszczała w zapomnieniu, farba

odpadła, a drewno ściemniało od zimna i wilgoci. Niektóre nawet umyślnie spalono, aby wybudować w ich miejsce nowoczesne budynki.

Pod koniec lat pięćdziesiątych niedziela nie była niedzielą, jeśli wuj albo ojciec nie zabrał nas rankiem nad Bosfor naszym dodge'em rocznik 1952. Chociaż widok resztek osmańskiej kultury napełniał nas smutkiem, to jednak nie czuliśmy się okaleczeni: w końcu także należeliśmy do nowych bogaczy ery republiki, dla których bosforska cywilizacja była powodem do radości i dumy. Przejażdżki nad Bosfor nie mogły się obyć bez wyprawy na Emirgân, wizyty w kawiarni „Pod Platanem", zajadania słodkich wafli, spaceru wzdłuż brzegu morza na Bebeku i oglądania statków... Po drodze matka kazywała zatrzymać samochód i kupowała kwiaty albo dwa dorodne tasergale.

Podrosłem i rodzinne wyprawy zaczęły mnie nudzić i irytować. Sprzeczki, wieczna rywalizacja z bratem, który wszystkie zabawy zmieniał w pojedynki, i codzienne smutki zwyczajnej rodziny, wepchniętej do samochodu w poszukiwaniu wytchnienia od domowego zaduchu — wszystko to zatruło moją miłość do Bosforu. Mimo to nie opuściłem żadnej z naszych niedzielnych wypraw. Kiedy wiele lat później w drodze nad Bosfor, w trakcie podobnej niedzielnej wycieczki, zobaczyłem w autach inne rodziny, też zmęczone, nieszczęśliwe i skłócone, najbardziej poruszyło mnie nie to, iż nasze życie było tak pospolite, ale to, że dla wielu stambulskich rodzin Bosfor był jedynym pocieszeniem...

Przeżycia, które sprawiły, że Bosfor był dla mnie miejscem wyjątkowym, powoli znikały, tak jak trawione przez ogień drewniane rezydencje, stare pułapki na ryby pokazywane przez ojca, sprzedawcy owoców pływający łodziami od domu do domu, plaże odwiedzane z matką, radość z pływania w morzu, opuszczone stacje promu, dopóki nie zamieniono ich w luksusowe restauracje, rybacy przybijający do pomostów. Teraz już nie mógłbym wynająć ich łodzi na małą przejażdżkę po cieśninie. Ale jedno wciąż się nie zmienia: Bosfor wciąż jest w naszym sercu. Jak w dzieciństwie jest dla nas rękojmią zdrowia, lekarstwem na nasze choroby, niewyczerpanym źródłem dobra i życzliwości, które podtrzymuje na duchu miasto i jego mieszkańców.

„Życie nie może być aż tak straszne", myślę czasem. W końcu człowiek zawsze może przecież pójść nad Bosfor.

7.
Bosfor Mellinga

Spośród wszystkich zachodnich artystów, którzy malowali Bosfor, dzieła Mellinga zdradzają największą dbałość o szczegóły i są najbardziej przekonujące. W 1819 roku Melling opublikował książkę o poetyckim tytule *Voyage pittoresque de Constantinople et des rives du Bosphore.* Jego faksimile wydał w 1969 roku i podarował mi wuj Şevket Rado, wydawca i poeta, ponieważ rodzina znała już moje zamiłowanie do malarstwa.

Każdą z rycin oglądałem uważnie, godzinami wpatrując się w szczegóły, w poczuciu, że tak właśnie musiał kiedyś wyglądać Konstantynopol za czasów osmańskich. To słodkie złudzenie nie brało się z podziwiania akwareli i gwaszy Mellinga, charakteryzujących się matematyczną i architektoniczną dokładnością, ale z oglądania czarno-białych rycin wykonanych później na ich podstawie. Kiedy chcę ponownie przekonać siebie o naszej minionej świetności (a zdarza się tak, bo zbytnie otwarcie na zachodnią literaturę i sztukę budzi czasem w człowieku stambulski nacjonalizm), ryciny Mellinga dają mi pocieszenie, podszyte jednak żalem, że część tego piękna dawno już przestała istnieć. Paradoksalnie to właśnie ów żal przybliża mnie do artysty. Czasem patrzę na jego dzieła wyłącznie w poszukiwaniu smutku...

Urodzony w 1763 roku Antoine-Ignace Melling był prawdziwym Europejczykiem: Niemcem z domieszką krwi francuskiej i włoskiej. Od ojca rzeźbiarza, zatrudnionego w Karls-

ruhe, na dworze Karola Fryderyka Badeńskiego, nauczył się
posługiwać dłutem, a potem wyjechał do Strasburga, by tam
u boku wuja studiować rysunek, architekturę i matematy-
kę. Gdy miał dziewiętnaście lat, wybrał się — być może pod
wpływem rodzących się idei preromantyzmu — w podróż do
Stambułu. Prawdopodobnie nie przypuszczał, że po przyby-
ciu na miejsce postanowi osiąść tam aż na osiemnaście lat.
Początkowo pracował jako nauczyciel przy zagranicznych
misjach dyplomatycznych, które w dawnych winnicach Pery stworzyły zalążek kosmopolitycznej socjety dzisiejszego

Beyoğlu. Kiedy Hatice Sultan, siostra Selima III, odwiedziła stojącą na Büyükdere rezydencję barona de Hübscha, byłego *chargé d'affaires* ambasady Królestwa Danii, i postanowiła urządzić u siebie taki sam ogród, polecono jej młodego Mellinga. A ten na użytek swej klientki, podobnie jak sułtan zafascynowanej zachodnimi nowinkami, zaprojektował najpierw ogród w stylu europejskim z labiryntem z róż, akacji i bzów. Później wybudował niewielki, bogato zdobiony pawilon przy pałacu w Defterdarburnu (między dzisiejszymi dzielnicami Ortaköy i Kuruçeşme). Jego neoklasyczna kolumnada już nie

istnieje; wiemy, jak wyglądała tylko dzięki obrazom Mellinga. Nie wyrażała jednak ducha Bosforu. Pisarz Ahmet Hamdi Tanpınar (1901–1962) uznał ją za wzorzec konwencji, którą później nazwał eklektyczną. Była ona typowa dla nowej osmańskiej architektury, z powodzeniem łączącej motywy zachodnie z elementami tradycyjnymi. W podobnym przestronnym neoklasycznym stylu, który tak świetnie sprawdzał się w warunkach klimatycznych Bosforu, Melling zaprojektował i ozdobił też letni pałac Selima III w Beşiktaşu. W tym samym czasie doradzał również Hatice Sultan w zakresie sztuki, którą dzisiaj nazwalibyśmy dekoratorstwem wnętrz. Kupował dla niej donice i kwiaty, przygotowywał ozdobne moskitiery, nadzorował wykonywanie haftów na koronkowych chustach, a w niedziele oprowadzał po pałacu żony ambasadorów.

O tym wszystkim wiemy z ich prywatnej korespondencji, jaka zachowała się do dzisiaj. Melling i Hatice Sultan przeprowadzili małą intelektualną rewolucję: na sto trzydzieści lat przed reformą alfabetu, dokonaną w 1928 roku przez Atatürka, pisali po turecku, używając alfabetu łacińskiego. Dzięki ich listom wiemy, w jaki sposób mogła pisać i mówić siostra padyszacha kraju, w którym nie istniał zwyczaj spisywania wspomnień ani tworzenia powieści:

Mistrzu Melling, kiedy dostarczą moskitierę? Jakżebym chciała na jutro... Natychmiast bierz się do pracy! Jakiś cudaczny ten obraz... Kolejny posłano już ze Stambułu... Temu brak jakiejś iskry... Krzesła nie chcę, bom zeń niekontenta. Chcę siedzisk pozłacanych! Upilnować, by dali mało jedwabiu i dużo pozłoty. Widziałam obraz do srebrnego sekretarzyka: nie zlecaj roboty, niech ostanie poprzedni... Pieniądze za perły i dżety dam w „martedì"*...

Z listów wynika, że Hatice Sultan znała nie tylko alfabet łaciński, ale także mówiła po włosku. Rozpoczęła korespondencję z Mellingiem, nie mając jeszcze trzydziestu lat. Jej małżonek, Seyyit Ahmet Pasza, pełniący funkcję gubernatora Erzurumu, przebywał daleko od Konstantynopola. Kiedy do miasta dotarły wieści o wyprawie egipskiej Napoleona, a w seraju odezwały się antyfrancuskie resentymenty, Melling poślubił pewną Genuenkę i — jak wynika z jego smutnych listów do siostry sułtana — niespodziewanie popadł w niełaskę:

Efendi**, Wasz niewolnik (czyli ja) posłał w sobotę ucznia po pensję miesięczną... Powiedzieli, że zapłaty już nie ma...

---

* *Martedì* (wł.) — wtorek.
** *Efendi* — pan (tytuł nadawany wysokim dostojnikom).

Ja, człowiek, który tyle dobra od Pani uświadczył, nie mogłem dać wiary, że to rozkaz przez Nią wydany... Mniemam,
iż to tylko próżna gadanina zwykłych zazdrośników. Toć
mawiają, że kochasz Pani swoich poddanych. Zima idzie,
mam jechać do Beyoğlu, jak więc mam to uczynić bez gro-
sza przy duszy? Gospodarz żąda zapłaty, do tego potrzebny
pieniądz na węgiel, drewno i przyrządy kuchenne... A jeszcze moja mała na ospę choruje, felczer żąda 50 kuruşów,
skąd mam brać? Ileż to razy błagałem, ileż wydałem na dro-

gę, i żadnej dobrej wiadomości... Nie mam już ani jednej akçe*, błagam więc... Efendi, nie możesz mnie Pani tak zostawić, błagam przeto..."

A kiedy nieugięta Hatice nie udzieliła żadnej odpowiedzi, Melling zaczął przygotowywać się do powrotu do Europy, poszukując jednocześnie innego źródła utrzymania. Wpadł na pomysł zgromadzenia i wydania pod jednym tytułem wszyst-

---

* *Akçe* — srebrna moneta używana w imperium osmańskim.

kich swoich prac, w czym pomogły mu doskonałe kontakty z seraju. Przy pomocy znanego orientalisty Pierre'a Rufina, *chargé d'affaires* misji francuskiej w Konstantynopolu, zaczął korespondować z paryskimi wydawcami. Melling wrócił do Francji w 1802 roku, lecz jego zbiór ukazał się dopiero po siedemnastu latach, gdy artysta miał pięćdziesiąt sześć lat. Już na etapie przygotowywania rycin, nad czym pracował razem z najsłynniejszymi rysownikami paryskimi tamtych lat, krytycy zwrócili uwagę na jego mistrzostwo w odwzorowywaniu detali.

Kiedy dzisiaj patrzymy na czterdzieści osiem olbrzymich grawiur zamieszczonych w albumie, najpierw porusza nas ta wierność szczegółom. Obrazy zaginionego świata oraz piękne architektoniczne detale i mistrzostwo w operowaniu perspektywą całkowicie zaspokajają nasze pragnienie realizmu. Nawet najbardziej bajkowy spośród tej kolekcji obraz wnętrza sułtańskiego haremu, w którym z precyzją architekta artysta wykorzystuje możliwości „gotyckiej" perspektywy, zachowuje dostojność i elegancję daleką od krzykliwych zachodnich fantazji erotycznych na temat tego miejsca, powagę przekonującą również stambulskich widzów. Niemal akademicki charakter swoich dzieł Melling równoważył elementami humanistycznymi, umieszczanymi na drugim planie. Oto na parterze haremu dwie kobiety tulą się z miłością, a ich usta zbliżają się ku sobie. Ale w odróżnieniu od innych europejskich malarzy artysta nie wyolbrzymia znaczenia tej pary ani nie dramatyzuje jej uczuć, przesuwając ją poza centrum obrazu.

Pejzaże stambulskie Mellinga są jakby pozbawione centralnego punktu. To chyba druga — po powadze, z jaką traktuje szczegóły — przyczyna, dla której jego twórczość jest mi tak bliska. Na ostatniej stronie albumu artysta zamieścił mapę Konstantynopola, oznaczając miejsca przedstawione na czterdziestu ośmiu ogromnych rycinach. Wskazał również kąt, pod jakim patrzył na malowany obiekt, co dowodzi jego obsesji na tym punkcie. Ale jak na chińskich zwojach albo w cinemascopie punkt widzenia na jego obrazach zdaje się nieustannie zmieniać. Melling nie umieścił ani jednej udramatyzowanej sceny rodzajowej w centrum dzieła, dlatego oglądanie jego albumu przypomina mi te dawne podróże samochodem nad Bosfor: jedna zatoka niespodziewanie wyłania się zza drugiej, wijąca się wzdłuż brzegu droga nagle skręca, by otworzyć przede mną kolejną zaskakującą perspektywę. I rodzi się we mnie wrażenie, że Stambuł jest miastem bez określonego środka i bez kresu, a ja staję się bohaterem baśni, które tak lubiłem jako dziecko.

Widok cieśniny namalowanej przez Mellinga nie tylko pozwala mi wrócić nad Bosfor taki, jak go zapamiętałem z dzieciństwa — zbocza, doliny i wzgórza jeszcze ciągle nagie, czyste w sposób trudny do wyobrażenia, gdy się widzi wzniesione na nich w ostatnich czterdziestu latach okropne budowle. Daje mi też smutną pewność, że także moje życie zostało stworzone z niektórych pejzaży i miejsc tamtego rajskiego świata; że za cudownościami ukazanymi na kolejnych stronach albumu kryje się prawdziwa historia. I właśnie wtedy, gdy smutek miesza się z radością, dostrzegam szczegóły zauważalne wyłącznie dla ludzi, którzy doskonale znają naturę Bosforu, a potem obrazy nagle przestają być widokami utraconego raju. Stają się fragmentem mojej rzeczywistości.

— Tak — mówię do siebie — kiedy tylko wypływam z Tarabyi, spokojna woda rzeczywiście nagle zaczyna się burzyć, obudzona *poyrazem** znad Morza Czarnego. Na szybkich, nerwowych falach pojawiają się gniewne, niecierpliwe małe grzywy — dokładnie takie jak na obrazach Mellinga... Tak, wieczorem zagajniki na grzbietach Bebeku zanurzają się w takiej ciemności, że tylko ktoś taki jak ja albo jak Melling, ktoś, kto żył tutaj co najmniej dziesięć lat, wie, że ciemność ta pochodzi ze środka. Cyprysy, ważni bohaterowie muzułmańskich ogrodów i muzułmańskich obrazów raju, na rycinach Mellinga pełnią tę samą funkcję co na perskich miniaturach: ich stateczne plamy nadają dziełom poetyckiej harmonii. Gdy maluje łuki i skręty sosen, nie idzie drogą innych pejzażystów z Zachodu, którzy akcentują kształty gałęzi, kreując dramatyczne napięcie albo sugerując nastrój. W tym sensie przypomina nieco dawnych miniaturzystów: nawet w najbardziej wzruszających momentach patrzy na ludzi chłodno, jakby byli drzewami. To prawda, nie jest zbyt wprawny w przedstawianiu ludzkich postaci, a także jego *sandali*** i statki bywają nieudolnie ujęte (szczególnie gdy płyną na wprost obserwatora). Mimo wielkiej wagi, jaką przykłada do

---

* *Poyraz* — bardzo silny północno-wschodni wiatr, wyrządzający co roku olbrzymie szkody na wybrzeżach Bosforu.
** *Sandal* — łódź pasażerska na Bosforze.

budowli i ludzi, czasami, jak na dziecięcym obrazku, brakuje im proporcji. Ale wszystkie te niedoskonałości sprawiają, że dostrzegamy w nim poetę. A jego poetycka wizja przemawia do duszy współczesnego mieszkańca Stambułu... Gdy zauważamy, że rozmaite postacie kobiece z haremu czy pałacu Hatice Sultan są do siebie bliźniaczo podobne, uśmiechamy się nad prostotą jego kreacji, ale równocześnie to pokrewieństwo z dawnymi miniaturzystami napawa nas dumą.

Wyjątkowość Mellinga polega na ukazaniu nam wyobrażenia złotego wieku miasta przy zachowaniu wierności architektonicznym i topograficznym szczegółom, a także detalom związanym z życiem codziennym, czego żaden inny europejski twórca, przywiązany do zachodnich sposobów prezentacji, nigdy nie osiągnął. Na swej mapie Melling wskazuje punkt na Perze, z którego szkicował widok na Wieżę

Panny* oraz Üsküdar — punkt położony o czterdzieści kroków od mojej pracowni w Cihangirze, gdzie kreślę te słowa. Malując pałac Topkapı, wyglądał przez okna kawiarni na zboczu Tophane; szkicując panoramę Konstantynopola, stał na wzniesieniach Eyüpu. W ten sposób ukazuje on nam swoją wizję raju i dajemy się jej oczarować, a mieszkańcy Wielkiej Porty nie patrzą już na Bosfor jak na zbiór zatok i greckich rybackich wiosek, ale miejsce doskonale nadające się do dostatniego życia. W tym czasie architektura zaczyna dostrzegać przyciąganie Zachodu i uwalnia się wreszcie od swej prostoty. Ponieważ Melling pokazuje nam tak dokładny obraz kultury w momencie przejściowym, wszystkie wieki

---

*   Kız Kulesi (dosł. Wieża Panny, zwana też Wieżą Leandra) — latarnia morska na Bosforze.

panowania Osmanów sprzed rządów Selima III wydają mi
się tak bardzo odległe.

Uwielbiam patrzeć na jego mieszkańców Konstantynopola, śledzić ich „z lupą w dłoni", jak mówiła Marguerite
Yourcenar, badając osiemnastowieczne ryciny Piranesiego,
przedstawiające Rzym i Wenecję. Ogromną radość sprawia
mi dokładne oglądanie ilustracji, na której widać plac i fon-
tannę Tophane — miejsce często odwiedzane przez Mellinga
i z obsesyjną dociekliwością analizowane centymetr po cen-
tymetrze. Lubię przyglądać się sprzedawcy arbuzów w lewym

rogu obrazu — co prowadzi do przyjemnego wniosku, że sposób wystawiania owoców nadal wygląda tak samo — i jego
koledze, uwiecznionemu pośrodku płótna, który przysiadł na
stołku. Dzięki wnikliwości artysty możemy także stwierdzić,
że fontanna w tamtych czasach znajdowała się nieco wyżej
poziomu ulicy. Dziś, wiele lat po tym, jak ulice ją otaczające
zostały wyłożone brukiem, a potem pokryte kolejnymi warst-
wami asfaltu, tkwi ona znacznie poniżej drogi. W każdym
ogrodzie i na każdej ulicy widzimy na rycinie matki idące za
rękę ze swoimi dziećmi (pół wieku później Théophile Gautier

zauważył, że Melling zawsze ukazywał kobiety spacerujące z dzieckiem, gdyż budzą one więcej szacunku niż kobiety samotne); wędrownych handlarzy, którzy z tym samym znudzonym wyrazem twarzy do dzisiaj okupują różne zakątki Stambułu razem ze swymi stolikami przepełnionymi kolorowymi ubraniami albo jedzeniem; chłopaka, który z pomostu na Beşiktaşu zarzucił wędkę prosto w nieruchomą taflę wody (tak bardzo szanuję Mellinga, że nie mam serca wypominać mu, iż morze w tej części miasta nigdy nie jest aż tak spokojne); i dwóch tajemniczych mężczyzn stojących tylko kilka

kroków od niego (tych samych, których kazałem umieścić na
okładce jednego z tureckich wydań *Beyaz Kale**); mężczyznę
z niedźwiedziem na wzgórzu Kandilli i towarzyszącego mu
pomocnika z tamburynem; chłopa, który powoli — z typo-
wą dla prawdziwych mieszkańców Stambułu obojętnością
wobec otaczających go zabytków i tłumu — prowadzi przez
plac Sultanahmet (zwany przez Mellinga Hipodromem) objuczonego konia; i odwróconego plecami do ciżby sprzedawcę

---

*   *Beyaz Kale* (dosł. biały zamek) — powieść O. Pamuka z 1985 roku.

obwarzanków, nadal nazywanych *simit*, wyłożonych na trójnożnym stoliku, dokładnie takim, jakich używano, kiedy byłem mały... Uwielbiam odkrywać na nowo setki szczegółów, o których dawno już zdążyłem zapomnieć...

Niezależnie od tego, jak wielki jest budynek i jak wspaniały jest widok, Melling nigdy nie pozwala im zdominować obrazu. Kocha perspektywę jak Piranesi, ale jego dzieła nigdy nie mają dramatycznej wymowy (nawet gdy *sandalcı** awanturują się na nabrzeżu Tophane). U Piranesiego zaś uderza nas dramatyczna siła wertykalnej architektury, która przygniata ludzką postać i sprowadza ją do roli miernoty, dziwadła, żebraka... U Mellinga mamy do czynienia z horyzontalnym ruchem spokojnego, radosnego świata, ujmowanego przez wolne ludzkie spojrzenie w szerokiej perspektywie. Wykorzystując olbrzymie możliwości, jakie oferują mu geografia i architektura Konstantynopola, artysta proponuje nam przechadzkę po tym cudownym raju.

Wyjeżdżając z Konstantynopola, Melling zostawiał za sobą miasto, w którym spędził połowę życia. Osiemnaście lat, które nie były dla niego wyłącznie okresem nauki, ale także czasem kształtowania poglądów, walki o byt, czasem pracy i tworzenia pierwszych wybitnych dzieł. Artysta patrzył na detale i materiały stosowane przez stambulczyków tak jak oni sami — nie dbał o egzotykę czy orientalny charakter swoich prac w sposób tak typowy dla innych malarzy i rysowników, jak choćby William Henry Bartlett (*The Beauties of the Bosphorus*, 1835), Thomas Allom (*Constantinopole and the Scenery of the Seven Churches of Asia Minor*, 1839) czy Eugène Flandin (*L'Orient*, 1853). Nigdy nie wykorzystywał w swoich obrazach motywów z baśni *Księgi tysiąca i jednej nocy*, po-

---

* *Sandalcı* — wioślarz.

dobnie jak zupełnie nie interesował go zachodni romantyzm, będący właśnie w szczytowej fazie rozwoju. Dlatego nigdy nie malował światłocieni, mgieł czy chmur, tak typowych dla baśniowego klimatu innych płócien. Nie próbował czynić miasta i jego mieszkańców krąglejszymi, smuklejszymi, biedniejszymi ani bardziej wyrafinowanymi, niż byli w istocie.

Punkt widzenia Mellinga to spojrzenie osoby będącej wewnątrz. A ponieważ ówcześni stambulczycy nie umieli jeszcze uwieczniać ani swojego miasta, ani samych siebie — w rzeczywistości nie widzieli takiej potrzeby — zachodnie techniki stosowane przez Mellinga sprawiły, że tworzył on malarstwo szczere, ale utrzymane w europejskim klimacie. Artysta patrzył na miasto oczami stambulczyka, ale uwieczniał ręką Europejczyka. Za każdym razem, gdy patrzę na jego ryciny, ogrania mnie żal za utraconym światem, który przedstawiają. Jednocześnie czuję ukojenie, wiedząc, że jedyny obiektywny świadek i ilustrator tamtych czasów patrzył na moje miasto tak jak ja; że nie widział w nim egzotycznego, „czarodziejskiego" ani dziwacznego tworu, lecz zwyczajne miejsce, pełne wysublimowanego piękna.

8.
Matka, ojciec i zniknięcia

Zdarzało się, że mój ojciec wyjeżdżał daleko, a wtedy nie widzieliśmy go przez kilka miesięcy. To może wydawać się dziwne, ale jego nieobecność zaczynaliśmy zauważać dosyć późno, jakby chodziło o rower, który dawno zaginął lub został skradziony, czy kolegę, który nagle przestał przychodzić do szkoły. Nigdy też nie tłumaczono nam przyczyn jego zniknięcia ani nie informowano o przybliżonym czasie powrotu. Nigdy też nie zdarzało się nam o to pytać, ponieważ mieszkaliśmy w wielkim domu, otoczeni przez wujów, ciotki, babkę, służące i kucharki. Łatwo więc było przejść do porządku dziennego nad nieobecnością ojca i niemal zapomnieć o jego istnieniu. Chociaż czasem smutek związany z tym, co już zdołaliśmy wyrzucić z pamięci, wracał do nas wraz z przesadnie czułym uściskiem służącej Esmy, wyjątkową usłużnością babcinego kucharza Bekira albo niespotykanym zapałem

wuja Aydına do niedzielnej przejażdżki jego dodge'em nad Bosfor.

Zdarzało się, że powaga sytuacji docierała do mnie dzięki mamie i jej długim telefonicznym porannym naradom prowadzonym z siostrami, przyjaciółkami oraz babką. Mama miała wtedy na sobie kremową podomkę w czerwone goździki. Gdy siadała, zakładając jedną nogę na drugą, materiał spływał kaskadą na podłogę, wprawiając mnie w zakłopotanie. Widziałem wtedy jej nocną koszulę, piękną skórę i szyję... Pragnąłem wdrapać się na matczyne kolana, przytulić mocno do tego cudownego miejsca między jej włosami, piersiami i szyją. Miała rację, oskarżając mnie po latach o wykorzystywanie tragicznej atmosfery, jaka panowała w naszym domu po każdej kłótni rodziców.

Czekając, aż w końcu matka zajmie się tylko mną, siadałem przy toalecie pełnej puderniczek, szminek, lakierów do paznokci oraz flakoników z perfumami, wodą kolońską, wodą różaną i olejkiem migdałowym. Z zapartym tchem przetrząsałem szuflady i zabawiałem się różnymi pęsetkami, nożyczkami, pilniczkami, kredkami do brwi, szczoteczkami, grzebykami i innymi dziwnymi przyrządami. Patrzyłem na wciśnięte między blat i taflę lustra fotografie moje i brata. Na jednej z nich matka w tej samej podomce karmi mnie kaszką, usadowionego w dziecięcym foteliku, i oboje uśmiechamy się tak, jak tylko mogą się śmiać bohaterowie reklam. Zastanawiałem się, dlaczego nie krzyknąłem wtedy ze szczęścia.

A później, aby uwolnić się od ogarniającego mnie znużenia, zaczynałem zabawę podobną do tej, jaką po latach powtarzałem i doskonaliłem w swoich powieściach. Na samym środku toaletki ustawiałem rozłożone po bokach butelki, szczotki i nigdy nie otwieraną srebrną szkatułkę w kwiaty, przybliżałem twarz do centralnej części trójdzielnego lustra i równocześnie otwierałem oba jego skrzydła. Nagle wokół mnie pojawiały się tysiące Orhanów, poruszających się w głębokiej, zimnej, szklanej nieskończoności... Patrzyłem na swoje najbliższe odbicie i z zaskoczeniem odkrywałem nieznane mi dotąd rejony własnej głowy, na przykład uszy. Dotykały zaokrąglenia z tyłu czaszki, a jedno było bardziej odstające niż drugie, co czyniło mnie podobnym do ojca. Najciekawszy jednak był widok karku, który przez wiele lat napawał mnie przeświadczeniem, iż noszę ciało kogoś całkiem obcego. Ten obraz wciąż przyprawia mnie o dreszcze... Złapane przez trzy lustra dziesiątki, a nawet setki odbić Orhana zmieniały się przy najlżejszym nawet ruchu szklanych tafli. Z radością i dumą patrzyłem, jak w jednym momencie naśladują na przykład ruch mojej ręki. Kazałem im wykonywać wiele najrozmaitszych gestów, aby zdobyć pewność, że wszyscy są mi absolutnie wierni. Czasami w zielonym szklanym bezkresie próbowałem odnaleźć ostatniego Orhana. Innym razem wydawało mi się, że lustrzane sobowtóry naśladują moje ruchy ręki albo głowy sekundę później niż ja. Najbardziej przerażające chwile przeżywałem wtedy, gdy, nadąwszy policzki, nasrożywszy brwi i wyciągnąwszy język, skupiałem się na swojej minie i nieświadomie poruszałem ręką albo palcami, a dziesięciu czy piętnastu Orhanów gdzieś w głębinie lustra powtarzało ten sam gest. Wtedy wydawało mi się, że moje odbicia doszły między sobą do porozumienia i odtąd będą już wieść własne życie. Najpierw nieruchomiałem sparaliżowany strachem, a kiedy udawało mi się wreszcie przekonać siebie, że wszystko jest złudzeniem, zaczynałem grę od nowa. Poruszałem odrobinę oboma skrzydłami lustra i stawałem twarzą w twarz z setką nowych Orhanów. Lubiłem bezskutecznie szukać pierwszego, najwierniejszego odbicia, tak jakbym patrzył przez obiektyw aparatu fotograficznego, tracąc

nagle ostrość. Wśród tych twarzy szukałem najbardziej mi bliskiej. Zabawa w znikanie, która czasami przyciągała także matkę i brata, każdego dnia zajmowała mi sporo czasu i miała jeszcze jedną dobrą stronę: oswajała mnie z rzeczywistością. Chociaż nie wiedziałem, co matka mówi przez telefon ani gdzie jest ojciec i kiedy wróci, to jednego byłem pewien: któregoś dnia ona także zniknie.

I czasami tak się zdarzało. Wtedy jednak słyszeliśmy różne wyjaśnienia. Mówiono nam na przykład: „Mama zachorowała i wypoczywa u ciotki Neriman". Traktowałem te informacje podobnie jak lustrzane odbicia — wiedziałem, że są iluzją, ale nie okazywałem tego, udając głupka. Mijało kilka dni, po czym Bekir albo dozorca Ismail zabierali nas na przejażdżkę po Stambule i autobusem albo promem jechaliśmy w odwiedziny do matki, która zatrzymała się w domu swoich krewnych w Erenköy, Istinye czy gdzieś na drugim końcu miasta. Bardziej niż ze smutkiem porzucenia wyprawy te kojarzyły mi się z przyjemnością i różnymi wyzwaniami. Przed strachem chroniła mnie obecność starszego brata i przeświadczenie, że w razie czego to on stawi czoło każdemu niebezpieczeństwu.

Domy i rezydencje, w których odwiedzaliśmy matkę, należały do jej bliższych albo dalszych krewnych. Kiedy te wszystkie współczujące stare ciotki oraz zarośnięci wujowie kończyli nas całować, szczypać w policzki i zabawiać różnymi dziwnymi rzeczami, przykuwającymi naszą uwagę — były wśród nich niemiecki barometr z parą w bawarskich strojach ludowych, która wychodziła lub nie ze swego domku w zależności od pogody (wydawało mi się, że można go spotkać w każdym zeuropeizowanym stambulskim domu); zegar z kukułką, co trzydzieści minut opuszczającą miniaturową klatkę, aby obwieścić godzinę, albo z prawdziwym kanarkiem, który ćwierkał w odpowiedzi swojej mechanicznej kuzynce — szliśmy do pokoju matki.

Najpierw z podziwem patrzyliśmy przez otwarte okno na bezmiar morza i światła na zewnątrz (może dlatego zawsze lubiłem oglądać pejzaże Matisse'a?), ale potem ze smutkiem przypominaliśmy sobie, że nasza matka zostawiła nas dla tego pięknego, ale obcego miejsca. Zaraz jednak uspokajał nas widok znajomych przedmiotów na toaletce: te same pęsetki, flakoniki perfum, szczotki do włosów z odpryśniętą farbą, unoszący się przy matce, nieporównywalny z niczym słodki zapach w powietrzu. Pamiętam każdą sekundę, kiedy brała nas po kolei w ramiona i czule tuliła. Dla brata miała kilka zaleceń (uwielbiała je dawać): jak powinien mówić, jak się zachowywać i gdzie znajdzie przedmioty, które przyniesiemy jej następnym razem. Ja tymczasem wyglądałem przez okno, nie zwracając na nich uwagi, dopóki nie nadeszła moja kolej, żeby usiąść jej na kolanach.

Podczas jednego z takich matczynych zniknięć ojciec zatrudnił do nas opiekunkę. Była nią wiecznie uśmiechnięta niska kobieta o niezwykle bladej cerze, nie grzesząca urodą. Usiłowała przelać na nas swą życiową mądrość i zawsze kazała nam się uśmiechać, ale w przeciwieństwie do niań naszych kolegów była Turczynką, co rozczarowało nas obu i nigdy jej nie polubiliśmy. Z tego powodu nie mogła stać się dla nas autorytetem jak większość innych znajomych guwernantek o niemieckim pochodzeniu i protestanckiej duszy. Poirytowana naszymi sporami powtarzała w kółko: „Proszę ładnie i grzecznie. Proszę ładnie i grzecznie". Potem złośliwie ją naśladowaliśmy przed ojcem, rozśmieszając go przy tym do łez. Niedługo ona też odeszła z naszego domu. Lata później, podczas kolejnych zniknięć ojca, gdy moje wojny z bratem stawały się coraz bardziej krwawe, doprowadzona do ostateczności matka groziła, że od nas odejdzie albo wyskoczy przez okno (kiedyś nawet przerzuciła swoją zgrabną nogę na drugą stronę parapetu!). „Wtedy wasz ojciec ożeni się z tamtą!", dodawała, a ja zamiast t a m t e j, której imię czasem matka wypowiadała w gniewie, wyobrażałem sobie naszą bladą, grubą, poczciwą i niezbyt mądrą niańkę.

Ponieważ rodzinne dramaty zawsze rozgrywały się na tej samej scenie (po latach zrozumiałem, że nie byliśmy pod tym względem wyjątkiem) — nasze rozmowy przeważnie krążyły wokół tych samych tematów, jadaliśmy wciąż te same potrawy i nawet kłótnie zaczęły być potwornie nudne (powtarzalność jest źródłem spokoju, jego gwarancją, ale i śmiercią!) — traktowałem te niespodziewane zniknięcia jak okazje pozwalające uciec od monotonii życia. Niczym lustra w toalecie matki dostarczały rozrywki, były kłopotliwym trującym kwiatem rozsiewającym woń innego świata. Wydarzenia te intrygowały mnie i jednocześnie wciąż na nowo uświadamiały istnienie ciemnej strony mojej duszy, ale niewiele z ich powodu wylałem łez.

Kłótnie najczęściej zaczynały się przy stole. Później mebel ten ustąpił pola kupionemu przez ojca oplowi rekordowi, model 1959, gdyż z rozpędzonego auta nie można było wysiąść tak łatwo, jak się wstawało od stołu. Gdy kłótnia wybuchała już w pierwszej minucie długo planowanej podróży albo podczas zwykłej niedzielnej przejażdżki nad Bosfor, zakładaliśmy się z bratem, kiedy ojciec wciśnie hamulec, zawróci i odwiezie nas do domu jak kapitan, który ze złością opróżnia luk bagażowy, by z uczuciem ulgi pognać w dalszą drogę. Czy nastąpi to za pierwszym mostem, czy przy najbliższej stacji benzynowej?

Jedna z rodzinnych kłótni w pierwszych latach małżeństwa rodziców głęboko nas poruszyła, może ze względu na swą poetycką wzniosłość. Pewnego letniego wieczoru pod-

czas kolacji na Heybeliadzie matka i ojciec nagle równocześnie wstali od stołu (byłem z tego zadowolony, bo wreszcie
mogłem jeść po swojemu, a nie tak, jak kazała mi matka).
Chwilę później usłyszeliśmy z bratem, jak krzyczą na siebie w mieszkaniu piętro wyżej, a potem, niemal instynktownie, razem ruszyliśmy na górę, żeby się do nich przyłączyć.
(Paradoksalnie poczułem teraz, że wcale nie mam ochoty
wracać myślami do tamtych chwil). Kiedy matka zobaczyła,
że próbujemy im pomieszać szyki, wepchnęła nas do pokoju
obok i przekręciła klucz w zamku. Chociaż w pomieszczeniu
było ciemno, spora wiązka światła padała na matowe szyby
w secesyjnych drzwiach dzielących nas od rodziców. Patrzyliśmy z bratem, jak za wzorzystym szkłem cienie matki i ojca zbliżają się i oddalają od siebie, ożywają nagle i łączą ze
sobą wśród wrzasków i krzyków, tworząc jeden cień. Tak jak
w klasycznym teatrze cieni *karagöz* energia przedstawienia
wprawiała scenę w drżenie — tutaj energia rodziców sprawiła, że szyba w drzwiach dygotała, a wszystko wokół było
czarno-białe.

9.

Drugi dom: Cihangir

Czasami rodzice znikali gdzieś razem. Zimą 1957 roku mój brat został odesłany do ciotki, która mieszkała dwa piętra nad nami, ja zaś trafiłem do innej ciotki, do Cihangir. Pamiętam, że bardzo dbała o to, abym nie był smutny. Gdy tylko wsiadłem do jej chevroleta, rocznik 1956, bardzo popularnego w Stambule w latach sześćdziesiątych, powiedziała: „Kazałam kupić Çetinowi jogurt dla ciebie na wieczór". Mnie jednak nie interesował jogurt, ale szofer. Poczułem też rozczarowanie na widok ogromnej kamienicy bez windy i kaloryferów, za to podzielonej na wiele ciasnych lokali. Wybudował ją mój dziadek, a potem sam przez pewien czas tutaj mieszkałem. Co gorsza, kiedy następnego dnia ze smutkiem próbowałem zaakceptować nową sytuację, spotkała mnie kolejna niespodzianka. Po popołudniowej drzemce, zgodnie ze zwyczajem panującym w kamienicy Pamuków, krzyknąłem do służącej: „Nianiu! Ubierz mnie!", na co w odpowiedzi usłyszałem surową reprymendę. Może dlatego przez cały swój pobyt w tamtym domu udawałem starszego i zadzierałem nosa. Podczas jednej z kolacji z udziałem ciotki, wuja Şevketa Rado (poety i wydawcy albumu z reprodukcjami Mellinga) oraz starszego ode mnie o siedem lat ich dwunastoletniego syna Mehmeda, gdy mój działający na nerwy kiczowaty sobowtór w białej ramce wpatrywał się we mnie ze ściany, od niechcenia stwierdziłem, że moim wujem jest Adnan Menderes, premier Turcji. Wbrew oczekiwaniom zamiast wyrazów szacunku usłyszałem śmiechy i złośliwe pytania. Poczułem, że właśnie dzieje mi się wielka niesprawiedliwość. Wierzyłem bowiem głęboko, że naprawdę mam wujka premiera...

Doszedłem do tego w następujący sposób. Wuj Özhan i premier Adnan mieli pięcioliterowe imiona zakończone dwiema takimi samymi literami. Premier właśnie wyjechał do Ameryki, w której tak długo mieszkał wuj. Fotografie obydwu oglądałem wiele razy każdego dnia — jedne w gazetach, inne na ścianach babcinego salonu — i na niektórych byli nawet do siebie podobni! Nic więc dziwnego, że w mojej głowie powstała taka fantazja. Po latach zorientowałem się,

że wiele moich przekonań, opinii, przemyśleń i estetycznych wyborów jest efektem podobnego mechanizmu. Postanowiłem bardziej kontrolować własne słowa i odruchy. Wciąż jednak wierzę, że osoby o jednakowych imionach mają podobne charaktery; złożone z tych samych liter obce i znajome słowa znaczą mniej więcej to samo; kobieta z dołeczkami w policzkach ma w sobie coś z innej, podobnej do niej kobiety, którą znałem wcześniej; osoby otyłe niczym się nie różnią, a biedaków łączy jakaś niepojęta dla mnie więź, podobna do więzi istniejącej między Brazylią i *bezelye* — turecką nazwą groszku (na fladze Brazylii widnieje przecież olbrzymie ziarno grochu). Ale znałem też Amerykanów, przekonanych, że istnieje jakiś związek między Turcją i indykami, których angielska nazwa brzmi *turkey*. Wuj i premier nadal są połączeni w moim umyśle: raz wyobrażonej więzi nic nie jest w stanie zerwać... Jakaś drobna część mnie wciąż skłonna jest wierzyć, że napotkany w restauracji kuzyn, który jadł akurat jajecznicę ze szpinakiem, po pięćdziesięciu latach wciąż tam siedzi (mimo że lokal ten już dawno zlikwidowano).

Moja skłonność do upiększania życia kojącymi iluzjami przydawała mi się w domu, w którym nikt nie traktował mnie poważnie i gdzie czułem się nieswojo. Wkrótce rozpocząłem nowy, nieco poważniejszy eksperyment. Każdego ranka, kiedy kuzyn wychodził na zajęcia do niemieckiego liceum, siadałem za stołem, otwierałem jedną z jego olbrzymich, efektownie wyglądających ksiąg (przypuszczam, że był to jeden z tomów Brockhausa) i zaczynałem kopiować jej zawartość. Ponieważ nie znałem języka niemieckiego, moje zajęcie było bardziej przerysowywaniem niż przepisywaniem treści. Strona po stronie przerysowywałem podręcznik brata ciotecznego. Kiedy kończyłem kreślić jakiś wyraz, którego gotyckie „k" i „g" sprawiało mi najwięcej kłopotu, niczym safawidzki

miniaturzysta malujący jeden po drugim tysiące liści wielkiego platanu, odrywałem wzrok od książki i odpoczywałem, patrząc przez okno na puste kwartały podzielone ulicami opadającymi ku morzu, statki i przebłyskujący spomiędzy domów Bosfor.

To właśnie Cihangir (gdzie przenieśliśmy się, kiedy nasza rodzina znacznie zubożała) nauczył mnie, że Stambuł nie jest miastem anonimowych ludzi żyjących za murami — dżunglą kamienic, których lokatorzy są sobie obcy i nie wiedzą, kto akurat umarł albo kogo spotkało szczęście. To raczej archipelag dzielnic, których mieszkańcy znają się nawzajem. Wyglądając przez okno, widziałem nie tylko morze i wolno sunące utartymi trasami statki, ale również ukryte wśród domów ogrody, rezydencje i dzieci bawiące się między ich niszczejącymi murami. Jak w wypadku większości domów stambul-

skich z widokiem na Bosfor także pod naszą bramą wiła się ku morzu pokryta brukiem droga. W zimowe wieczory wychodziliśmy z ciotką i kuzynem i z daleka przyglądaliśmy się razem z sąsiadami szczęśliwej dzieciarni, która, krzycząc z radości, zjeżdżała po tej stromiźnie, na czym tylko się dało: na sankach, drabinach i deskach.

W tamtych latach kinematografia turecka produkowała rocznie prawie siedemset filmów i pod tym względem zajmowała zaszczytne drugie miejsce na świecie, po kinie indyjskim. Główna siedziba wytwórni znajdowała się w Beyoğlu przy ulicy Yeşilçam, dziesięć minut drogi od Cihangiru, toteż w naszej dzielnicy mieszkało wielu aktorów. Ulice pełne były umalowanych kobiet i mężczyzn, którzy zawsze odgrywali te same drugoplanowe role. Miejscowe dzieciaki nie dawały im spokoju, doskonale zapamiętując śmieszne i żałosne wcielenia niektórych (na przykład Vahiego Öza, który wciąż grał grubego, podstarzałego podrywacza, uganiającego się za młodymi pokojówkami). W słoneczne dni na szczycie jednej ze stromych uliczek, które w deszczu były postrachem dla kierowców, pojawiał się nagle minibus z aktorami i ekipą filmową. W niespełna kwadrans kręcono kilka miłosnych scen i natychmiast znikano. Wiele lat później przypadkiem zobaczyłem w telewizji jedną z nich i zrozumiałem, że filmy te nie opowiadały tylko marnych historii o miłości czy braku porozumienia, ale o życiu Bosforu lśniącego w oddali.

Patrząc przez okno na cieśninę, dowiedziałem się jeszcze jednej ważnej rzeczy: w każdej dzielnicy istniało miejsce, w którym powstawały, z którego były przekazywane i rozchodziły się wszystkie plotki. Zazwyczaj był to sklep. W Cihangirze taki sklep mieścił się na parterze naszego domu. Kiedy chciało się coś kupić u Ligora, który był Grekiem, wystarczyło, a robiła to większość mieszkańców kamienicy, spuścić na

sznurku koszyk i wykrzyczeć zamówienie. Po latach przenieśliśmy się tu z całą rodziną, ale moja matka uznała ten sposób robienia zakupów za niestosowny i do swojego szykownego koszyczka za każdym razem wkładała listę zamówień. Natomiast syn mojej ciotki miał zwyczaj otwierać okno nie po to, by robić zakupy, ale by celować w samochody, które z trudem wjeżdżały pod górę (najważniejszą bronią w jego arsenale była ślina i robione z pinezek bomby). Jeszcze dzisiaj na widok okna wychodzącego na ulicę odruchowo zastanawiam się, czy można z niego pluć na głowy przechodniów...

W tamtym czasie wuj Şevket Rado miał już za sobą pełną niepowodzeń poetycką młodość i zajął się dziennikarstwem oraz pracą wydawniczą: publikował najpoczytniejszy wówczas turecki magazyn „Hayat". Ale ja miałem wtedy dopiero pięć lat i nie byłem w najmniejszym nawet stopniu zainteresowany znajomymi i przyjaciółmi wuja; byli nimi poeci i pisarze, którzy później wpłynęli na mój sposób widzenia

Stambułu. Do tego kręgu należeli Yahya Kemal, Tanpınar i Kemalettin Tuğcu, autor melodramatycznych dickensowskich opowiastek dla dzieci, ukazujących poruszające, kreślone grubą kreską obrazki z życia biednych mieszkańców miasta. Kiedy już nauczyłem się czytać, najbardziej ekscytowały mnie wydawane przez wuja książki dla dzieci, których setki dostawałem w prezencie. Niebawem znałem je wszystkie na pamięć (wybór baśni *Księgi tysiąca i jednej nocy*, kolejne tomy *Brata sokoła*, baśnie Andersena, encyklopedia odkryć i wynalazków).

Raz w tygodniu ciotka wiozła mnie do domu w Nişantaşı, żebym spotkał się z bratem. Şevket za każdym razem opowiadał mi, jak wspaniale mieszka mu się w kamienicy Pamuków — codziennie jada na śniadanie anchois, a wszyscy razem wieczorami bawią się i śmieją. Miał to, za czym tak bardzo tęskniłem: grę z wujem w piłkę, niedzielne jazdy dodge'em nad Bosfor, słuchanie z radia audycji sportowych i adaptacji naszych ulubionych sztuk teatralnych. Opowiadał mi to z najdrobniejszymi szczegółami, wyolbrzymiając do granic możliwości. Na koniec dodawał: „Nie jedź! Zostań tu z nami!".

Chwila powrotu do ciotki na Cihangirze była zawsze najtrudniejsza — nie chciałem żegnać się ani z bratem, ani z mieszkaniem rodziców; drzwi domu zamknięte na klucz budziły we mnie smutek i strach. Pamiętam, że pewnego razu podczas rozstania, szlochając, z całej siły uchwyciłem się rury od kaloryfera, a wszyscy dorośli zbiegli się natychmiast, aby mnie od niej oderwać. I choć okropnie się wstydziłem, dosyć długo stawiałem opór — czułem się jak bohater komiksu, który w ostatniej chwili złapał się jedynej kruchej gałęzi i wisi nad przepaścią.

Czy naprawdę byłem tak bardzo przywiązany do domu? Możliwe. Po pięćdziesięciu latach przecież nadal w nim mieszkam. Ale nie chodziło mi o samo miejsce czy piękno zgromadzonych w nim przedmiotów. Zarówno wtedy, jak i teraz dom stanowi dla mnie centrum mojego wewnętrznego świata — ucieczkę, w pozytywnym i negatywnym sensie tego słowa. Zamiast nauczyć się stawać twarzą w twarz z kłopotami czy dopuścić do świadomości kłótnie rodziców, informacje o ciągłych plajtach ojca, nigdy nie kończące się rodzinne sprzeczki o majątek i topniejącą fortunę, prowadziłem różne gierki, w których zmieniałem ostrość obrazu, oszukiwałem siebie, chcąc zapomnieć, co mnie martwiło, albo pogrążyć się w oparach tajemnicy.

Możemy to uznać za zagubienie, melancholię albo tym, co po turecku nazywamy *hüzün* — przygnębienie, ale raczej charakteryzujące grupę niż pojedynczego człowieka. *Hüzün* nie daje jasnego widzenia świata, raczej zasłania rzeczywistość, ułatwiając życie, jak para, która wylatuje w chłodny dzień z czajnika prosto na szybę. Wybrałem to porównanie, bo widok zaparowanych szyb zawsze budzi we mnie *hüzün*... Wciąż uwielbiam kreślić na nich słowa. Kiedy przesuwam palcem po szkle, mój smutek ulatnia się powoli. A potem, na sam koniec, ścieram rysunki dłonią i wyglądam na zewnątrz. Ale widok, jaki tam na mnie czeka, przynosi własny *hüzün*. Powinienem chyba opowiedzieć nieco więcej o tym uczuciu, które zawisło nad moim miastem jak przeznaczenie.

10.

Hüzün

Hüzün, tureckie słowo określające melancholię, ma arabskie korzenie. W Koranie pojawia się jako *huzn* (w dwóch wersach) i jako *hazen* (w trzech) i oznacza dokładnie to samo. Rok śmierci Chadidży, żony Mahometa, i Abu Taliba, jego wuja, nazwano w Księdze *senetül huzn*, czyli rokiem smutku. Jak widać, słowo to kojarzono z głęboką duchową pustką po utracie bliskiej osoby. Na podstawie niektórych lektur wnioskuję jednak, że w następnych wiekach nastąpiło małe filozoficzne pęknięcie w jego rozwoju. Pojawiły się dwa, bardzo odmienne znaczenia *hüzün*, odwołujące się do różnych tradycji filozoficznych.

Pierwsza mówi, że uczucie zwane *hüzün* jest efektem przywiązania do przyziemnych przyjemności i materialnych korzyści: „Gdybyś nie przywiązywał się tak bardzo do tego przemijającego świata, gdybyś był prawdziwym, dobrym muzułmaninem, wtedy straty ponoszone za życia niewiele by cię obchodziły".

Druga tradycja, bliska islamskiemu mistycyzmowi, jest bardziej wyrozumiała i optymistyczna. Według niej *hüzün* to duchowe cierpienie, jakie odczuwamy z powodu oddalenia od Boga, dlatego że nie potrafimy wystarczająco dużo dla niego zrobić. Prawdziwy mistyk z założenia nie zajmuje się przyziemnymi i materialnymi sprawami, ani nawet śmiercią. Cierpi z powodu straty, poczucia pustki i niedostatku, ponieważ nigdy nie zbliży się do Boga na tyle, na ile by chciał, ani nie doznaje głębokiej trwogi przed nim. Innymi słowy, to nie obecność *hüzün*, ale właśnie jego brak jest tutaj powodem cierpienia: brak cierpienia jest przyczyną, dla której mistyk powinien doświadczyć *hüzün*, aby to cierpienie w sobie odnaleźć; cierpi, ponieważ nie cierpi wystarczająco głęboko... Ta logika sprawiła, że kultura islamu obdarzyła *hüzün* wyjątkowym znaczeniem.

Jeżeli *hüzün* jest słowem podstawowym dla kultury Stambułu, jego poezji, muzyki i zwykłego życia mieszkańców, to dlatego, że przynajmniej częściowo kojarzy się z dumą. Ale aby dobrze zrozumieć, czym stało się ono w ciągu ostatnich dwóch wieków, i wyjaśnić jego niezniszczalną siłę, nie wystarczy tylko wspomnieć o tym, jak go interpretowali mistycy. Nie wystarczy pojąć duchowego znaczenia tego zjawiska dla tureckiej muzyki, nie wystarczy zrozumieć, dlaczego nie zdominowało ono tylko nastroju modernistycznej poezji tureckiej, ale również jej symbolikę, i dlaczego jak inne wielkie symbole literatury dywanowej ucierpiało z powodu częstego wykorzystywania, a nawet nadużywania. Chcąc zrozumieć jego główne znaczenie jako koncepcji wyrażającej ziemskie niepowodzenia, apatię i duchowe cierpienia, nie wystarczy zapoznać się z historią tego słowa i dumy, którą z nim wiążemy.

Jeśli miałbym odszukać źródła *hüzün* doświadczanego w dzieciństwie, zapewne wskazałbym na historię miasta i upadek imperium osmańskiego, a przede wszystkim na to, w jaki sposób wpłynęły one na otaczające mnie „piękne" pejzaże i samych mieszkańców. Stambulski *hüzün* nie jest tylko nastrojem ewokowanym przez tutejszą poezję czy muzykę, ale sposobem patrzenia na życie, które naznaczyło nas wszystkich. Nie jest tylko stanem duchowym, ale stanem umysłu, który ostatecznie zarówno afirmuje życie, jak i je neguje.

Pragnąc jednak odkryć wieloznaczność *hüzün*, musimy wrócić do tych myślicieli, którzy nie uznawali *hüzün* za poetycką koncepcję czy stan łaski, ale za rodzaj przypadłości. Według Al-Kindiego* doświadczenie to wiąże się nie tylko ze stratą czy śmiercią bliskiej osoby, ale także z wieloma niezdrowymi stanami duszy, jak gniew, miłość, uraza czy bezpodstawny lęk. Dlatego filozof i lekarz Awicenna proponował diagnozowanie *hüzün* u młodego człowieka poprzez badanie pulsu i wypowiadanie na głos imienia jego ukochanej. Poglądy prezentowane przez muzułmańskich myślicieli przypominają mi stworzone na początku siedemnastego wieku przez oksfordzkiego profesora Roberta Burtona tysiącpięciusetstronicowe dzieło zatytułowane *Anatomia melancholii* (dla porównania, praca Awicenny *Fi'l Huzn* ma rozmiar broszury). Można by sądzić, że oba teksty są owocem odmiennych kultur i powinny znacznie się różnić, tymczasem wiele je łączy. Ich autorzy z identyczną i niemal encyklopedyczną dokładnością poszukują przyczyn melancholii w strachu przed śmiercią, w miłości, porażkach, intrygach, różnych trunkach i potrawach. W ramach terapii obaj godzą medycynę z filozofią i namawiają do zdrowego rozsądku, rezygnacji, pracy, moralności, dyscypliny oraz postu.

Hüzün wywodzi się z tej samej „czarnej namiętności" co melancholia, która etymologicznie wiąże się z jednym z podstawowych „humorów" (płynów) wyróżnianych za czasów Arystotelesa: czarną żółcią (*melas chole*), a czasami także z „czarną rozpaczą", ówczesnym odpowiednikiem dzisiejszej depresji... Tutaj jednak napotykamy podstawową różnicę między definicjami melancholii Burtona i Al-Kindiego.

---

* Al-Kindi (805–873) — arabski filozof, matematyk, astronom, teoretyk muzyki.

Burton, który był dumny z tego, że go dotknęła melancholia, uważa, że prowadzi ona człowieka do szczęśliwej samotności, ponieważ rozwija wyobraźnię i — od czasu do czasu — podlega radosnej afirmacji. I nie ma tu znaczenia, czy jest ona skutkiem samotności, czy jej przyczyną. W obu wypadkach samotność jest jej sercem, istotą. Natomiast dla Al-Kindiego, który widział w *hüzün* zarówno stan mistyczny (wynikający z frustracji, że nie możemy zrealizować naszego celu, jakim jest uzyskanie jedności z Bogiem), jak i chorobę, główną kwestią — podobnie jak dla klasycznych myślicieli muzułmańskich — jest *cemaat*, czyli wspólnota wierzących. Ocena *hüzün* zależy u niego od wartości wspólnoty, dlatego proponuje on takie lekarstwo, które przywróci człowieka społeczności. W gruncie rzeczy Al-Kindi rozu-

miał *hüzün* jako osobliwe doświadczenie ukierunkowane społecznie.

Rozważania te zacząłem od uczucia, jakie ogarnia dziecko patrzące na świat przez zaparowaną szybę. Teraz doszedłem do punktu, w którym *hüzün* ze smutku jednego człowieka przeradza się w doznanie milionów ludzi. Moim celem zaś jest wyjaśnienie tego zjawiska jako doświadczenia całego miasta.

Zanim jednak spróbuję odmalować to właściwe tylko Stambułowi doznanie, które tak silnie łączy jego mieszkańców, pozwólcie, że przypomnę, iż jednym z podstawowych celów pejzażysty jest obudzenie w odbiorcy takich samych uczuć, jakie krajobraz wywołał w duszy utrwalającego go na płótnie artysty. Ta koncepcja malarstwa krajobrazowego by-

ła szczególnie popularna w połowie dziewiętnastego wieku wśród romantyków. Gdy Baudelaire stwierdził (w 1846 roku), że tym, co go tak porusza w obrazach Delacroix, jest właśnie nastrój melancholii, użył tego wyrażenia w całkowicie pozytywnym znaczeniu, niczym komplementu, podobnie jak tworzący po nim romantycy i dekadenci. Sześć lat potem trafił do Stambułu przyjaciel Baudelaire'a, pisarz i krytyk Théophile Gautier, który w swojej książce *Constantinople* (będącej inspiracją dla najwnikliwszych pisarzy stambulskich: Yahyi Kemala czy Ahmeta Hamdiego Tanpınara) wyznał, że niektóre widoki miasta tchną wyjątkowym smutkiem. On również traktował to jak komplement...

Ale mnie nie interesuje melancholia Stambułu, tylko *hüzün*, który można dostrzec w każdym z nas. Razem z poczuciem dumy staje się on naszym udziałem jako społeczności... Chcąc go zrozumieć, trzeba umieć dostrzec miejsca i chwile, w których miesza się z tkanką miasta. Trzeba umieć zobaczyć ojców, którzy wieczorem, w bladym świetle latarni wracają do domów z siatkami w dłoniach. Trzeba poznać starych księgarzy, którzy nie chcą wydawać pieniędzy, oszczędzają na ogrzewaniu, ale nie systematycznie, tylko zrywami, i dlatego marzną, całymi dniami czekając na klientów, dygocąc z zimna; trzeba poznać fryzjerów, którzy narzekają, że obywatele nie strzygą się już tak często od czasu ekonomicznego krachu. Trzeba umieć patrzeć na uwiązane do pustych pomostów leciwe bosforskie krypy; na marynarzy, którzy z wiadrami w dłoniach zerkają w czarno-białe telewizory, powoli szykując się do snu na swoich łajbach; na dzieciaki grające w piłkę między samochodami zaparkowanymi na wąskich, brukowanych uliczkach; na osłonięte kobiety z reklamówkami w dłoniach, czekające w milczeniu na autobus, który długo nie nadjeżdża; na stojące przy starych nadmor-

skich rezydencjach puste szopy na łodzie; na *çayhane** wypełnione po brzegi bezrobotnymi; na cierpliwych alfonsów,
którzy latem przeczesują największy plac w mieście z nadzieją na spotkanie pijanych turystów; na tłumy, które zimowym
zmierzchem chcą zdążyć na prom; na kobiety, które wieczorami zerkają co chwila na ulicę, wypatrując swoich mężów;
na staruszków w *takke*** sprzedających przed meczetami
religijne broszury, *tespihy**** i olejki dla pielgrzymów; na
drzwi wejściowe dziesiątków tysięcy identycznych bloków
z fasadami pokrytymi brudem, kurzem, sadzą i rdzą; na miniaturowe pałace i skrzypiące drewniane rezydencje przemienione w budynki użyteczności publicznej; na połamane
huśtawki w pustych parkach... Trzeba usłyszeć we mgle sy-

---

* *Çayhane* — herbaciarnia.
** *Takke* — czapeczka noszona na czubku głowy.
*** *Tespih* — różaniec muzułmański.

reny statków i dostrzec ruiny bizantyjskich wież obronnych; targowiska, które pustoszeją wieczorem; niszczejące siedziby derwiszów; mewy tkwiące nieruchomo w strugach deszczu na zardzewiałych, obleczonych glonami krypach; stuletnie rezydencje, nawet w największe mrozy ogrzewane tylko przez jeden komin, z którego wydobywa się wąska strużka dymu, i tłum mężczyzn łowiących ryby z mostu Galata. Trzeba poczuć przejmujące zimno bibliotecznych sal i zapach ludzkich oddechów w kinach porno, które kiedyś były eleganckimi, pełnymi ozdób, złoceń i sztukaterii przybytkami X muzy, a teraz chyłkiem opuszczają je zawstydzeni mężczyźni. Trzeba umieć patrzeć na ulicznych fotografów i zakątki, których po zachodzie słońca nie odważy się odwiedzić żadna kobieta; na mężczyzn zbierających się w ciepłe dni, kiedy od morza wieje *lodos*, przed bramami nadzorowanych przez miasto domów publicznych; na młode kobiety stoją-

ce w kolejce po tańsze mięso; na blade światła lampionów rozwieszanych w świąteczne dni między minaretami; na postrzępione i sczerniałe afisze; amerykańskie samochody z lat pięćdziesiątych, które w każdym zachodnim mieście dawno trafiłyby do muzeum, tutaj, przemienione w *dolmusze*, dysząc, wspinają się po stromych, brudnych ulicach; na przepełnione autobusy; na meczety wiecznie okradane z rynien i żelaznych okuć; na cmentarze, wyglądające jak bramy do innego świata, i ich cyprysowe aleje. Trzeba dostrzec blade światła promów pływających między Kadıköyem a Karaköyem; małe dzieci, które każdemu napotkanemu przechodniowi usiłują sprzedać paczkę chusteczek higienicznych; i zegarowe wieże, na które nikt nie zwraca uwagi. Ale myślę też o dzieciach, które z książek historycznych dowiadują się o triumfach imperium osmańskiego i wieczorami są policzkowane przez rodziców; o dniach przygotowywania list wyborczych, gdy wszyscy zamykają się w swoich domach, i o dniach spisu ludności, gdy też nie należy ich opuszczać; o dniach, w których obowiązuje ogłoszona nagle godzina policyjna, mająca ułatwić złapanie terrorystów, a wszyscy czekają z przerażeniem za zamkniętymi drzwiami na funkcjonariuszy państwowych; o nie czytanych przez nikogo listach od czytelników, zamieszczanych w gazetach gdzieś na samym brzeżku, których autorzy narzekają, że mająca co najmniej trzysta siedemdziesiąt pięć lat kopuła meczetu zaraz się zapadnie, a władze miasta nic sobie z tego nie robią; o najbardziej zatłoczonych przejściach podziemnych i naziemnych kładkach, których każdy schodek jest uszkodzony w inny sposób; o człowieku, który od czterdziestu lat w tym samym miejscu sprzedaje stambulskie pocztówki; o żebrakach, którzy stają naprzeciwko was w najbardziej nieoczekiwanych momentach i błagają o datki, recytując identyczne formuł-

ki; o intensywnym zapachu uryny, paraliżującym nozdrza na zatłoczonych arteriach, promach, w pasażach i podziemnych przejściach; o młodych dziewczętach czytających porady sercowe w „Hürriyet", najpopularniejszej tureckiej gazecie; o zachodach słońca, które na pomarańczowo malują szyby w oknach na Üsküdarze; o najwcześniejszej godzinie poranka, kiedy wszyscy jeszcze śpią i tylko rybacy wypływają w morze; o parku Gülhane nazywanym ogrodem zoologicznym, który stanowi schronienie tylko dla trzech znudzonych kotów i dwóch kóz; o piosenkarzach trzeciej kategorii, którzy w podrzędnych lokalach naśladują tureckie i zagraniczne gwiazdy, i o najbardziej popularnych piosenkarzach też; o znudzonych uczniach szkół średnich, którzy po sześciu latach nie kończącego się zgłębiania tajników angielskiego nie potrafią powiedzieć nic więcej w tym języku oprócz „*yes*" i „*no*"; o imigrantach czekających przy moście Galata; o reszt-

kach owoców, warzyw, śmieciach, reklamówkach, workach
i skrzynkach walających się w zimowe wieczory na opusto-
szałych targowiskach; o bezczelnie targujących się osłonię-
tych pięknych kobietach; o młodych matkach, które z trudem
idą ulicą, prowadząc trójkę dzieci; o tym, jak wygląda Złoty
Róg, kiedy z mostu Galata patrzy się w stronę Eyüpu; o wędrownych sprzedawcach obwarzanków, którzy co jakiś czas
przystają, aby zapatrzyć się w dal; o syrenach wszystkich
statków zmuszających raz w roku — 10 listopada, o godzinie 9.05 — całe miasto do zatrzymania się w biegu, by uczcić
chwilą ciszy pamięć Atatürka; o schodach, które tyle razy po-
kryto asfaltem, że ich wyłożone brukiem stopnie dawno zniknęły; o liczących setki lat zdobiących ulice studniach, które
teraz stoją suche, z rozkradzionymi kurkami; o kamienicach
wzdłuż ulicy, w których w czasach mego dzieciństwa miesz-

kała klasa średnia (lekarze, adwokaci i nauczyciele z dziećmi i żonami) wieczorami słuchająca audycji radiowych — teraz poupychano w nich maszyny do szycia i dziewczęta pracujące do świtu za głodową pensję; o tym, że wszystko w moim mieście jest stare i zniszczone; o bocianach kierujących się jesienią na południe, przylatujących od strony Bałkanów, z północnej i zachodniej Europy, które spoglądają na miasto z góry, unosząc się nad Bosforem i wyspami morza Marmara; i o mężczyznach palących papierosy po meczu drużyny narodowej, która w czasach mojego dzieciństwa nigdy nie wygrała.

Kiedy dobrze poznamy to uczucie, dostrzeżemy naznaczone nim widoki, zakątki i ludzi. A potem *hüzün* stanie się dla nas czymś oczywistym, jak mgła, która delikatnie drży nad wodami Bosforu, kiedy w mroźne zimowe poranki nagle wychodzi słońce.

Na tym właśnie polega wielka metafizyczna różnica między *hüzün* a melancholią samotnej jednostki u Burtona. Ale za to ma ono wiele wspólnego z innym rodzajem rozpaczy, opisywanym przez Claude'a Lévi-Straussa w *Smutku tropików*, nazwanym przez niego *tristesse*. Chociaż wspomniane przez Lévi-Straussa tropikalne miasta mało przypominają Stambuł, który leży na 41 stopniu szerokości geograficznej i ma łagodniejszy klimat, topografia bardziej znajoma, a bieda nie tak jaskrawa, to jednak wrażliwość jego mieszkańców, ich stosunek do siebie, oddalenie od zachodniego świata czynią ze Stambułu miejsce trudne do zrozumienia dla nowych przybyszów z Europy. Panujący tu klimat nazywają oni tajemniczą atmosferą, co właśnie zbliża *hüzün* z *tristesse* Lévi-Straussa. *Tristesse* nie jest bólem samotnej jednostki; podobnie jak *hüzün* oznacza uczucie, nastrój i kulturę będące udziałem milionów.

Ale słowa *hüzün* i *tristesse* — i uczucia, jakie opisują — nie są identyczne. Chcąc uchwycić różnicę między nimi, nie wystarczy jednak powiedzieć, że Stambuł jest miastem bogatszym niż Delhi czy São Paulo — w najuboższych dzielnicach miast nędza przybiera podobne formy. Różnica polega na tym, że w Stambule przykłady dawnej świetności, zwycięstw i wielkiej historii są na wyciągnięcie ręki. Bez względu na to, jak bardzo są zniszczone, zaniedbane i przytłoczone betonem, wszystkie te słynne historyczne budowle, akwedukty, studnie oraz wielkie i małe meczety boleśnie przypominają żyjącym wśród nich milionom ludzi o spuściźnie wielkiego imperium.

Ale historyczne budowle w Stambule nie są przedmiotem czci i powodem do dumy, jak na Zachodzie, gdzie stają się obiektami muzealnymi. Tutaj są tylko świadkami, pośród których się mieszka, co wielu zagranicznych podróżników i kronikarzy uznało za czarujące. Lecz dla wrażliwych i uczuciowych mieszkańców miasta ruiny są tylko smutnym wspomnieniem siły i bogactwa, które odeszły wraz z dawną cywilizacją i nigdy już nie wrócą. Tutaj zabytki przypominają ludziom, jak bardzo są biedni i zagubieni. Pokryte brudem, unurzane w błocie, tak świetnie harmonizujące z otoczeniem jak niegdyś drewniane rezydencje, które na moich oczach spłonęły jedna za drugą, nigdy nie będą już dla nas powodem do dumy.

Dostojewski, który w 1867 roku zwiedzał Szwajcarię, zupełnie nie potrafił zrozumieć miłości genewczyków do ich miasta. „Patrzą w zachwycie na najzwyklejsze przedmioty, nawet na pospolite słupy uliczne, jakby to były najwspanialsze rzeczy na świecie!", irytował się w jednym z listów ten nienawidzący Zachodu szowinista. Duma genewczyków była tak wielka, że w odpowiedzi na proste pytanie o adres można było usłyszeć: „Należy skręcić tuż za tą przepiękną i smukłą fontanną z brązu..." Stambulczyk w takiej sytuacji zachowałby się podobnie jak jeden z bohaterów historii *Bedia i piękna Eleni* Ahmeta Rasima: „Proszę minąć *hamam** Ibrahima Paszy i iść kawałek przed siebie. Po prawej stronie zobaczy pan zapuszczony dom, którego okna wychodzą na ruiny innego *hamamu*". A na dodatek czułby się niezręcznie, wiedząc, że cudzoziemiec za chwilę zobaczy ten nędzny widok.

Ktoś inny być może wskazałby kierunek, używając jako drogowskazu największego bogactwa Stambułu, jakim są sklepy i *kahvehane**. Ale najkrótszą drogą, by uwolnić się od melancholii, która dotknęła nas po upadku imperium, jest całkowita obojętność na pomniki i historyczne budowle. Ubóstwo i ignorancja skutecznie w tym pomagają. Dlatego dla wielu stambulczyków słowo „historia" nie ma żadnego znaczenia. Wyciągają kamienie z murów obronnych, aby wykorzystać je na własnej budowie, lub przeciwnie — łatają betonem leciwe zabudowania. W ten sposób jednak wpadają w pułapkę: zaniedbywanie przeszłości i przecinanie łączących z nią więzów sprawia, że *hüzün*, pogłębiony tylko przez ból destrukcji i nędzy, rośnie i przygotowuje się na kolejne porażki i nowe formy ubóstwa.

Różnica między *hüzün* i *tristesse* jest dla mnie oczywista. Opisywana przez Lévi-Straussa *tristesse* budzi się w podróżniku na widok bezradności ludzkich mas żyjących w biednych miastach — molochach świata tropików. Lévi-Strauss nie mówi o mieszkańcach, lecz o tym, co czuje człowiek Zachodu. O wyrzutach sumienia, współczuciu połączonym z litością i pragnieniem uwolnienia się od własnych uprze-

---

* *Hamam* — łaźnia.
** *Kahvehane* — kawiarnia.

dzeń. *Hüzün* zaś — balansujące między smutkiem i fizycznym bólem — jest odczuwane przez mieszkańca Stambułu, a nie przybysza z zewnątrz. Wyraża je nawet tutejsza muzyka — począwszy od klasycznych kompozycji osmańskich, poprzez turecką muzykę popularną, skończywszy na arabeskach*, cenionych w latach osiemdziesiątych zeszłego wieku. Ale obcokrajowiec rzadko je zauważa. Gérard de Nerval,

---

* Arabeska — tu: muzyka turecka inspirowana stylem arabskim.

którego melancholia w końcu doprowadziła do samobójstwa, bawił się tutaj, podniecony stambulskim intensywnym życiem i barwnymi zwyczajami. Nawet na cmentarzach słyszał kobiece śmiechy... Może zdarzyło się tak dlatego, że w czasie jego wizyty Stambuł nie pogrążył się jeszcze w żałobie, a imperium nadal przeżywało dni chwały, a może Nerval chciał zapomnieć o własnym smutku, co zainspirowało go do ubarwienia wielu stron *Podróży na Wschód* promiennymi fantazjami na temat Wschodu.

Stambuł nie traktuje *hüzün* jak choroby, na którą jest lekarstwo, ani jak bólu, od którego trzeba się uwolnić. Cierpi z wyboru. I w ten sposób wracamy do melancholii Burtona, który pisał: „Próżne wszystkie przyjemności. Żadna z nich nie może równać się z melancholią"... Burton jednak drwi z siebie samego, a stambulskie przygnębienie pełne jest wyniosłości i powagi. Podobnie jak *hüzün* w poezji tureckiej, powstałej po ogłoszeniu republiki, melancholia wyraża taki sam żal, od którego trudno czy nie można uciec, ból, który ostatecznie ratuje nasze dusze albo odsłania ich głębie. Smutna iluzja życia jest dla twórcy bardziej pociągająca niż samo życie. Również dla mieszkańców Stambułu, którzy zgadzają się w końcu na biedę i depresję.

Literatura mistyczna, ciągle łącząca *hüzün* z poczuciem honoru, dodaje tej rezygnacji godności i w sposób filozoficzny, z dumą, tłumaczy, dlaczego jawi się nam ona jako niepowodzenie, niezdecydowanie, klęska i nędza, aż w końcu przestaje być efektem życiowego niedostatku czy wielkiej straty, przeciwnie — staje się ich podstawową przyczyną. Podobnie postępowali bohaterowie tureckich filmów z okresu mojego dzieciństwa i młodości oraz bohaterowie prawdziwego życia: sprawiali wrażenie, jakby ich serca od narodzin były naznaczone *hüzün*, dlatego nie potrafili zawalczyć o pie-

niądze, sukces ani o kobiety, które kochali. *Hüzün* nie tylko
paraliżuje stambulczyków. Jest dla nich również rodzajem
licentia poetica, usprawiedliwiającej to wycofanie.

Hüzün sprawia, że stambulczycy stają się przeciwieństwem Balzakowskiego Rastignaca, którego niespożyta am-
bicja prowadzi do gloryfikacji ducha nowoczesnego miasta.
Stambulski *hüzün* zaś zabija wszelką myśl o przeciwstawie-
niu się jednostki społeczeństwu. Przeciwnie, sugeruje utratę
potrzeby walki ze starymi wartościami i obyczajami. Zachęca
do poprzestania na małym, wychwala zalety harmonii, monotonii, pokory. Uczy cierpliwego znoszenia biedy i braku
uczuć, a także nakłania do oceniania życia i historii w kategoriach odwrotnych niż normalnie — klęska i nędza nie
są końcem epoki, ale zaszczytnym początkiem ustanowio-
nym na długo przed ich narodzeniem. Ale to oznaczałoby,

że stambulczycy nie traktują *hüzün* jak nieuleczalnej choroby ogarniającej miasto czy nieodwołalnej nędzy, którą trzeba przetrwać jak każdą inną przypadłość, ani nawet jak kłopotliwego bankructwa rozpatrywanego w kategoriach czarno-białych. Oni widzą w nim powód do dumy.

Postawa ta jest również przeciwieństwem pełnego wiary we własny potencjał indywidualizmu i racjonalizmu, jakie już w roku 1580 opisywał Montaigne, a po nim Gustaw Flaubert. Chociaż pierwszy z nich był melancholikiem, usilnie się tego wypierał. Uważał, że *tristesse* nie zasługuje na to, aby pisać ją wielką literą jak inne cnoty, choćby Mądrość i Sumienie, i chwalił Włochów, którzy kojarzyli ją jednocześnie ze smutkiem i szaleństwem.

Dla Montaigne'a smutek był zarówno izolacją, jak i lamentem, uczuciem żerającym umysł mężczyzny żyjącego samotnie wśród książek. Smutek Stambułu zaś jest czymś, co ludzie przeżywają wspólnie i wspólnie też afirmują. Jak bohaterowie Tanpınarowskiego *Spokoju*, najwspanialszej powieści, jaką kiedykolwiek napisano o tym mieście. To *hüzün* sprawia, że miłość nie niesie spokoju. Wszystkie czarno-białe filmy osadzone w scenerii Stambułu — nawet opowiadające najbardziej poruszające i autentyczne historie miłosne — zawsze przeradzają się w melodramaty, jeśli od początku jest jasne, że główny bohater od urodzenia naznaczony jest przez *hüzün*.

Zarówno w tych obrazach, jak i przykładach „sztuki wysokiej" — choćby we wspomnianym *Spokoju* Tanpınara — identyfikacja przebiega w ten sam sposób. Następuje ona wtedy, gdy zamknięci w sobie bohaterowie nie potrafią okazać wystarczającej determinacji ani inicjatywy, aby przeciwstawić się warunkom narzucanym im przez historię i społeczeństwo, a my identyfikujemy się z nimi, podobnie jak całe miasto. Nie ma znaczenia, jak malownicze, wspaniałe pejzaże oglądamy — zawsze podbarwione są melancholią. Czasem, kiedy zmieniam kanały w telewizorze i przypadkowo trafiam na jeden z takich filmów, przychodzi mi do głowy dziwna myśl. Gdy widzę bohatera wędrującego pokrytymi brukiem ulicami biednej dzielnicy — wspominającego swoją ukochaną, zaręczoną oczywiście z innym, albo z pokorną dumą odpowiadającego bogatemu i wpływowemu właścicielowi fabryki, postanawiającego w końcu zaakceptować swoje

życie takim, jakie jest, a potem odwracającego się w stronę czarno-białego Bosforu — dochodzę do wniosku, że przyczyną jego smutku wcale nie jest tragiczna, pełna bólu historia ani utrata ukochanej, ale właśnie te widoki miasta, jego zakątki emanujące *hüzün*, który przenika do jego serca i łamie jego wolę. Chcąc zrozumieć tego człowieka i zaznać jego melancholii, wystarczyłoby mi tylko zobaczyć te same pejzaże co on. Lecz bohaterowie *Spokoju*, który jest przecież przykładem twórczości o wiele ambitniejszej niż wspomniane filmy telewizyjne, kiedy tylko napotykają jakiś zakręt w swoim życiu, również uciekają w melancholię przechadzek nad Bosforem i wędrówek po wąskich uliczkach, wśród chylących się ku ziemi budynków.

Pozostaje im tylko społeczeństwo. Ale sytuacja stambulskich poetów i pisarzy, zainteresowanych zachodnią kulturą, pragnących uczestnictwa we współczesnym świecie, jest bardziej skomplikowana. Wciąż chcą być częścią społeczności dotkniętej przez *hüzün*, chociaż jednocześnie kusi ich racjonalizm Montaigne'a i emocjonalne osamotnienie Thoreau. Na początku dwudziestego wieku kilku z nich zdołało dzięki swym poszukiwaniom stworzyć wizję Stambułu, która — trzeba to powiedzieć — stała się częścią mojego życia i mojej opowieści. Dlatego piszę tę książkę, nieustannie — czasami wręcz zażarcie — prowadząc dialog, z tymi czterema samotnymi autorami, którzy po latach lektur, długich dyskusji i w wyniku różnych zbiegów okoliczności pozostawili współczesnemu Stambułowi jego melancholię...

11.

Czterej samotni melancholijni pisarze

Kiedy byłem dzieckiem, nie znałem ich dobrze. Przeczytałem kilka wierszy, które recytowała cała Turcja i które napisał jeden z nich, postawny i gruby Yahya Kemal. Drugiego, historyka Reşata Ekrema Koçu, zapamiętałem dzięki rysunkom, jakimi ilustrował swoje artykuły w gazetach. Szczególnie zainteresowały mnie obrazki do tekstu o torturach stosowanych w imperium osmańskim. Jako dziesięciolatek znałem już imiona wszystkich czterech, ponieważ ich książki stały w bibliotece ojca, chociaż w tamtym czasie nie wpłynęły jeszcze na moje, rozwijające się dopiero, wyobrażenie Stambułu. Kiedy się urodziłem, wszyscy czterej cieszyli się dobrym zdrowiem i mieszkali pół godziny spacerem od naszego domu. Kiedy skończyłem dziesięć lat, trzej z nich już nie żyli. Żadnego nigdy nie udało mi się poznać osobiście...

Po latach wspominałem Stambuł mojego dzieciństwa, a zapisane w mojej pamięci czarno-białe sceny wymieszały się z obrazami pochodzącymi z książek owych czterech melancholików. Teraz nie potrafiłbym już myśleć o Stambule — nawet o m o i m Stambule — nie myśląc także o nich. Gdy miałem trzydzieści pięć lat i marzyłem o stworzeniu wielkiej powieści stambulskiej w stylu *Ulissesa*, z przyjemnością wyobrażałem sobie tych czterech pisarzy spacerujących po tych samych ulicach co ja w dzieciństwie. Moja babka raz w tygodniu miała w zwyczaju odwiedzać restaurację Abdullaha Efendiego na Beyoğlu tylko po to, aby po powrocie do do-

mu kaprysić i skarżyć się, jak niedobre podają tam potrawy. Do tego samego lokalu często zaglądał też otyły poeta Yahya Kemal, więc wyobrażałem sobie, że kiedy on konsumował obiad, za szybą migała sylwetka historyka Koçu, zbierającego właśnie materiały do *Encyklopedii stambulskiej*. Ów dziennikarz piszący o historii był znany ze słabości do ładnych chłopców, więc w mojej wizji kupuje u ślicznego młodzieńca gazetę, w której powieściopisarz Tanpınar opublikował artykuł. W tym samym czasie wystrojony w białe rękawiczki Abdülhak Şinasi Hisar, autor pamiętników i wielki pedant, wszczyna w mojej wyobraźni kłótnię ze sprzedawcą podrobów, który zapomniał zawinąć kupione przezeń dla kota wątróbki w świeżą gazetę... W moich wizjach drogi tych czterech bohaterów ciągle się krzyżują. Albo mokną oni w tym samym deszczu, albo przystają na jednym rogu w tym samym czasie, albo spacerują tymi samymi stromymi uliczkami.

Otwierałem kupioną od słynnego chorwackiego sprzedawcy Perwiticia mapę okolic Beyoğlu, Taksimu, Cihangiru i Galaty, i widziałem każdą uliczkę, którą spacerowali, każdy budynek, który mijali po drodze, a kiedy pamięć mnie zawodziła, znów wymyślałem, jak mogłyby wyglądać odwiedzane przez nich kwiaciarnie, kawiarnie, tawerny czy cukiernie. Wyczarowywałem zapach jedzenia wypełniający sklepowe wnętrza, przyciągający uwagę każdego z nich; gwałtowne kłótnie; dym i zapach alkoholu w *meyhane**; rzędy wiszących w kawiarniach poszarpanych gazet, czytanych wielokrotnie; plakaty na ścianach, ulicznych handlarzy czy umieszczoną na dachu wielkiego, zburzonego jakiś czas temu budynku przy placu Taksim świetlną tablicę, po której pędził tekst, przynosząc rozmaite wiadomości. Za każdym razem, kiedy myślę o tych czterech pisarzach, mam wrażenie, że wyjątkowość tego miasta nie kryje się w jego topografii, budowlach czy widokach, ale w jakimś tajemniczym splocie przypadków, wyobrażeń, barw, liter i wspomnień ludzi, którzy jak ja mieszkają tu od półwiecza. I wciąż wyobrażam sobie, że jako dziecko mogłem przecież spotkać tu każdego z nich.

Tanpınara, który jest mi najbliższy, z pewnością musiałem kiedyś widzieć na Beyoğlu, dokąd prowadzała mnie matka. Tak samo jak on zaglądaliśmy do księgarni Hachette przy Tünelu. Nazywany Biedaczyną pisarz mieszkał dokładnie naprzeciw niej, w niewielkim mieszkanku przy Narmanlı Yurdu. Kiedy przyszedłem na świat, kamienica Pamuków była jeszcze w budowie, dlatego zaraz po urodzeniu zostałem przewieziony do domu Onganów przy Ayazpaşa, gdzie wówczas mieszkała moja rodzina. Dokładnie po drugiej stronie ulicy, naprzeciwko naszego budynku, wznosił się hotel „Park", w któ-

---

* *Meyhane* — tawerna.

rym ostatnie lata życia spędził nauczyciel i mistrz Tanpınara, poeta Yahya Kemal. Pisarz z pewnością nieraz odwiedzał tam swego mentora. Możliwe, że widziałem ich kiedyś w hotelowej cukierni, gdzie chodziłem z matką już po przeprowadzce do Nişantaşı. Abdülhak Şinasi Hisar i historyk Koçu również często bywali na Beyoğlu, jadali tu i robili zakupy. Z pewnością nasze drogi kiedyś również się skrzyżowały.

Wiem, że zachowuję się teraz jak wielbiciel gwiazd filmowych, starający się odnaleźć w ich życiu podobieństwa łączące je, dające szansę na spotkanie. Ale to właśnie wiersze, powieści, eseje i wspomnienia tych czterech mężczyzn, z którymi od czasu do czasu dyskutuję na kartach tej książki, otworzyły mi oczy na prawdziwą duszę Stambułu. Ci czterej melancholicy, dla których napięcie między przeszłością i teraźniejszością czy między — jak lubią mawiać Europejczycy — Wschodem i Zachodem było źródłem siły, pokazali mi, jak pogodzić miłość do sztuki nowoczesnej i zachodniej literatury z kulturą mojego miasta.

Każdy z nich na pewnym etapie swojego życia zachłysnął się twórczością europejską, szczególnie zaś francuską. Poeta Yahya Kemal przez dziewięć lat mieszkał w Paryżu, gdzie właśnie od Verlaine'a i Mallarmégo zaczerpnął koncepcję czystej poezji, dla której próbował później stworzyć w Turcji „narodowy" odpowiednik. Tanpınar, traktujący Yahyę Kemala jak ojca, również zafascynowany był ich twórczością, a także Valéry'ego. Wszyscy czterej wielbili André Gide'a. Yahyę Kemala — Tanpınar uczył się od niego odmalowywania krajobrazu za pomocą słów — inspirowała poza tym jeszcze twórczość Théophile'a Gautiera...

Fascynacja kulturą europejską, a zwłaszcza literaturą francuską, którą w młodości manifestował każdy z nich, a która chwilami mogła się wydawać nieco dziecinna, wpłynęła na ich sposób myślenia o własnej twórczości. Czuli, że muszą być nowocześni i europejscy. Nie ma wątpliwości, że chcieli pisać tak jak Francuzi, ale coś im podpowiadało, że jeśli zaczną tworzyć dokładnie tak jak tamci, nigdy nie staną się oryginalni, a to bardzo cenili sobie zachodni artyści. Bez wątpienia właśnie kultura francuska nauczyła ich, że wielka literatura musi być oryginalna, autentyczna i szczera. Rozterka, jaką czuli z powodu dążenia do europejskości i autentyzmu jednocześnie, jest szczególnie wyraźna w ich wczesnych pracach.

Zapożyczone od Gautiera i Mallarmégo koncepcje sztuki dla sztuki i czystej poezji wspierały ich w dążeniu do twórczości autentycznej i oryginalnej. Ale współcześni tej czwórce tureccy poeci i pisarze zafascynowani byli innymi francuskimi autorami, podkreślającymi znaczenie użyteczności i dydaktyzmu. To zaś zawiodło ich albo na ścieżkę literatury edukacyjnej, albo zwyczajnej polityki. Podczas gdy obrali sobie za wzór Hugo albo Zolę, nasza czwórka zastanawiała się, czego można się nauczyć od Verlaine'a, Mallarmégo czy

Prousta. Ograniczała ich tylko polityka wewnętrzna władz —
w młodości byli świadkami upadku imperium osmańskiego,
który ściągnął na kraj niebezpieczeństwo kolonizacji przez
Zachód, a potem nadeszła republika i era nacjonalizmu.

Poglądy estetyczne poznane we Francji uświadomiły moim
autorom, że ich głos nigdy nie zabrzmi tu, we współczesnej
Turcji, tak silnie, jak Mallarmégo czy Prousta. Dlatego skupi-

li się na upadku cywilizacji osmańskiej, której byli częścią. Zrozumieli, że odeszła ona bezpowrotnie, i w wiarygodny, a zarazem poetycki sposób potrafili mówić o przeszłości, nie popadając przy tym w nostalgię, przesadną dumę ze swojej historii, nacjonalizm czy komunitarianizm, czemu uległo wielu im współczesnych twórców i co stanęło u podstaw poetyki przeszłości. Stambuł, w którym żyli, był miastem zasłanym ruinami po wielkim upadku, ale to było ich miasto. Zrozumieli, że jeżeli nie będą ukrywać własnego smutku, przemówią własnym głosem.

Edgar Allan Poe w *Filozofii kompozycji* z chłodnym racjonalizmem godnym Coleridge'a pisze, że głównym jego problemem podczas pracy nad *Krukiem* było wywoływanie melancholijnej nuty: „Zadałem sobie pytanie: «Który spośród wszystkich melancholijnych tematów w powszechnym odczuciu jest najsmutniejszy?». «Śmierć», brzmiała oczywista odpowiedź". I — jak nieco dalej wyjaśnia, z precyzją inżyniera — dlatego właśnie w samym centrum poematu postanowił umieścić postać pięknej zmarłej dziewczyny.

Czterej pisarze, których ścieżki tak często krzyżowały się z moimi w moim imaginacyjnym dzieciństwie, nie naśladowali z rozmysłem narzuconego przez Poego toku myślenia, czuli jednak, że zdołają przemówić autentycznym głosem, jeśli powrócą do przeszłości i zaczną pisać o melancholii, jaką ta wywołuje. Kiedy przywoływali świetność starego Stambułu, kiedy ich wzrok padał na martwe ciało pięknej kobiety leżące na skraju drogi, kiedy pisali o otaczających ich ruinach, nadawali przeszłości poetycką wzniosłość. A ta ich eklektyczna wizja, którą można by nazwać melancholią ruin, uczyniła z nich nacjonalistów, jak tego chciała oparta na ucisku władza, ale też uchroniła przed skrajną autorytarną postawą, zawsze prowadzącą do agresji. Co pozwala na czytanie wspomnień Nabokova z przyjemnością, bez przygnębienia, którego przyczyną mogłaby być jego pozbawiona skazy, bogata, arystokratyczna rodzina? Pisarz ten posługuje się odmiennym językiem, z innego czasu, a my wiemy, że ten czas dawno już przeminął i nigdy nie wróci. Jesteśmy świadomi, że życie, o którym opowiada, jest iluzją. Ale taka Bergsonowska zabawa czasem daje nam ulotne złudzenie, niemal estetyczną przyjemność, że ta przeszłość ciągle żyje. Wykorzystując te same techniki, nasi czterej melancholijni pisarze wywołują z ruin stary Stambuł. I chociaż rzeczywiście traktują to złudzenie jak grę, która łączy ból i śmierć z pięknem, w ich wypadku punkt wyjścia jest zawsze ten sam — piękna przeszłości nie da się już odzyskać.

Gdy Abdülhak Şinasi Hisar z tęsknotą opowiada o cywilizacji bosforskiej, niespodziewanie, jakby nagle przyszła mu do głowy inna myśl, dodaje: „Wszystkie cywilizacje są kruche jak ciała ludzkie leżące w grobach. I tak jak musimy umrzeć, tak musimy zaakceptować to, że nie ma już powrotu do cywilizacji, której czas przeminął". Ta świadomość zbliżała do siebie wszystkich czterech pisarzy i wszyscy czterej próbowali upoetyzować swoją melancholię, pojawiającą się za każdym razem, gdy wspominali przeszłość.

Kiedy tuż po pierwszej wojnie światowej Yahya Kemal i Tanpınar, pragnąc poszerzyć własne wyobrażenie o „turecko-osmańskim" Stambule, zaczęli czytać pamiętniki zachodnich podróżników i wędrować wśród ruin na obrzeżach miasta, żyło tu niewiele ponad pół miliona osób. Pod koniec lat pięćdziesiątych, kiedy zaczynałem naukę szkolną, liczba ta się podwoiła. Na początku roku 2000 mieszkało tu już dziesięć milionów ludzi. Jeśli nie liczyć dzielnic nadbosforskich, Pery i starego miasta, dzisiejszy Stambuł jest dziesięć razy większy od tego, jaki znali przywoływani przez nas pisarze.

A mimo to nadal wyobrażenie tego miasta w znacznym stopniu zależy od stworzonych przez nich obrazów.

Ani rdzenni stambulczycy, ani ludność napływowa, przybyła tutaj w ciągu ostatnich pięćdziesięciu lat, ani imigranci mieszkający poza Bosforem, starym miastem i dzielnicami historycznymi nie zaproponowali nowego wizerunku swojej metropolii. Często można z ich ust usłyszeć skargę, że dziesięcioletnie dzieci mieszkające w tym rejonie nigdy jeszcze nie widziały Bosforu. Badania wykazują, że ludzie ci nie identyfikują się ze swoim miastem. Zresztą w ciągu ostatnich stu pięćdziesięciu lat mało kto mógł się czuć tutaj jak w domu — w mieście wciśniętym między kulturę tradycyjną i europejską, zamieszkiwanym przez miliony biedaków i garstkę bogaczy, najeżdżanym przez kolejne fale imigrantów, z silnymi podziałami etnicznymi.

Naszych czterech melancholijnych pisarzy w pierwszych czterech dekadach istnienia republiki często oskarżano o wsteczność poglądów tylko dlatego, że zamiast oddawać się utopijnym marzeniom o europeizacji, skupiali się na przeszłości i osmańskim sposobie życia. W rzeczywistości zaś każdy z nich pragnął czerpać inspirację z dwóch tradycji: dwóch wielkich kultur, które dziennikarze nazywają po prostu Wschodem i Zachodem. Każdy miał także poczucie przynależności do lokalnej społeczności, dzieląc z nią doświadczenie melancholii, a jednocześnie chcieli wyrazić smutek, ten *hüzün*, poprzez ukazanie Stambułu oczami człowieka z zewnątrz. Każdy z nich również instynktownie bronił własnej indywidualności przed nakazami społeczeństwa i państwa. Kiedy oczekiwano od nich zachowania właściwego ludziom Wschodu, postępowali jak przedstawiciele Zachodu, kiedy narzucano im europejskość — manifestowali swoją przynależność do świata wschodniego.

Pamiętnikarz Abdülhak Şinasi Hisar i jego przyjaciel poeta Yahya Kemal, któremu Hisar poświęcił jedną ze swych książek, uczeń i bliski druh Yahyi Kemala Ahmet Hamdi Tanpınar oraz dziennikarz i historyk Reşat Ekrem Koçu — wszyscy ci czterej melancholijni pisarze nigdy się nie ożenili i umarli w samotności. Wszyscy, z wyjątkiem Yahyi Kemala, odchodzili w bólu, świadomi, że nie zrealizowali swoich marzeń. Nie tylko nie ukończyli swoich dzieł, ale książki, które wydali za życia, nigdy nie pozyskały upragnionych przez nich czytelników. Yahya Kemal, największy stambulski poeta i jednocześnie najbardziej znaczący w tureckiej kulturze, przez całe życie odmawiał publikowania swoich wierszy.

12.
Moja babka

Zapytana, odpowiadała, że wierzy w reformy Atatürka i zalety europeizacji, ale w rzeczywistości — podobnie jak wielu innych mieszkańców tego miasta — nie obchodził jej ani Zachód, ani Wschód. Bardzo rzadko wychodziła z domu. Jak większość bogatych stambulczyków nie zwracała najmniejszej uwagi na zabytki, dawną świetność i uroki miasta. Chociaż na uczelni pedagogicznej studiowała historię, przeszłość wcale jej nie interesowała. Na początku dwudziestego wieku, w 1917 roku, wykonała rzecz absolutnie niespotykaną w Stambule: udała się do restauracji w towarzystwie mojego dziadka, który wówczas nie był nawet jej narzeczonym. Ponieważ z opowieści wiem, że siedzieli naprzeciw siebie, a w lokalu serwowano rozmaite alkohole, lubię sobie wyobrażać, że wybrali się do *gazina**. Kiedy dziadek zapytał babkę, czego się napije (mając na myśli herbatę albo lemoniadę), ona, sądząc, że proponuje jej coś mocniejszego, odparła surowym tonem: „Powinien pan wiedzieć, że nie tykam alkoholu".

Kiedy czterdzieści lat później pozwalała komuś przypomnieć tę historię w czasie świątecznego czy noworocznego obiadu, długo zanosiła się śmiechem, popijając piwo. Ale jeśli na wspomnienia zbierało się jej w dzień powszedni, gdy siedziała akurat w salonie, w swoim ukochanym fotelu, krót-

---

* *Gazino* — kasyno; lokal rozrywkowy bez gier hazardowych.

ki śmiech szybko zmieniał się w płacz nad przedwcześnie zmarłym „wyjątkowym człowiekiem", którego znałem tylko z fotografii. Babka płakała, a ja próbowałem wyobrazić sobie, jak kiedyś z radością przemierzała u jego boku stambulskie ulice. Ale niestety, okazywało się to trudniejsze niż wyobrażenie sobie zrelaksowanych matron z płócien Renoira jako wysokich, szczupłych i nerwowych kobiet, niczym z obrazów Modiglianiego.

Dziadek, zgromadziwszy olbrzymi majątek, zmarł nagle na białaczkę i babka została szefem naszej wielkiej rodziny. Tak mówił o niej Bekir, babciny kucharz i przyjaciel. Gdy zmęczyły go jej nie kończące się rozkazy i krytyka, rzucał ironicznie: „Tak jest, szefie!". Ale zwierzchnictwo babki kończyło się na progu domu, który zawsze przemierzała z ogromnym pękiem kluczy w dłoni. Kiedy mój ojciec i jego brat utracili fabrykę, w młodym wieku odziedziczoną po ojcu, a potem

angażowali się w wielkie projekty budowlane i inwestycje kończące się klapą, zmuszając swoją matkę, by po trochu wyprzedawała cały majątek, babcia, która niemal wcale nie opuszczała naszego domu, roniła tylko łzy, nakazując im, by następnym razem byli ostrożniejsi.

Ranki spędzała w łóżku, oparta o stertę poduch, przykryta grubą pierzyną. Na specjalnej poduszce, która czekała już ułożona na kołdrze, kucharz Bekir codziennie z wielkim nabożeństwem stawiał ogromną srebrną tacę z jajem na twardo, oliwkami, kozim serem i grzankami (wykwintny obraz psuła tylko gazeta wciśnięta między tacę i haftowaną w kwiaty poduchę). To od babci nauczyłem się pić słodką herbatę, popijając twardy kozi ser. W trakcie tych długich śniadań czytała gazetę i przyjmowała porannych gości. Pierwszy przychodził wuj, który nie potrafił wyjść z domu bez pożegnania z matką. Gdy ciotka w końcu wyprawiła go do pracy, sama wpadała do babci z siatką w ręku. Na krótko przed moim pójściem do szkoły w domu zapadła decyzja, że nadszedł czas na naukę czytania. I tak jak niegdyś mój brat, każdego ranka przychodziłem do babki z zeszytem, siadałem na rogu pierzyny, aby zgłębiać wyjaśniane przez nią tajemnice alfabetu. Prędko odkryłem, że nauka bardzo mnie nuży, a na widok czystej kartki mam ochotę rysować, a nie pisać.

Dokładnie w połowie naszych lekcji do babcinej sypialni wchodził kucharz i zawsze zadawał jedno pytanie: „Co my im dzisiaj damy do jedzenia?". Miał przy tym tak poważną minę, jakby chodziło o wyżywienie całego szpitala albo jednostki wojskowej. Potem babka z kucharzem rachowali, którzy mieszkańcy kamienicy pojawią się na obiedzie i kolacji, i układali jadłospis, czerpiąc natchnienie z pełnego najdziwniejszych mądrości i reprodukcji zegarów kalendarza domowego, a zwłaszcza przepisu na potrawę dnia, który znajdował się na odwrocie aktualnej kartki. Ja w tym czasie obserwowałem wronę latającą wokół cyprysów w ogrodzie na tyłach domu.

Bekir mimo ciężkiej pracy nigdy nie stracił poczucia humoru i każdemu w naszej rodzinie nadał osobne przezwisko — od mojej babci po jej najmłodszego wnuka. Ja byłem Wroną. Kiedy po latach zapytałem go, dlaczego tak mnie nazwał, powiedział, że zawsze patrzyłem na wrony spacerujące po sąsiednim dachu i byłem szczupły jak ptak. Mój brat, który nie potrafił żyć bez swojego miśka, otrzymał przezwisko Niańka, skośnooki kuzyn był Japończykiem, a inny, niezwykle uparty, Kozą. Kuzyn urodzony przed czasem został nazwany Wcześniakiem. Przez całe lata Bekir wołał na nas w ten sposób i w jego głosie zawsze wyczuwałem ciepło i sympatię.

W pokoju babci — jak w sypialni mojej matki — znajdowała się toaletka z lustrzanymi skrzydłami. Miałem ochotę je otworzyć i zagubić się wśród swoich odbić, ale dotykanie toaletki było surowo zabronione. Babcia, która pół dnia spędzała w łóżku i nigdy się nie malowała, ustawiła lustra tak, by widzieć w nich odbity korytarz, drzwi do pokoju służby, hol i salon wraz z oknem. Dzięki temu mogła spod pierzyny nadzorować pozostałych domowników, sprawdzać, kto wchodzi i wychodzi, a kto akurat gawędzi gdzieś po kątach, oraz mieć baczenie na wiecznie wojujących wnuków. Ponieważ wnętrza naszego domu były zawsze zaciemnione, obraz pojawiający się w lustrze bywał trudny do rozpoznania, więc babka zaczynała wrzeszczeć z całej siły, co też dzieje się na przykład na końcu salonu, tuż obok wykładanego masą perłową stołu. Wtedy wpadał kucharz Bekir i czym prędzej zdawał relację.

Popołudniami babka czytała gazety, haftowała poduszki albo spotykała się ze swoimi rówieśnicami z Nişantaşı przy papierosach i beziku. Pamiętam, że czasem grywały też w pokera. Lubiłem wtedy siedzieć w kącie i bawić się dziurkowanymi, zdobionymi *tuğrą** osmańskimi monetami, wymieszanymi z prawdziwymi żetonami w krwistoczerwonym aksamitnym woreczku.

Jedna z uczestniczek tych popołudniowych spotkań po upadku imperium i emigracji rodziny Osmanów (nie jestem w stanie nazwać ich dynastią) musiała opuścić zamknięty sułtański harem. Wkrótce potem wyszła za mąż za kolegę dziadka. Chociaż przyjaźniły się z babcią, zawsze zwracały się do siebie per „droga pani", pogryzając przy tym z zadowoleniem podawane przez kucharza maślane rogaliki i tosty z żółtym serem. Razem z bratem naśladowaliśmy ich oficjalny ton i wyszukane słownictwo. Obie były otyłe, ale zachowywały się swobodnie, żyły bowiem w czasach i kulturze, w której tusza nie stanowiła problemu. Jeśli moja gruba babka postanowiła wyjść na miasto — co zdarzyło się raz przez czterdzieści lat — lub odwiedzić znajomych, na ostatnim etapie wielodniowych przygotowań wzywano żonę dozorcy, panią Kamer, która z całej siły zaciskała na babcinym ciele sznurki od gorsetu. Z przerażeniem patrzyłem wtedy na tę gorsetową scenę rozgrywającą się za parawanem, której towarzyszyły pojękiwania i napomnienia: „Ostrożnie, dziecino, ostrożnie!". Wezwana kilka dni wcześniej manikiurzystka także budziła mój zachwyt. Poświęcała babcinej urodzie dużo czasu, otoczona miseczkami z wodą mydlaną i różnymi dziwnymi narzędziami. Kiedy jej wprawne dłonie pokrywały ognistą czerwienią paznokcie u nóg babci, widok wacików rozmieszczonych między pulchnymi paluchami wywoływał we mnie uczucie fascynacji zmieszanej z obrzydzeniem.

---

* *Tuğra* — inicjał sułtanów tureckich.

Dwadzieścia lat później, kiedy mieszkaliśmy już w innym domu, w innej części Stambułu, często odwiedzałem babkę w kamienicy Pamuków. Jeśli zachodziłem do niej rano, zastawałem ją w tym samym łóżku, otoczoną przez te same drobiazgi, gazety, poduchy i cienie. Nawet zapach jej pokoju — jedyna w swoim rodzaju mieszanka aromatów mydła, perfum, kurzu i drewna — się nie zmienił. Z jednym przedmiotem babka nigdy się nie rozstawała — był to zeszyt, w którym każdego dnia coś zapisywała. Ta osobliwa księga protokolarna pełna była rachunków, wspomnień, przepisów, zestawień wydatków, planów oraz uwag meteorologicznych. Zapewne dzięki studiowaniu historii moja babka lubiła oficjalny styl wypowiedzi, ale z jej słów zawsze przebijał sarkazm. Ta fascynacja Osmanami przyniosła jednak pewien efekt: każdemu z wnuków kazała nadać imię po jednym ze zwycięskich sułtanów wielkiego imperium. Zawsze, kiedy się widzieliśmy, całowałem jej dłoń i bez cienia zażenowania wsadzałem do kieszeni banknot, który mi ofiarowywała. Najpierw wypytywała mnie o rodziców i brata, a potem czytała na głos ostatni fragment swoich zapisków: „Mój wnuk Orhan przyszedł z wizytą. Bardzo jest mądry i pocieszny. Studiuje architekturę. Podarowałam mu dziesięć lirów. Miejmy nadzieję, że pewnego dnia osiągnie dobrobyt i nazwisko Pamuków znowu będzie wzbudzało respekt, jak było za życia jego dziada". Następnie zerkała na mnie znad okularów, co sprawiało, że jej uszkodzone przez kataraktę oczy wyglądały jeszcze dziwniej niż zwykle, i uśmiechała się do mnie w ten swój tajemniczy, ironiczny sposób. Ja zaś, zastanawiając się, czy za tą ironią kryje się dystans do samej siebie, czy może przekonanie o karykaturalności naszego życia, bezskutecznie próbowałem uśmiechać się w ten sam sposób.

13.
Szkolne radości i smutki

Pierwszą nauką, jaką dała mi szkoła, było to, że niektórzy są głupi. Drugą — że inni mogą być znacznie głupsi. Byłem jednak młody, nie miałem pojęcia, że ludzie wychowani udają, iż nie są świadomi istnienia tego podstawowego podziału, podobnie jak tego, że grzeczność wymaga przyjęcia takiej postawy wobec wszelkich odmienności wywołującej spięcia, jak choćby wyznanie, pochodzenie, płeć, stopa życiowa czy (ostatnimi czasy) różnice kulturowe. Dlatego zawsze, kiedy nauczyciel zadawał pytanie, podnosiłem szybko rękę, by udowodnić, że jestem mądry i znam właściwą odpowiedź.

Po kilku miesiącach nauczyciel i koledzy z klasy musieli już wiedzieć, że jestem zdolny i pojętny, ale ja wciąż uparcie trzymałem palec w górze. Nauczyciel rzadko udzielał mi głosu, chcąc dać szansę wypowiedzenia się również innym dzieciom. A moja ręka nadal automatycznie się unosiła, bez względu na to, czy znałem odpowiedź. Przypominałem trochę człowieka, który, nosząc pospolite stroje, swoje bogactwo manifestuje krawatem albo wykwintną biżuterią. Wynikało to z fascynacji osobą pedagoga i rozpaczliwego pragnienia nawiązania z nim porozumienia.

Kolejną rzeczą, jaką miałem szczęście odkryć w szkole, był autorytet nauczyciela. W domu, przepełnionej i hałaśliwej kamienicy Pamuków, sytuacja nigdy nie była tak jasna. Podczas wspólnych posiłków wszyscy mówili jednocześnie. Nasze domowe zwyczaje, wzajemna miłość, rozmowy, wspólne posiłki i godziny spędzane przy radiu nie były wynikiem jakichś ustaleń — po prostu się zdarzały. Ojciec nie był ani autorytetem, ani uosobieniem rodzicielskiej władzy — bywał z nami rzadko, często przepadał na dłużej. Co więcej, nigdy nie krzyczał na mnie ani na brata, a kiedy robiliśmy coś niewłaściwego, w ogóle nie okazywał dezaprobaty. Po latach przedstawiał nas kolegom jako swoich młodszych braci, i było w tym dużo racji. Jedynym autorytetem w domu była dla mnie matka. Ale trudno się było do niej zbliżyć, widziałem w niej raczej obcego tyrana — jej przewaga nade mną wynikała z mojego pragnienia jej miłości. Dlatego tak bardzo fascynowała mnie władza pedagoga sprawowana nad dwudziestopięcioosobową klasą.

Być może tak bardzo pragnąłem aprobaty nauczyciela, gdyż w pewnym stopniu utożsamiałem go z matką. „Spleć ręce i siedź cicho", mówił nauczyciel, a ja krzyżowałem ręce na piersiach i siedziałem cierpliwie przez całą lekcję. Sytuacja zaczęła jednak tracić urok nowości. Zgłaszanie się do odpowiedzi, rozwiązywanie zadań arytmetycznych najszybciej w klasie czy kolekcjonowanie najlepszych ocen stało się nudne, a czas spędzany w szkole zaczął się dłużyć w nieskończoność.

Odrywałem wtedy wzrok od tablicy, przy której gruba koleżanka próbowała coś pisać, obdarzając wszystkich, nauczyciela, kolegów, sprzątaczkę i cały otaczający ją świat, jednakowo głupkowatym uśmiechem, i zaczynałem patrzeć przez okno na najwyższe konary kasztanowca widoczne pomiędzy budynkami. Na gałęzi siadała wrona. Uważnie ją obserwowałem. Wyobrażałem sobie, jak jakaś chmura płynąca za nią zaczyna zmieniać kształt: najpierw była lisim nosem, potem pyskiem, a na końcu stawała się psem. Pragnąłem, żeby już nim pozostała, ale ona przeobrażała się nagle w jedną ze srebr-

nych cukiernic babci, stojących za szybą nigdy nie otwieranego kredensu, i chciałem już wracać do domu.

Pewnego razu przypominałem sobie kojącą ciszę panującą w pełnych cieni pokojach, spomiędzy których nagle wyłaniał się ojciec i zabierał nas na niedzielną przejażdżkę nad Bosfor. I właśnie w tym momencie w budynku naprzeciwko otworzyło się okno, przez które sprzątaczka zaczęła strzepywać zakurzoną ścierkę. Z zaciekawieniem spojrzała na ulicę, która leżała już poza zasięgiem mojego wzroku. Co takiego mogło się dziać na dole? Słyszałem odgłos kół toczącej się po

bruku furmanki i stłumiony krzyk sprzedawcy staroci. Sprzątaczka obserwowała go przez chwilę, a kiedy cofnęła głowę
i zamknęła okno, w szybie odbiła się chmura, bliźniaczo podobna do tej na niebie, płynąca w tym samym tempie. Wtedy
jednak moją uwagę przyciągnął ruch w sali i kątem oka za-
rejestrowałem unoszące się ku górze dłonie. Z pewną siebie
miną odruchowo podniosłem palec, choć znów nie miałem
pojęcia, jakie zadano pytanie. Wsłuchany w odpowiedzi innych uczniów, miałem jednak irracjonalną pewność, że ja też
doskonale ją znam.

Siedzieliśmy w dwuosobowych ławkach i największą
przyjemnością nie było wcale zdobywanie wiedzy czy przy-
chylności wykładowcy, ale poznawanie kolegów. Traktowanie ich indywidualnie i odkrywanie dzielących nas różnic
było ekscytujące, choć czasem też bolesne... Był wśród nas
pewien smutny chłopiec, który, czytając teksty na głos na
lekcjach literatury, zawsze opuszczał wersy. Chociaż bardzo
się starał, nigdy nie udało mu się uniknąć pomyłki i wszyscy
śmiali się z niego.

W pierwszej klasie przez pewien czas siedziałem w ławce
z rudą dziewczynką związującą włosy w kucyk. Jej tornister
był zniszczony i zawsze pełen nadgryzionych jabłek, rogali-
ków, rozsypanego sezamu, długopisów oraz gumek do włosów. Towarzyszył jej pociągający zapach lawendy. Podziwiałem jej odwagę i otwartość, z jaką mówiła o swoich sprawach,
a w weekendy bardzo za nią tęskniłem.

Była też wśród nas dziewczynka hipnotyzująca wręcz
swoją kruchością i delikatnością. Głowa jednego z kolegów,
jak zauważyła kiedyś moja babcia, przypominała miskę. A ja
pytałem siebie, dlaczego jeden z chłopców kłamie, chociaż
wie, że nikt mu nie wierzy. Jak tamta dziewczynka może
być tak niedyskretna i opowiada wszystkim, co się dzieje

w jej domu? Jak to możliwe, że inna płacze, recytując wiersz o Atatürku?

W tamtym czasie miałem zwyczaj obserwowania masek samochodów i wyobrażania ich sobie jako nosów, zacząłem więc analizować twarze szkolnych kolegów, zastanawiając się, jakie stworzenia przypominają. Chłopiec ze spiczastym nosem wyglądał jak lis, ten wielki obok niego — jak niedźwiedź, jeszcze inny, z gęstwiną włosów, był podobny do jeża. Pamiętam, jak jedna z koleżanek, Żydówka o imieniu Maria, opowiadała o święcie Paschy. W niektóre dni w domu jej babci nie można było nawet dotknąć włącznika światła. Inna dziewczynka opowiadała, jak pewnego wieczoru siedziała w swoim pokoju i tak szybko się odwróciła, że zobaczyła cień anioła. Ta niezwykła historia do tej pory siedzi mi w głowie. Mieliśmy też koleżankę z bardzo długimi nogami, która zawsze nosiła wysoko naciągnięte podkolanówki i wyglądała, jakby za chwilę miała się rozpłakać. A kiedy jej ojciec minister zginął w katastrofie lotniczej (tej samej, z której premier Menderes wyszedł bez szwanku), wydawało mi się, że dlatego tak płakała, bo przeczuwała śmierć ojca.

Większość dzieci, jak ja, miała problemy z zębami, a niektóre nosiły aparaty ortodontyczne. Na jednym z wyższych pięter szkoły, gdzie mieścił się internat i sala gimnastyczna, obok izby chorych znajdował się gabinet dentystyczny. Rozzłoszczeni nauczyciele grozili nam czasem, że wyślą tam łobuzów klasowych. Do lżejszych kar należało stanie w kącie między tablicą i drzwiami, twarzą do ściany, czasami na jednej nodze. Ponieważ jednak bardziej niż lekcje interesowało nas, jak długo ktoś wytrzyma w tej pozycji, zrezygnowano z tej metody wychowawczej. Stojące w kącie urwisy wymyślały najróżniejsze sztuczki, by zwrócić na siebie uwagę pozostałych. Pluły więc do kosza albo wysyłały tajemne znaki reszcie klasy. Wszystkie te zabiegi budziły moją zazdrość i irytację, nigdy podziw.

Gdy kogoś karano za lenistwo, prymitywizm, głupotę czy bezczelność, wbrew sobie, mimo rodzącej się we mnie głębokiej wiary w siłę solidarności, zawsze odczuwałem niewymowną radość. Była na przykład wśród nas pewna zaradna, nad wyraz bezpośrednia dziewczyna, którą codziennie do szkoły przywoził szofer. Należała do ulubienic nauczyciela; poproszona, stawała przed nami i wykonywała żabią parodię *„Jingle bells, jingle bells...”* Ale to nie ratowało jej przed karą z powodu nieodrobionych prac domowych. Nie rozumiałem jednak, dlaczego za każdym razem kartkowała zeszyt, udając, że nie może znaleźć zadania, tym bardziej że wychowawca nigdy nie dał się na to nabrać, a kilku innych uczniów wcześniej otwarcie przyznało się do podobnego zaniedbania. Wypowiedziane w strachu: „Nie mogę teraz znaleźć, proszę pana!”, opóźniało nieco karę, ale uderzenie w policzek albo pociągnięcie za ucho stawały się wtedy o wiele silniejsze.

Policzki wymierzane w szkołach imperium osmańskiego, kije, którymi bili po rękach surowi hodżowie, nie wstając zza biurka, oraz *falaki**, opisane przez Ahmeta Rasima (1865– –1932) we wspomnieniach *Falaka* i *Noce*, przedstawione były w naszych szkolnych podręcznikach jako narzędzia tortur z przeszłości. Odnoszę jednak wrażenie, że nawet w czasach republiki w płatnej szkole Işık Lisesi, w zamożnej dzielnicy Nişantaşı, niektórzy pamiętający jeszcze osmańskie czasy zgorzkniali profesorowie powszechną ideę reform rozumieli jako konieczność unowocześnienia metod represji. I zamiast *falaki* czy kija stosowali na przykład francuskie linijki obłożone twardą miką.

---

* *Falaka* — pręt służący do bicia w stopy, narzędzie kary w szkołach osmańskich.

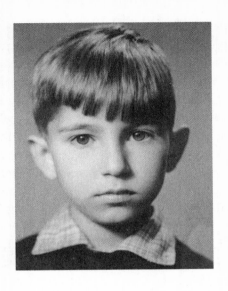

Wraz z upływem czasu ciepłe i opiekuńcze nauczycielki zastąpili starzejący się, wściekli, znudzeni życiem nauczyciele gimnastyki, religii czy muzyki i ceremonie poniżania stały się jeszcze bardziej wyrafinowane. Jeśli lekcje były nudne, nawet cieszyłem się z chwili rozrywki, jakiej dostarczały. Gdy uczeń, wpatrzony w przestrzeń niczym kociak, który właśnie wylał mleko — przyznał się do winy, a potem szybko i wiarygodnie wyraził skruchę, mógł oczekiwać łagodnej kary. Ci jednak, którzy błagali o wybaczenie w sposób niewspółmierny do czynu; którzy nie wymyślali żadnych usprawiedliwień, bo byli na to zbyt mało lotni albo leniwi; którzy, nie bacząc na poniżającego ich nauczyciela, rozśmieszali resztę swoimi wygłupami albo, plotąc bzdury, przysięgali, że już zawsze będą mówić prawdę, i sponiewierani, bezmyślnie niczym zwierzęta złapane w pułapkę, wykonywali gest narażający ich na kolejne razy — wszyscy oni nauczyli mnie o życiu i ludzkiej naturze więcej niż podręczniki wiedzy o społeczeństwie czy kolejne tomy *Wiadomości z klasy.*

Gdy bohaterką takiej sceny stawała się dziewczynka, którą skrycie podziwiałem — może dlatego, że była ładna i atrakcyjna, a może dlatego, że była delikatna — na widok jej czerwieniejącej twarzy i łez wzbierających pod powiekami pragnąłem tylko jednego — uwolnić ją od tego upokorzenia. Ale kiedy widziałem, jak jasnowłosy grubas, który dręczył mnie w czasie pauzy, został przyłapany na rozmowach, a potem był bity za to, że dał się złapać, czułem tylko satysfakcję.

Wśród moich szkolnych kolegów był też chłopak, którego uważałem za beznadziejnego głupca. Bez względu na to, jak ciężką karę mu wymierzono, znosił ją w milczeniu. Niektórzy nauczyciele wywoływali nas do tablicy nie po to, aby sprawdzić naszą wiedzę, ale by wykazać naszą ignorancję. A niektórzy ignoranci zachowywali się tak, jakby poniżenie było dla nich powodem do radości.

Poznałem nauczycieli wpadających w szał na widok zeszytu w okładce niewłaściwej barwy i tych, którzy wymierzali policzek za ledwo słyszalny szept. Niektórzy uczniowie, nawet udzieliwszy dobrej odpowiedzi na proste pytanie, wyglądali jak zające schwytane przez snop samochodowych świateł, inni zaś — tych podziwiałem najbardziej — nie znając jej, wygadywali cokolwiek, naiwnie sądząc, że to ich uratuje.

W owych przerażających chwilach, rozpoczynających się ostrą reprymendą, a kończących rzucaniem zeszytami, byłem wdzięczny losowi, że nie uczynił ze mnie nieszczęśnika poniżanego przed zamarłą w milczeniu klasą. Przywilejem tym cieszyła się jedna trzecia uczniów. Gdyby to była szkoła państwowa, uczęszczałyby do niej dzieci z różnych środowisk i podział na pechowców i szczęściarzy byłby wyraźniejszy. Ale uczyłem się w szkole prywatnej, gdzie wszystkie dzieci pochodziły z zamożnych rodzin. Podczas zabawy na boisku cieszyliśmy się towarzystwem kolegów i niewidzialna linia znikała. Gdy jednak rozpoczynał się spektakl bicia i poniżania, podobnie jak nauczyciel stojący niczym pomnik za swoim biurkiem zastanawiałem się, jak to możliwe, że inni mogą być tak leniwi, niegodziwi, słabego charakteru, niewrażliwi i głupi albo po prostu t a c y... Jednak na to pytanie, dotykające przecież ciemnej strony życia, nie znajdowałem odpowiedzi ani w komiksach, gdzie wszystkich złych bohaterów można było poznać po paskudnym wyrazie twarzy, ani w swoim mrocznym dziecięcym sercu. Po jakimś czasie po prostu o nim zapomniałem.

Doszedłem do wniosku, że miejsce nazywane szkołą nie daje odpowiedzi na podstawowe egzystencjalne pytania. Jego główną funkcją jest przygotowanie nas tylko do „prawdziwego życia", z całą jego polityczną brutalnością. Dlatego dopóki nie skończyłem liceum, dopóty przykładałem szczególną wagę do tego, by znaleźć się po właściwej stronie.

A więc podstawową wiedzą, jaką dała mi szkoła, była ta, że akceptowanie świata bez zadawania zbędnych pytań to za mało — należy jeszcze dostrzec jego piękno. Na przykład przez pierwsze lata szkoły nauczyciele pod różnymi pretekstami kazali nam śpiewać w czasie lekcji. Ruszając tylko ustami (nie rozumiałem francuskich i angielskich piosenek i nie lubiłem ich), obserwowałem swoich kolegów. Niski, pulchny chłopak, który niecałe pół godziny wcześniej zalewał się łzami z powodu znów zapomnianego zeszytu, śpiewał teraz radośnie, jak najszerzej otwierając buzię. Dziewczynka, która co chwilę zakładała kosmyki włosów za uszy, w połowie piosenki znów z lekkim zniecierpliwieniem wykonała ten gest. Grubas terroryzujący mnie na korytarzach i jego duchowy przywódca — osobnik znacznie mądrzejszy, bardziej wyrachowany i na tyle sprytny, by wciąż pozostawać po odpowiedniej stronie granicy poniżenia — z anielskimi minami pogrążali się w muzycznej rozkoszy. Jakaś dobrze ułożona dziewczynka w połowie utworu zerkała na swój piórnik i zeszyty, aby przekonać się, czy na pewno leżą tak jak trzeba, a inna, pracowita i mądra, która za każdym razem, gdy wracaliśmy z ogrodu do klasy, na moje pytanie o to, czy zechce stanąć ze mną w parze, w milczeniu podawała mi rękę, śpiewała z całego serca. Samolubny grubas, w czasie sprawdzianów otaczający swoją kartkę ręką tak, jakby karmił niemowlę, żeby nikt niczego od niego nie spisał, teraz stał wyprostowany jak struna. Widziałem też, jak ten beznadziejny półgłówek, obrywający lanie każdego dnia, sam przyłącza się do klasowego chóru, jak jeden z drani ciągnie za włosy siedzącą przed nim koleżankę, a wiecznie zapłakana dziewczynka śpiewa cichutko, zerkając przy tym za okno. A gdy spostrzegłem, że ruda dziewczynka z kucykiem też to zauważyła, nasze spojrzenia się spotkały i oboje uśmiechnęliśmy się do siebie. Kiedy docieraliśmy do fragmentu, w którym kompletnie niezrozumiała dla mnie piosenka zmieniała się w wesołe la-la-la, dołączałem do innych, śpiewając jak najgłośniej. A gdy spojrzałem w szybę, dostrzegłem w niej to, co się niedługo zdarzy. Już za chwilę, za momencik zadzwoni dzwonek i cała klasa eksploduje z dzikim wrzaskiem. Wybiegnę z tornistrem na zewnątrz, gdzie czeka na mnie nasz dozorca. Chwycę jego wielką dłoń, a on odprowadzi nas, mnie i mojego brata, do domu. I wiem, że gdy już się tam znajdę, będę zbyt zmęczony, żeby przypomnieć sobie wszystkich z klasy. Ale zaraz przyspieszam kroku na myśl o czekającej w domu na mnie matce.

14.

Kindohc an ćulp ein

Kiedy nauczyłem się pisać i czytać, moja wyobraźnia stała się bogatsza o konstelacje liter. Nie posiadały one żadnego znaczenia ani nie opowiadały żadnej historii. Po prostu rozbrzmiewały mi w głowie. Niejako automatycznie czytałem różne napisy — nazwę producenta, afisze, gazetowe nagłówki, reklamy, szyldy sklepowe i restauracji — i nie miało znaczenia, gdzie były umieszczone: na ciężarówkach, opakowaniach, znakach drogowych, paczce cynamonu ustawionej na stole, butelce z oliwą w kuchni, mydle w łazience, papierosach babci i jej lekarstwach. Czasami wypowiadałem słowa na głos — nie miało znaczenia, czy znam ich sens, jakby w mojej głowie pomiędzy ośrodkiem postrzegania i rozumienia umieszczono maszynę, która przekształcała litery w sylaby i dźwięki. I tak jak radio grające w zatłoczonej kawiarni, na które nikt nie zwraca uwagi, czasami działała bez mojej świadomości.

Wracałem ze szkoły i mimo wielkiego zmęczenia moje oczy automatycznie wyszukiwały słowa, a maszyna w głowie mówiła: „ABY ZAOSZCZĘDZIĆ WASZE PIENIĄDZE...”. Albo: „PRZYSTANEK NA ŻĄDANIE. TURECKIE KIEŁBASKI APIKOĞLU. KAMIENICA PAMUKÓW”. W domu mój wzrok padał na nagłówki czytanych przez babcię gazet: „CYPR: PODZIAŁ ALBO ŚMIERĆ!”, „PIERWSZA TURECKA SZKOŁA BALETOWA”, „AMERYKANIN, KTÓRY POCAŁOWAŁ TURCZYNKĘ NA ULICY, LEDWO UNIKNĄŁ LINCZU”, „ZABAWA W HULA-HOOP SUROWO WZBRONIONA”.

Czasami, patrząc na dziwaczny układ liter, przypominałem sobie ten magiczny dzień, w którym po raz pierwszy zobaczyłem alfabet. To samo poczułem wtedy, gdy dostrzegłem zakaz umieszczony na płytach chodnikowych przy siedzibie gubernatora miasta, kilka kroków od naszego domu. Za każdym razem, kiedy szliśmy z matką i bratem z Nişantaşı w kierunku Taksimu, odczytywaliśmy — skacząc po nich, jakbyśmy grali w klasy — wymalowane na co drugiej płycie litery: „KINDOHC AN ĆULP EIN". Ten tajemniczy zakaz w pierwszej chwili budził nieodpartą chęć splunięcia na chodnik, ale potem przypominałem sobie o policjantach chroniących siedzibę gubernatora i przerażony pilnowałem, by z moich otwartych ust nie wydobyła się choćby kropla śliny. Poza tym czułem, że na chodnik plują raczej starsi oraz pozbawione rozumu i charakteru bezczelne dzieci, które co chwila obrywały w szkole od nauczyciela. Owszem, widywaliśmy czasem ludzi spluwających na ulicę, ba, bywali i tacy, którzy z braku chusteczki smarkali innym pod nogi, ale nie były to znowu grzechy na tyle powszechne, by zabraniać ich na piśmie, w dodatku na chodnikowych płytach! Kiedy wiele lat później dowiedziałem się o słynnych chińskich spluwaczkach i o tym, jak powszechne było plucie w innych rejonach świata, zastanawiałem się, dlaczego zadano sobie tyle trudu, aby zniechęcać do tego w Stambule, gdzie nigdy nie było popularne. (Kiedy ktoś wspomni przy mnie Borysa Viana, w mojej głowie nie pojawia się tytuł jego najlepszego dzieła, ale okropna książka *Napluję na wasze groby*).

Być może te zakazy z Nişantaşı wryły mi się w pamięć dlatego, że zainstalowała je tam samoistnie czytająca maszyna w mojej głowie, ale mniej więcej wtedy matka z nową energią podjęła trud informowania mnie i brata, co wypada, a czego nie należy robić wśród obcych. Radziła nam na przykład, abyśmy nigdy nie kupowali niczego do jedzenia u brudnych handlarzy w bocznych uliczkach i nie zamawiali kotletów mielonych, ponieważ są robione z najgorszego, najtłustszego i starego mięsa. Przykazanie to mieszało się potem w mojej głowie z różnymi ogłoszeniami wdrukowanymi tam przez czytającą maszynę: „NASZE MIĘSA PRZECHOWUJEMY W CHŁODNI". Innym razem matka kazała trzymać się na ulicy z daleka od obcych. A moja osobista maszynka dodawała: „NIEPEŁNOLETNIM WSTĘP WZBRONIONY".

Na ostatnim wagonie tramwaju wisiało hasło: „WSKAKIWA-NIE W CZASIE JAZDY JEST NIEBEZPIECZNE I SUROWO ZABRONIONE", co również wpajała nam matka. Nie zdzi-wiłem się, widząc jej słowa na oficjalnym obwieszczeniu, ponieważ wyjaśniła nam, że ludzie tacy jak my nigdy nie czepiają się tramwaju, żeby zaoszczędzić na biletach. To sa-mo dotyczyło napisu na tylnej burcie stambulskich promów, który głosił: „ZBLIŻANIE SIĘ DO TURBIN GROZI ŚMIER-CIĄ I JEST SUROWO WZBRONIONE". Matce, która za-braniała nam śmiecenia na ulicy, wtórował głos lokalnych władz: „NIE WYSYPYWAĆ ODPADKÓW". Ale już dopisane przez kogoś na murze hasło „ŚMIECIARZE WYNOCHA" tro-chę mąciło mi w głowie. Kiedy matka napominała, abyśmy nie całowali w rękę nikogo poza naszymi babciami, natych-miast przypominałem sobie napis na tubce anchois: „SPO-RZĄDZONE BEZDOTYKOWO". Natomiast zakazy w rodzaju: „NIE ZRYWAĆ KWIATÓW" czy „NIE DOTYKAĆ", podświadomie łączyłem z matczynymi upomnieniami, by nie pokazywać niczego palcem. Jak jednak należało rozumieć sens ustawionego przy fontannie napisu: „NIE PIĆ Z SADZAWKI", skoro nigdy nie widziałem w niej ani kropli wody? Albo tabliczek: „NIE DEPTAĆ TRAWNIKÓW", ustawianych w parkach bez kępy trawy, za to brudnych i pełnych błota?

Chcąc lepiej zrozumieć tę „cywilizującą misję", która znalazła odbicie w owych znakach i która zmieniła miasto w las ostrzeżeń, zakazów i napomnień, trzeba poznać stambulskich felietonistów i ich przodków — „miejskich korespondentów".

15.
Ahmet Rasim i listy ze Stambułu

Pewnego poranka drzwi do redakcji niewielkiej gazety „Saadet", mieszczącej się na Babıali, otworzyły się nagle i do środka wtargnął wysoki jegomość w fezie i wojskowym uniformie z czerwonymi rękawami. Działo się to na samym początku trzydziestoletniego okresu tyranii Abdülhamita, to jest pod koniec lat osiemdziesiątych dziewiętnastego wieku. „Do mnie!", wrzasnął na widok dwudziestopięcioletniego dziennikarza, który przerażony wstał z miejsca. „Wkładaj fez i idziemy!"

Młody dziennikarz wsiadł za mężczyzną w wojskowym stroju do bryczki, która czekała na zewnątrz. W milczeniu minęli most Galata. W połowie drogi sympatyczny młodzieniec zebrał się w końcu na odwagę i zapytał, dokąd jadą. „Do başmabeyinciego*. Przysłał mnie po ciebie". W pałacu kazano mu chwilę poczekać, a potem zaprowadzono przed oblicze zarośniętego i bardzo zdenerwowanego mężczyzny, który siedział za biurkiem. „Do mnie!", wrzasnął tamten i energicznie wskazując leżącą na blacie otwartą gazetę „Saadet", zapytał: „Co to ma znaczyć?!". Dziennikarz nie zdążył nawet przeczytać właściwego fragmentu, kiedy gospodarz znów krzyknął rozwścieczony: „Niech was wszystkich piekło pochłonie! Przeklęci niewdzięcznicy! Dranie!".

---

* *Başmabeyinci* — w imperium osmańskim minister odpowiedzialny za kontakty sułtana z poddanymi.

61 - Constantinople - Pont et Corps de Garde à Kara-Keuy

Edit. Bon Marché

Sparaliżowany strachem młodzieniec zdołał w końcu rozszyfrować, że powodem tego straszliwego gniewu jest wiersz zmarłego poety, zaczynający się słowami: „Czy nigdy już nie nadejdzie wiosna?". „Szanowny panie...", próbował znaleźć odpowiednie słowa, ale gospodarz znów mu przerwał: „I jeszcze ma pan czelność się odzywać?! Precz!".

Chłopak spędził pod drzwiami kilka minut, drżąc ze strachu, a potem znów został wezwany do środka. Za każdym razem, gdy otwierał usta, by wyjaśnić, że nie on jest autorem utworu, musiał zamilknąć, zasypany gradem oskarżeń. „Dranie! Pomiotła! Bezwstydnicy! Nikczemnicy! Psy! Ludzkie ścierwa!" Kiedy wreszcie pojął, że nie zostanie dopuszczony do głosu, wyjął z kieszeni kamizelki swoją pieczątkę i w milczeniu położył ją na biurku. Başmabeyinci odczytał wypisane na niej imię i zrozumiał, że zaszła pomyłka. „Jak ci na imię? — zapytał stropiony. — Ahmet Rasim..."

Czterdzieści lat później Rasim opisał to zdarzenie we wspomnieniach *Publicysta, poeta, literat*. Başmabeyinci Abdülhamita, zorientowawszy się, że sprowadzono niewłaściwą osobę, stwierdził: „Dlaczego nie siadasz, mój synu? Pewnie nie masz pojęcia, dlaczego ciebie tu wezwaliśmy..." A potem otworzył szufladę, przywołał go skinieniem dłoni i wręczył pięć lirów. „To za twoje milczenie", wyjaśnił i odprawił go. Rozbawiony Rasim opowiadał o tym ze swoją zwykłą wylewnością, ubarwiając całą historię obyczajowymi szczegółami, co stało się cechą jego stylu.

Ukochanie życia, ironia i radość z wykonywanego zawodu uczyniły Rasima jednym z najlepszych stambulskich pisarzy. Jego niespożyta energia, optymizm i radość równoważyły poimperialną melancholię Tanpınara, Yahyi Kemala i Şinasiego. Jak wszyscy zafascynowani tym miastem twórcy interesował się jego przeszłością i pisał książki historyczne, ale ponieważ w przeciwieństwie do kolegów zamykał w sobie swój smutek, nigdy nie tęsknił za „utraconym złotym wiekiem". Zamiast patrzeć na dawny Stambuł jak na świętość, zamiast szukać w historii autentycznego głosu, który wyzwoliłby w nim talent do tworzenia arcydzieł w stylu zachodnim, wolał — jak inni mieszkańcy miasta — skupić się na teraźniejszości. Stambuł był zabawnym miejscem do życia, i to mu wystarczało.

Jak wielu jego czytelników nie frasował się ani podziałami między Zachodem i Wschodem, ani koniecznością „zmian cywilizacyjnych". Europeizacja, wprowadzanie sztucznych rozwiązań i pożałowania godna pretensjonalność ciekawiły go przez swoją śmieszność. Jego młodzieńcza twórczość również nie była od nich wolna, ale po latach z podejrzliwością traktował wszystko, co wydawało się sztuczne i napuszone. Dworował sobie z tureckich poetów, którzy w swym nieudolnym naśladowaniu francuskich parnasistów i dekadentów zaszli tak daleko, że zaczepiali nawet na ulicy przechodniów, aby wyrecytować im swoje improwizacje, i z talentu swoich znajomych literatów do sprowadzania każdej rozmowy prosto do sedna — a była nim ich własna kariera. Wyraźnie dystansował się od zapatrzonej w Zachód elity, która przeważnie tak jak on zamieszkiwała wydawniczą dzielnicę Babıali.

Rasim był jednak przede wszystkim dziennikarzem, a dokładniej, żeby użyć francuskiego określenia: felietonistą — i właśnie w tej twórczości odnalazł siebie. Polityka, która poza drobnymi wyjątkami nie wyprowadzała go z równowagi, stanowiła dziedzinę niebezpieczną i pisanie o niej było właściwie niewykonalne (po interwencji cenzora i w wyniku nacisków władzy w gazetach niejednokrotnie zostawały tylko puste szpalty). Dlatego Ahmet Rasim z radością skupił się na obserwacji miasta. Obowiązująca od ponad stu trzydziestu lat dewiza dziennikarzy stambulskich brzmi: „Jeśli nie masz

o czym pisać, ograniczony politycznymi zakazami i zakresem tematów, pisz o problemach urzędu miejskiego i życiu miasta. To zawsze ktoś przeczyta".

Tak więc Rasim pół wieku pisał o sprawach Stambułu: o lokalnych pijaczkach i handlarzach z przedmieść, o sklepikarzach i iluzjonistach, o muzykach i żebrakach. Opisywał urokliwe miejsca nad Bosforem oraz chuligańskie dzielnice i tawerny, podawał wiadomości i informacje handlowe, przedstawiał wesołe parki, łąki i ogrody publiczne. Zajmował się tematami handlowymi i urokami poszczególnych pór roku, łącznie z rzucaniem śnieżkami i jazdą na sankach. Rozpisywał się o historii prasy, miejscowych plotek i menu stambulskich restauracji... Ubóstwiał klasyfikować wszystko i łatwo rozpoznawał ludzkie zwyczaje i charaktery. Jak botanik cieszy się z możliwości oglądania różnych gatunków roślin w lesie, tak Rasim z fascynacją śledził rozmaite przejawy europeizacji, konsekwencje napływu nowej ludności i historyczne koincydencje — pisał o nich każdego dnia. Młodym dziennikarzom zalecał, aby podczas swoich wędrówek po mieście zawsze mieli przy sobie notatnik.

Jego najlepsze felietony, powstałe w latach 1895–1903, zostały zebrane w tomie *City Correspondence*. Jeśli w ogóle nazywał siebie miejskim korespondentem, to z nutką ironii. Narzekał na władze miejskie, śledził codzienne życie Stambułu, badał jego puls, co zapoczątkowali w latach sześćdziesiątych dziewiętnastego wieku francuscy kronikarze.

W 1867 roku na łamach gazety „Tasvir-i Efkar", zainspirowany poezją i dramatami Wiktora Hugo oraz jego romantyczną walecznością, pisarz Namık Kemal, należący do najważniejszych tureckich twórców, publikował listy przedstawiające życie miasta podczas świąt ramazanu. To właśnie on pokazał tureckim czytelnikom, że listy nie muszą służyć wyłącznie kochankom czy urzędnikom w celu szantażu. Udowodnił, że do miasta również można przemawiać tak, jak przemawia się do ukochanej osoby. Korespondencja, w której Namık Kemal szczegółowo opisuje obchody ramazanu, stała się wzorem dla wielu jego następców. Pozwalała też mieszkańcom Stambułu odczuć, że są częścią jednej społeczności, podobnie jak kochankowie, krewni czy przyjaciele; społeczności, dla której jednakowo ważne jest zaufanie, intymność i duchowa bliskość.

Drugim stambulskim dziennikarzem był Ali Efendi, zwany też Alim Efendim z „Basiretu" — od gazety, którą wydawał (kiedy po jednej z niefortunnych publikacji pismo zostało zamknięte przez cenzurę, zaczęto nazywać go Alim Efendim „bez Basiretu"). Jego publikacje na temat codziennego życia miasta pozbawione były poczucia humoru, za to pełne rad i słów krytyki. Podczas gdy codzienne artykuły Ahmeta Rasima pozwalały usłyszeć niemal wszystkie dźwięki Stambułu, obcujący z tekstami Alego Efendiego czytelnik czuł się tak, jakby oglądał niemy czarno-biały film o Konstantynopolu lat siedemdziesiątych dziewiętnastego wieku.

Inni autorzy listów i wspomnień — od Ahmeta Haşima po Burhana Feleka — przez cały dwudziesty wiek unikali określenia „epistolografia". Ich teksty miały do spełnienia dwie funkcje: po pierwsze, z ironią i dystansem opisywały Stambuł, jego kolory, zapachy i dźwięki; po drugie, uczyły mieszkańców, jak zachowywać się na ulicach, w ogrodach i parkach, w sklepach i miejscach rozrywki, na statkach, mostach, placach i w tramwajach. Ponieważ krytyka sułtana, państwa, władzy, policji, wojska, religijnych przywódców, a nawet miejskich urzędników była właściwie niemożliwa, dziennikarskie żądła kłuły anonimowych i bezbronnych przechodniów. Wiedzę, jaką posiadamy na temat zwyczajów ludzi mieszkających w Stambule przez ostatnich sto trzydzieści lat, zawdzięczamy wyłącznie twórczości miejscowych pisarzy i felietonistów. To dzięki nim wiemy, co wówczas pito, co jadano, o czym i w jaki sposób mówiono. To oni starali się cywilizować swych czytelników tonem gniewnym i pogardliwym, rzadziej zatroskanym.

Za każdym razem, kiedy czytam reprymendy, dyktowane albo pragnieniem europeizacji, albo przywiązaniem do tradycji, przypomina mi się głos matki pouczającej brata i mnie: „NIE POKAZUJCIE PALCEM!".

16.
Nie chodźcie po ulicach z otwartymi ustami

Poniżej przedstawiam przykłady pereł: przykazań, uwag i skarg, jakie w stutrzydziestoletniej historii stambulskiego dziennikarstwa na setkach tysięcy stron zapisali różni — anonimowi i powszechnie znani — autorzy:

„Nasze stworzone na wzór francuski taksówki konne z powodu stanu naszych dróg na odcinku Beyazıt–Edirnekapı skaczą z kamienia na kamień niczym kuropatwy" (1894).

„Dość już mamy tego, że po każdym deszczu wszystkie miejskie place zamieniają się w sadzawki. Niech ktoś wreszcie zrobi z tym porządek!" (1946)

„Podwyżki sklepowych czynszów i podatków oraz nie kończący się napływ uchodźców doprowadziły do tego, że na naszych promach kłębi się od wszelkiej maści handlarzy. Po sprzedawcach żyletek, obwarzanków, ostryg, jednorazowych chusteczek, kapci, widelców, galanterii, zabawek, wody i lemoniady przybyli nam sprzedawcy słodyczy, podrobów i kebabu" (1949).

„Swego czasu padła propozycja, aby wszyscy nasi woźnice nosili identyczne uniformy. Jakże szykownie wyglądałyby stambulskie ulice, gdyby w końcu wprowadzono ten pomysł w życie!" (1897)

„Do osiągnięć stanu wyjątkowego można zaliczyć przymuszenie *dolmuszów* do zatrzymywania się wyłącznie w wyznaczonych miejscach. Wszyscy mieliśmy już dość dawnej anarchii!" (1971)

„Słusznie zabroniono sprzedaży sorbetów przyrządzonych z owoców i barwników nieznanego pochodzenia" (1927).

„Kiedy widzisz na ulicy piękną kobietę, nie patrz na nią z nienawiścią, jakbyś chciał ją zabić. Powstrzymaj się też od przesadnej pożądliwości. Jeśli napotkasz jej spojrzenie, uśmiechnij się miło i omiń ją, spuszczając wzrok" (1974).

„Zainspirowani opublikowanym w popularnej paryskiej gazecie «Matin» artykułem dotyczącym spacerowania po ulicach, pragniemy przypomnieć tym, którzy nie wiedzą jeszcze, jak się należy zachowywać: nie chodźcie z otwartymi ustami!" (1924)

„Miejmy nadzieję, że po tym, jak władze wojskowe nakazały zamontować nowe taksometry, zarówno taksówkarze, jak i podróżnicy pozbędą się starego zwyczaju ustalania kwoty na gębę i tym samym będziemy mogli zapomnieć o dotychczasowych targach, awanturach i policyjnych interwencjach" (1983).

„Handlarze gumą i prażonym grochem sprzedają dzieciom łakocie w zamian za kawałek złomu, co nie tylko deprawuje najmłodsze pokolenie, ale jest przyczyną rozkradania ulicznych fontann, kranów oraz elementów zadaszenia meczetów i świętych grobowców" (1929).

„Paskudne nawoływania sprzedawców gazu, ziemniaków i pomidorów, a także ich rzężące głośniki sprawiły, że miasto żyje w piekielnym jazgocie" (1992).

„Niedawno zaproponowano, by pozbyć się psów. Gdybyśmy zrobili to szybko i w dwa, trzy dni wywieźli wszystkie na jakąś przeklętą wyspę, wtedy rozgromilibyśmy watahy i uwolnilibyśmy się na dobre od psiej plagi. A tak znów nie sposób przejść ulicą, nie słysząc ich wściekłego ujadania" (1911).

„Tragarze znów ładują na konie ciężar ponad ich siły, a potem okładają je bezlitośnie na samym środku ulicy" (1875).

„Przymykanie oczu na obecność furmanek, które podobno są jedynym źródłem utrzymania biedoty i pod tym pretekstem docierają do najbardziej elitarnych dzielnic, skazuje nasze miasto na niezasłużone katusze" (1956).

„Wszyscy wiemy, jak silne i powszechne jest pragnienie, by w pierwszej kolejności opuścić środek transportu miejskiego. Dlatego tych, którzy skaczą z promu, jeszcze zanim przybije on do przystani Haydarpaşa, nie sposób powstrzymać nawet okrzykami: «Kto pierwszy, ten osioł!»" (1910).

„Od dnia, w którym gazety w celu sprzedaży całego nakładu postanowiły drukować kupony loterii państwowej, przed punktami dystrybucji prasy kłębią się tłumy nie do opisania" (1928).

„Złoty Róg przestał być Złotym Rogiem i zmienił się w fabryczny ściek. Zaśmieciliśmy go wrakami statków, kwasem, smołą i własnymi odchodami" (1968).

„Lokalni reporterzy otrzymują liczne skargi na nocnych stróżów, którzy zamiast obchodzić ulice i pilnować targowisk, drzemią sobie spokojnie w kawiarniach. W wielu dzielnicach wcale nie słychać uderzeń strażniczego kija" (1879).

„Słynny francuski pisarz Wiktor Hugo miał w zwyczaju jeździć po Paryżu na górnej platformie popularnych tam tramwajów konnych i przyglądać się mieszkańcom. Wczoraj uczyniłem to samo w Stambule i stwierdziłem, że mieszkańcy naszego miasta chodzą nieuważnie, rzucają na ziemię bilety, wafle po lodach i ogryzione kolby kukurydzy. Samochody jeżdżą po chodnikach, a ludzie spacerują ulicami. Poza tym całe miasto ubiera się fatalnie — nie z powodu biedy, lecz niechlujstwa i ignorancji" (1952).

„Jeśli po placach i ulicach będziemy się poruszać tak jak na Zachodzie, czyli zgodnie z zasadami kodeksu drogowe-

go, a nie własnym widzimisię, unikniemy zamętu, który tu dzisiaj panuje. Ile osób zna te zasady? To już zupełnie inna sprawa..." (1949)

„Wielkie zegary po obu stronach mostu na Karaköy jak wszystkie inne czasomierze w tym mieście pokazują niewłaściwą godzinę i chodzą według własnego uznania. Sugerują, że prom jeszcze nie przypłynął, torturując biednych ludzi złudną nadzieją" (1929).

„Nadeszła pora deszczowa i ulice zakwitły parasolami. Czy umiemy przechodzić obok siebie, nie wydłubując innym oczu, nie zderzając się jak samochodziki w lunaparku i nie plącząc się niczym zabłąkane pociski po ulicach z powodu zawężonego pola widzenia?" (1953)

„Przez filmy erotyczne, ścisk, autobusy i spaliny nie da się już w ogóle wyjść na Beyoğlu" (1981).

„Kiedy tylko w jakiejś części Stambułu wybucha epidemia, władze miasta obsypują wapnem najbrudniejsze ulice, a hałdy śmieci jak leżały, tak leżą" (1910).

„Jak powszechnie wiadomo, lokalne władze miały usunąć z ulic Stambułu wszystkie psy i osły, a policja — włóczęgów i żebraków. Nie dość, że tak się nie stało, to na miasto spadła kolejna plaga — fałszywi prorocy" (1914).

„Wczoraj spadł śnieg i nie ma już śladu po szacunku dla starszych. Nie można na przykład normalnie wsiąść do tramwaju. Z żalem musimy stwierdzić, że zapomniano o kulturze, której zresztą i tak nigdy tu nie było" (1927).

„Właśnie dowiedziałem się, ile wydano na weselne fajer-werki, które rozbłyskiwały w każdą noc minionego lata. Myślę, że nawet rozbawieni obywatele naszego dziesięciomilio-nowego miasta byliby o wiele bardziej szczęśliwi, gdyby te pieniądze zainwestowano w kształcenie biednych dzieci. Czy nie mam racji?" (1997)

„Pseudofrankońskie budowle, których widok budzi mdło-ści u wszystkich wrażliwych i subtelnych europejskich ar-tystów, psują panoramę Stambułu jak mole piękną tkaninę. Jeśli tak dalej pójdzie, przyczyn tego, że całe nasze mias-to zmieni się w zespół koszmarnych budowli, jak obecnie Yüksek Kaldırım i Beyoğlu, szukać będziemy już nie tylko w pożarach, biedzie i bezsilności, ale także w ciągłej pogoni za nowością" (1922).

17.
Rysowanie

Niedługo po rozpoczęciu szkoły odkryłem radość, jaką dawało rysowanie i malowanie. Chociaż słowo „odkryłem" nie jest dobre. Odnosi się bowiem do czegoś, co czeka na odnalezienie, jak kiedyś Nowy Kontynent. Jeśli zaś we mnie tliło się nawet jakieś zamiłowanie do rysowania czy talent w tej dziedzinie, to nie byłem tego świadomy, dopóki nie poszedłem do szkoły. Właściwie należałoby powiedzieć, że to inni uświadomili mi, jak wiele emocji i satysfakcji daje rysowanie. To, co nazywamy zdolnościami, jest przecież odkryciem nieznanej strony ludzkiej duszy i pewnego kunsztu... Ja sam ich u siebie nie zauważałem.

A może zauważałem, tylko nie przywiązywałem do tego wagi? Malowanie po prostu czyniło mnie szczęśliwym. I to było najważniejsze.

Wiele lat później zapytałem ojca, jak rozpoznał moje zdolności plastyczne. „Narysowałeś kiedyś drzewo — odpowiedział. — I wronę siedzącą na gałęzi. Popatrzyliśmy wtedy z mamą na siebie... Ta wrona wyglądała tak, jakby naprawdę tam przycupnęła".

Nawet jeśli historia ta nie do końca dawała odpowiedź na moje pytanie i nie do końca była prawdą, uwielbiałem ją i chciałem w nią wierzyć. Prawdopodobnie mój rysunek wrony nie był niczym wyjątkowym jak na siedmiolatka, ale ojciec, wieczny optymista, zawsze pewny siebie, całym sercem wierzył, że wszystko, co zrobią jego synowie, musi być nadzwyczajne. I ja sam zacząłem wierzyć, że moje rysunki rzeczywiście są niezwykłe.

Słodkie pochwały, jakie otrzymywałem za swoje dzieła, zrodziły we mnie myśl, że znalazłem mechanizm pobudzający innych do kochania mnie, całowania i podziwiania. Kiedy mi się nudziło, wprawiałem go w ruch i rysowałem. Kupowano mi papier, farby i kredki, a ja bez przerwy coś kreśliłem. Swoje prace najczęściej pokazywałem ojcu, ponieważ zawsze reagował tak, jak chciałem. Patrzył ze zdziwieniem i fascynacją, a potem komentował moje dzieło: „Jak wspaniale narysowałeś tego wędkarza. Wydaje się w złym humorze, bo morze jest takie ciemne. A ten obok to jego syn, prawda? O! I ptaki czekają na ryby. Jak sprytnie!".

Natychmiast biegłem do pokoju, żeby namalować nowy obrazek. Tak naprawdę obok wędkarza miał stać jego kolega, a nie syn, ale wyszedł mi nieco za mały. Miałem już jednak doświadczenie w przyjmowaniu komplementów, dlatego kiedy pokazywałem rysunek matce, mówiłem: „Zobacz, ładnie narysowałem? To wędkarz i jego syn..." „Pięknie, kochanie! Naprawdę bardzo ładnie! — odpowiadała matka. — Ale może odrobiłbyś lekcje..."

Pewnego dnia narysowałem coś w szkole i cała klasa stłoczyła się nagle za moimi plecami. Potem nauczyciel z przerwą między zębami powiesił dzieło na ścianie. Czułem się tak, jakby z moich kieszeni zaczęły nagle wyskakiwać łakocie i zabawki: byłem jak magik, który wyczarowuje króliki i gołębie. Musiałem tylko rysować, a potem zbierać pochwały.

Moje zdolności rozwinęły się na tyle, że można je było nazwać talentem. Zwracałem uwagę na to, w jaki sposób na prostych ilustracjach w książkach, komiksach, karykaturach i szkolnych podręcznikach przedstawiano domy, drzewa i ludzi. Nie rysowałem z natury, ale z pamięci — obrazy na tyle proste, żebym mógł je odtworzyć z wyobraźni. Fotografie czy płótna olejne były zbyt skomplikowane i zupełnie mnie nie interesowały. Lubiłem za to książeczki do kolorowania, które kupowaliśmy z mamą w sklepie Aladyna. Nie kolorowałem ich jednak, tylko studiowałem obrazki, żeby je przerysować. Raz naszkicowany dom, drzewo i ulica zostawały mi w pamięci na zawsze.

Szczególnie lubiłem rysować samotne, stojące na pustkowiu drzewa. Pospiesznie kreśliłem gałęzie i liście, potem kontury gór widoczne między konarami. Na ostatnim planie jeden lub dwa szczyty, a na koniec, inspirowany japońskimi drzeworytami, najwyższe i najbardziej melancholijne wzgórze. Moja ręka doskonale wiedziała, jak prowadzić kreskę. Narysowane ptaki i chmury wyglądały niczym te, które widziałem na innych ilustracjach. Na koniec przechodziłem do najprzyjemniejszej rzeczy: delikatną kreską zaznaczałem śnieg na szczytach gór. Potem dumny z siebie podziwiałem swoje dzieło. Brałem kartkę w dłonie i przesuwając wzrok od prawej do lewej, badałem każdy szczegół. Później odsuwałem ją od siebie, aby ogarnąć spojrzeniem całość. Oto on: piękny rysunek stworzony moimi rękami! Może nie był doskonały, ale to ja go narysowałem i dla mnie był śliczny. Przyjemne było tworzenie go, a potem podziwianie z pewnej odległości, jakbym był kimś obcym, kto patrzy na niego przez okno.

Czasami jednak, analizując dzieło w ten sposób, zauważałem jakiś defekt. Kiedy indziej chciałem jak najdłużej podsycać to podniecenie, jakie czułem, malując. Najlepiej było wtedy dorysować jeszcze jakąś chmurę, kilka ptaków czy liści... I choć po wielu latach zacząłem myśleć, że później dodane szczegóły psują moje dzieła, to wciąż nie mogłem się powstrzymać przed tymi drobnymi interwencjami.

Jaką przyjemność czerpałem z malowania? Chcąc to wyjaśnić, wasz pięćdziesięcioletni autor musi na chwilę zapomnieć o małym chłopcu:

1. Źródłem przyjemności było to, że mogłem tworzyć prawdziwe cuda, za które wszyscy wokół mnie byli wdzięczni. Wcześniej jednak sprawdzałem, czy zyskam w ten sposób pochwały. To oczekiwanie aplauzu stało się nieodłącznym elementem aktu tworzenia, częścią przyjemności.

2. Po jakimś czasie moja ręka i umysł nabrały podobnej wprawy. Kiedy rysowałem drzewo, miałem wrażenie, że samo wychodzi spod mojej dłoni. Patrzyłem wtedy w zadziwieniu na ołówek przemieszczający się po kartce, jakby powstający obrazek był dowodem cudzej obecności, kogoś obcego, kto zamieszkał we mnie. Kogoś mądrego, intrygującego i pełnego twórczego niepokoju. Chciałem wierzyć, że potrafię być tak błyskotliwy i atrakcyjny jak on. Moja uwaga skupiała się na ołówku i na wychodzących spod niego kształtów drzew czy gór. Świadomość, że tworzę coś z niczego, dawała mi olbrzymią pewność siebie. Największą jednak radość sprawiało mi to, że moja dłoń działa samoistnie. W zachwycie odkrywałem własną niezależność i nowe pokłady odwagi, jakbym wychodził z własnego ciała, a na moje miejsce wprowadził się ktoś inny. Ten ktoś sprawiał, że stawałem się kreską i ślizgałem po papierze niczym dzieciak zjeżdżający na sankach.

3. Chwile, w których moja dłoń samodzielnie zaczynała coś kreślić, przypominały momenty zanurzania się przeze mnie w świecie iluzji. Ale w przeciwieństwie do własnych fantazji tych dzieł nie musiałem ukrywać — pokazywałem je z dumą i czekałem na pochwały. Rysowanie było moim drugim światem, którego istnienie nie budziło we mnie poczucia winy.

4. Bez względu na to, jak nierzeczywiste były kreślone przeze mnie drzewa, domy czy chmury, wszystkie odwoływały się do rzeczywistości. Dom na rysunku był moim domem. Czułem, że jestem posiadaczem wszystkiego, co wyszło spod mego ołówka. Te małe odkrycia i wrażenie, że znajduję się we wnętrzu malowanego pejzażu, przenosiły mnie do innego świata i były ucieczką od nudnej codzienności. Akceptowanie tego świata przez dorosłych musiało oznaczać, że nie był on zupełnie nierzeczywisty.

5. Uwielbiałem zapach papieru, ołówków, bloków i farb. Puste karki gładziłem z prawdziwą miłością. Swoje rysunki przechowywałem, wierząc w ich materialną wartość.

6. Odkrywanie własnych przyzwyczajeń i gustów, wzmocnione jeszcze pochwałami otoczenia, utrzymywało mnie w przekonaniu o własnej wyjątkowości. Nie opowiadałem o tym nikomu, ale chciałem, żeby wszyscy to czuli. Rysowanie — podobnie jak fantazjowanie — wzbogacało moje życie i było wytłumaczeniem dla moich ucieczek z zakurzonego, mrocznego świata. Moja rodzina akceptowała nie tylko ten mój nowy wybór, akceptowała moje prawo do niego.

18.
Kolekcja osobliwości Reşata Ekrema Koçu:
Encyklopedia stambulska

Kiedy tylko nauczyłem się czytać, w babcinej bibliotecz-ce znalazłem opasłe tomiszcze wielkości rozłożonej gazety. Stało za przesuwaną, bardzo rzadko otwieraną szybą, obok tomów encyklopedii *Hayat*, pożółkłych powieści dla panie-nek i książek medycznych wuja, który wyjechał do Ameryki. Księga owa nosiła tytuł *Od Osmana I po Atatürka. Panorama sześćsetletniej historii Osmanów* i ogromnie przypadła mi do gustu ze względu na różnorodność tematów oraz bogactwo ilustracji. Kiedy w naszym mieszkaniu robiono pranie, a ja akurat byłem zbyt chory, żeby pójść do szkoły, czy zwyczaj-nie się od tego wymigałem, pędziłem na górę do salonu bab-ki, rozkładałem księgę na biurku wuja i wielokrotnie czyta-łem każdą linijkę. To samo robiłem wiele lat później, kiedy przeprowadziliśmy się już do wynajętego mieszkania i przy-chodziliśmy do babki z wizytą.

Najbardziej lubiłem czarno-białe rysunki, opowiadające historię imperium osmańskiego. W moich szkolnych pod-ręcznikach przedstawiana ona była jako długa seria wojen, zwycięstw, przegranych i paktów, a narracja wpadała w dum-ny, nacjonalistyczny ton. *Od Osmana I po Atatürka...* zaś przypominało raczej listę ciekawostek, dziwnych wydarzeń i jeszcze dziwniejszych postaci — galerię obrazów intrygują-cych, przerażających, a czasem nawet odrażających. W tym sensie podobne było trochę do osmańskiego *Surname*, opi-sującego przemarsz przedstawicieli różnych cechów przed

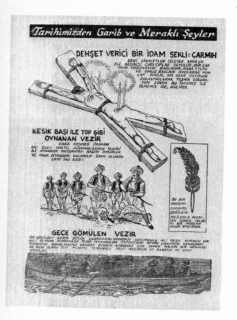

sułtanem, próbujących go zaskoczyć i rozbawić dziwacznymi pokazami. Otwierając księgę, miałem wrażenie, że wchodzę wraz z innymi do środka owej tajemnej historii, siadam koło sułtana i patrzę z jego okna, w miejscu znanym dziś jako Pałac Ibrahima Paszy, na At Meydanı, aby podziwiać bogactwo imperium, popisy różnych rzemieślników ubranych w kolorowe stroje swojego cechu. I może dlatego, że po powstaniu republiki i wielkim modernizacyjnym ożywieniu uwierzyliśmy, że odcięliśmy się od własnych korzeni i staliśmy się częścią „nowej cywilizacji nauki i rozsądku", siedzenie przy nowoczesnym oknie i oglądanie tych dziwacznych, obcych, ale zaskakująco ludzkich przodków z imperialnych czasów, które — jak sądziliśmy — dawno zostały za nami, było takie fascynujące.

Z takim właśnie uczuciem czytałem na przykład, że w osiemnastym wieku podczas ceremonii obrzezania Mustafy, syna sułtana Ahmeta III, pewien linoskoczek balansował na sznurze rozciągniętym między dwoma statkami pływającymi po Złotym Rogu, a potem prędko szukałem odpowiedniej ilustracji. Z tej samej księgi dowiedziałem się również, że nasi przodkowie założyli na Karyağdı Bayırı na Eyüpie specjalny cmentarz dla katów, którzy z racji wykonywanego zawodu nie zasługiwali na pochówek obok zwykłych śmiertelników. I że za panowania Osmana II, w 1621 roku, nastała tak surowa zima, że mróz skuł cały Złoty Róg i część wód cieśniny. Długo wpatrywałem się w rysunek łodzi stojących na płozach i statków uwięzionych między taflami lodu, nie dopuszczając do siebie myśli, że tak jak większość ilustracji w książce ta również dowodzi bardziej siły wyobraźni autora niż prawdy historycznej.

Z wielką radością wracałem do rysunków przedstawiających parę słynnych stambulskich wariatów z czasów Abdülhamita II. Pierwszy z nich, mężczyzna, zawsze chadzał nago (ilustrator narysował go jednak z zasłoniętym przyrodzeniem). Jego konkurentką była Madame Upola, która wkładała na siebie wszystko, co wpadło jej w rękę. Wieść niosła, że kiedy tych dwoje spotkało się gdzieś w mieście, natychmiast rzucało się na siebie i brutalnie dusiło. Dlatego lud stambulski pilnował, by żadne z nich nie weszło na most. (W tamtych czasach istniał tylko jeden drewniany most, Galata, wybudowany w 1845 roku między Karaköy i Eminönü, przed końcem dwudziestego wieku trzykrotnie odnawiany; stambulczycy nazywali go po prostu mostem).

Potem moją uwagę przykuwał rysunek mężczyzny, z koszem na plecach, przywiązanego do drzewa. Z umieszczonej obok notatki dowiadywałem się, że przedstawiał sprzedawcę chleba ukaranego przez gubernatora Hüseyina Beja za to, że zostawił przy drzewie nieszczęsnego konia objuczonego ponad miarę, a sam poszedł grać w karty. Ile wspólnego z prawdą miały te dziwaczne informacje, których źródłem była podobno ówczesna prasa? W piętnastym wieku rzeczywiście obcięto głowę Kara Mustafa Paszy i wysłano ją zbuntowanym *sipahim**, którzy ją sponiewierali, dając upust gniewowi i pretensjom do wezyra. Ale czy komukolwiek przyszłoby wtedy do głowy stwierdzenie, że kopali ją z wściekłości, jakby była piłką? Nie zastanawiałem się nad tym długo, bowiem mój wzrok szybko padał na kolejną intrygującą notatkę. W szesnastym wieku jeden z *sipahich* brutalnie zamordował Ester Kirę, egzekutorkę długów i — jak twierdzono — główną łapowniczkę sułtanki Safiye**, oraz poćwiartował. Wieść głosiła, że fragmenty jej ciała podrzucono potem pod drzwi tych, na których wymuszała łapówki. Z przejęciem i odrobiną strachu patrzyłem na rysunek ręki przybitej do bramy jakiegoś domu.

Przedmiotem fascynacji Koçu — jednego z czterech melancholijnych autorów, o których wspominałem w poprzednich rozdziałach — oprócz opisu makabrycznych detali były też, co przerażało przybyszów z Zachodu, tortury i techniki egzekucji. Czytałem więc, że na Eminönü wzniesiono specjalny budynek, w którym mistrz tortur, zwany Hakiem, wykonywał zasądzone wcześniej wyroki. Rozebrani do naga skazańcy byli związywani, podciągani na specjalnych kołowrotach za ręce, a następnie zrzucani prosto na przymocowany do podestu ostry pal. Poznałem też historię młodego janczara,

---

* *Sipahi* — kawalerzyści imperium osmańskiego.
** Mieszkanki haremu kontaktowały się ze światem zewnętrznym za pośrednictwem kobiet, najczęściej Żydówek, nazywanych *kira*.

który zakochał się w młodziutkiej żonie pewnego imama, porwał ją i dla niepoznaki przebrał za mężczyznę. Schwytanemu najpierw połamano ręce i nogi, a następnie wsadzono go razem z prochem i gałganami w otwór moździerza i wystrzelono w powietrze.

Z tego samego dzieła dowiedziałem się również, na czym polegał „przerażający sposób wykonania kary śmierci": skazanego obróconego twarzą ku ziemi przywiązywano do krzyża, w jego pośladkach i ramionach wydłubywano otwory, w których umieszczano płonące świece, a następnie noszono krzyż po mieście jako przestrogę dla reszty mieszkańców. Kiedy patrzyłem na półnagą postać torturowanego mężczyzny, czułem erotyczny dreszcz i przyjemność na myśl o tym, że historia Stambułu była zbiorem takich przerażających, pełnych przemocy i śmierci scen, ukazywanych na ponurych, czarno-białych ilustracjach.

Reşat Ekrem Koçu początkowo nie planował wydania tego oryginalnego zbioru w formie książkowej — powstawał on jako seria czterostronicowych dodatków do gazety „Cumhuriyet", ukazujących się w 1954 roku pod tytułem „Osobliwe i zaskakujące momenty naszej historii". Koçu nie po raz pierwszy próbował zainteresować czytelników niezwykłościami, które wymieszał z wiedzą encyklopedyczną i historyczną, a następnie doprawił własnoręcznie wykonanymi czarno-białymi ilustracjami. Jego pierwszym tego rodzaju przedsięwzięciem była *Encyklopedia stambulska*, którą zaczął wydawać w 1944 roku i z braku funduszy skończył w 1951 — na literze B, na tysięcznej stronie i czwartym tomie.

Dzieło to — o którym z dumą mówił, że jest „pierwszą na świecie encyklopedią jednego miasta" — usiłował wskrzesić siedem lat później, rozpoczynając znów od pierwszej litery alfabetu. Ale w obawie, że jego wyjątkowa księga znów nie

zostanie ukończona, pięćdziesięciodwuletni Koçu postanowił zamknąć ją w piętnastu tomach i nadać jej bardziej popularny charakter. Wtedy nie wstydził się już swoich słabości, uprzedzeń ani fobii. Dlatego w drugiej *Encyklopedii*, która zaczęła się ukazywać w 1958 roku, a przestała w 1973 (liczyła wtedy jedenaście tomów, ale nie wyszła poza literę G), nie ukrywał swoich sympatii i zainteresowań. To bez wątpienia najdziwniejsze i najbardziej błyskotliwe dzieło poświęcone Stambułowi, jakie powstało w dwudziestym wieku. Dla garstki stambulczyków stało się nawet książką kultową. Do dzi-

siaj uwielbiam otwierać je na chybił trafił i czytać pierwsze z brzegu hasło. Chcąc zrozumieć znaczenie *Encyklopedii*, należy poznać nieco bliżej jej autora.

Reşat Ekrem Koçu jest jedną z tych szczególnych postaci, które na początku dwudziestego wieku wykreowały obraz Stambułu jako miasta zranionego i przesiąkniętego smutkiem. *Hüzün* definiował całe życie pisarza, był kluczem do jego książek i skazał go na samotny kurs, który mógł się zakończyć tylko porażką. Ale jak wszyscy autorzy piszący w podobnym duchu Koçu nie traktował go jak głównego tematu i nie poświęcał mu zbyt wiele miejsca. Był daleki od szukania źródeł swej melancholii w historii, własnej rodzinie czy mieście — uznawał ją za cechę wrodzoną. Nie tylko nie akceptował myśli, że to Stambuł może być przyczyną jego wycofania i zamknięcia w sobie, ale był nawet skłonny twierdzić, że tylko to miasto może dać mu pociechę.

Urodził się w 1905 roku w stambulskiej nauczycielsko- -urzędniczej rodzinie. Jego matka była córką paszy, ojciec pracował jako dziennikarz. Całe dzieciństwo Koçu upłynęło pod znakiem wojen, porażek i migracji, które wyniszczyły państwo osmańskie, przez dziesiątki lat dręczyły Konstantynopol i skazały jego mieszkańców na życie w nędzy. Do tych zdarzeń wrócił w swoich książkach, opisując wielkie pożary, sprzedawców pączków, bójki uliczne, życie podmiejskich dzielnic i wnętrza greckich tawern. Wspominał, że jego dzieciństwo upłynęło w nadmorskiej rezydencji, która potem została spalona jak inne *yalı**.

Kiedy Reşat Ekrem miał dwadzieścia lat, jego ojciec kupił drewniany *köşk*** w Göztepe. Tu pisarz spędził większość swego życia. Był świadkiem powolnej agonii pałacyków i rozpadu znamienitych stambulskich rodów. Rezydencję sprzedała rodzina, gdy jej status mocno podupadł, nadwerężony wewnętrznymi sporami. Pisarz jednak nigdy nie opuścił tych okolic i do końca mieszkał w Göztepe.

Kiedy imperium osmańskie upadło, leżąca u podstaw nowej republiki ideologia tłumiła wszelkie wspomnienia i zasiała w ludziach nawyk patrzenia na dawne czasy z podejrzliwością. Wtedy Koçu podjął najważniejszą decyzję w swoim życiu: rozpoczął studia historyczne, a po ich ukończeniu zo-

---

* *Yalı* — charakterystyczne dla Turcji nadbosforskie wille, rezydencje, najczęściej drewniane.
** *Köşk* — niewielka rezydencja, pałacyk, pawilon.

stał asystentem na wydziale, gdzie wykładał jego ukochany profesor Ahmet Refik. Wybór ten był manifestacją jego melancholijnej, zapatrzonej w przeszłość duszy.

Starszy od Koçu o dwadzieścia pięć lat, urodzony w 1880 roku w Stambule, Ahmet Refik zasłynął dzięki serii artykułów *Życie w dawnych wiekach imperium osmańskiego*, zebranych potem — podobnie jak wspomniana encyklopedia — w jednym tomie, które uczyniły go pierwszym współczesnym historykiem miasta. Pomiędzy wykładami na uniwersytecie analizował potwornie zakurzone dokumenty osmańskie, zgromadzone w archiwum państwowym. Wędrował od biblioteki do biblioteki, czytając ciekawe i zadziwiające rękopisy osmańskich kronikarzy, a dzięki literackim talentom z pospiesznie przejrzanego materiału od ręki tworzył kolejny artykuł lub książkę. Był też cenionym poetą i librecistą. Swego ucznia ujął umiejętnością łączenia historii i literatury, wynajdywania intrygujących dokumentów, publikowania ich w prasie, a także wielką pasją czytelniczą, staraniami, aby historia stała się nauką przystępną i wciągającą, oraz niekończącymi się wieczornymi dyskusjami przy alkoholu. Kiedy w wyniku reform uniwersyteckich w 1933 roku Refik stracił prestiżową posadę, Koçu mocno to przeżył. Sympatyzujący z Partią Wolności i Sprzeciwu, opozycyjną wobec Atatürka, a także nazbyt przywiązany do historii promotor pociągnął za sobą wiernego ucznia: wkrótce Koçu również stracił stanowisko (w czasie owej reformy mój dziadek ze strony matki został usunięty z wydziału prawa tej samej uczelni).

Koçu zamartwiał się losem ukochanego mentora, który, popadłszy w niełaskę, musiał zmagać się z biedą, ostracyzmem i samotnością, wyprzedawał po kolei całą bibliotekę, by mieć czym zapłacić za lekarstwa, i po pięciu latach umarł w nędzy. W momencie śmierci większość z jego dziewięćdziesięciu książek nie trafiła jeszcze do drukarni. Czterdzieści lat później podobny los miał spotkać jego ucznia...

W jednym z tekstów Koçu ze smutkiem wspomina swojego mistrza, jednocześnie poetycko powracając do czasów własnej młodości: „W owych próżnych latach dziecinnych byłem jak błystka zanurzana w wodach Bosforu i wyciągana z nich przez wędkarza stojącego na pomoście naprzeciwko naszego *yalı*". Był szczęśliwym jedenastolatkiem, kiedy po raz pierwszy wziął do ręki książkę Refika i zanim to miasto uczyniło go tak smutnym jak własna historia. Wspomnienia beztroskiego, utraconego dzieciństwa w jednym z domów, które niebawem miały spłonąć, mieszają się tu z dojmującą stambulską melancholią. Ale Reşat Ekrem prócz świadomości życia w zubożałym kraju z garstką czytelników, w pełnym smutku mieście miał jeszcze jeden ważny powód, by przywdziać

maskę melancholika: był homoseksualistą, który musiał jakoś przetrwać w Stambule na początku dwudziestego wieku.

Dlatego najbardziej niezwykłe jest to, jak te pragnienia ujawniają się na stronach jego nierzadko pełnych przemocy i erotyzmu powieści, a jeszcze wyraźniej w *Encyklopedii stambulskiej*. W rzeczywistości Reşat Ekrem Koçu był odważniejszy niż jego współcześni. Nigdy nie pomijał okazji do wyrażenia zachwytu nad urodą młodych mężczyzn i chłopców. Dowiadujemy się na przykład, że *iç oğlanı** Sulejmana Wspaniałego, niejaki Mirialem Ahmet Ağa, był „niczym smok ludzkiego rodzaju, a każde jego ramię wyglądało jak gałąź platanu". Fryzjer Cafer natomiast to młodzian, którego powab opisał Evliya Çelebi w *Şehrengizie** poświęconej urokom stambulskich rzemieślników. Kolejne hasło w encyklopedii dotyczyło sprzedawcy starzyzny Yetima Ahmeta, który był „świeżuteńkim, piętnasto-, a może szesnastoletnim bohaterem pewnej stambulskiej legendy". Koçu kazał swoim ilustratorom stworzyć wizerunek obdartego chłopaka i pisał o nim tak: „Chociaż to bosy chłopaczyna w połatanych szarawarach i dziurawej koszulinie, nie sposób pozostać obojętnym na jego czar; był czysty niczym diament i zgrabny jak trzcina; miał brwi delikatnie zarysowane niczym *tuğra*; przypominał strojnego żurawia, a jego śniada skóra skrzyła się złotem; kokietował spojrzeniem i słowem".

Koçu, podobnie jak poeci dywanowi, pilnował, aby wizerunki bosych herosów były zgodne z obowiązującą konwencją i obyczajami, ale jego rozdarcie między własnymi przyzwyczajeniami i powszechnie przyjętą normą widać w każdym

---

* *Iç oğlanı* — paź, chłopiec kształcony w szkole pałacowej sułtana do pełnienia w przyszłości ważnych funkcji.

** *Şehrengiz* — utwór opisujący urodziwych młodzieńców (najczęściej rzemieślników) jakiegoś miasta.

edilemedi (Mart 1965).

ÇUBUK — «İnce ve uzun değnek; düz dal» (H. Kâzım, Büyük Türk Lûgatı). Sigara kâğıdı kullanılmasından önce, tütünün lüle içinde yakılarak, dumanının içi oyulmuş bir çubuk ile içildiği devirde o çubuklara «tütün çubuğu» ve ekseriya sâdece «çubuk» denilirdi; dolayısı ile tütün içmeye «çubuk içmek», tütün ikramına «çubuk ikram etmek», «çubuk çıkarmak», «çubuk

cezâsı yakalandığı anda idâm olmak üzere çok şiddetli tütün yasağı çıkdığında ölüm göze alınmış, tütün - çubuk içilmişdir (B.: Tütün; Cibâli Yangını - 1633, cild 7, sayfa 3555); o amansız yasak devrinde yazılmış aşağıdaki beyit o devrin rind meşreb şeyhülislâmı ve asrının büyük şâiri Yahya Efendinindir:

Duhan içüb o şehle, dimeyin râyegândır bu
Virin biçâreler can nakdini, resmî duahandır bu

Zerâfetini zedelemeden bugünkü dile şöylece çeviririz: «O güzeller şâhı ile tütün içmek bedava, kolay değil, tütün vergisi olarak can kondu, verin biçâreler!...».

O asrın, o devrin adamı olan müverrih Peçevili İbrahim Efendi ilk tütün, çubuk tiryakilerini şöyle tasvir ediyor:

«Ehli keyf mübtelâsı oldu, giderek keyf ehli olmayanlar da kullandılar, hattâ kibar ulemadan ve devlet ricâlinden niceleri ol ibtilâya uğradı. Kahvehânelerde erâzil ve evbâşın tütünü kesreti istimâlinden kahvehâneler gök

fragmencie *Encyklopedii*. Pod hasłem „*civelek*"* ze szczegółami opisuje młodych, pozbawionych owłosienia chłopców oraz więzi łączące ich z „rosłymi janczarami", którzy chętnie brali pięknych młodzieńców pod swoje opiekuńcze skrzydła. Natomiast „*civan*" dotyczy według niego „nadobnych młodzieńców opiewanych w literaturze dywanowej" i jest określeniem wyłącznie „świeżych i ponętnych chłopców".

W pierwszych tomach temat młodzieńczej urody jest pieczołowicie łączony z zagadnieniami z zakresu historii, kultury i literatury, w kolejnych Koçu przestaje szukać pretekstów i wychwala piękne młodzieńcze nogi dla samych nóg.

---

* *Civelek* — dosł. żywy, wesoły; także określenie chłopca, który wstępował do korpusu janczarów.

Z artykułu poświęconego pewnemu „bardzo przystojnemu" Chorwatowi, niejakiemu Dobrilowiciowi, dowiadujemy się, że młodzieniec ów był marynarzem na statku należącym do Şirketi Hayriye*. 18 grudnia 1864 roku, kiedy łódź przybijała do portu Kabataş, noga chłopaka utknęła między burtą a pirsem, a następnie, odcięta, razem z obuwiem wpadła do wody. „Straciłem but!" — podobno w ten sposób na wypadek, który przerażał każdego mieszkańca Stambułu, zareagował młody marynarz...

Chcąc móc bezkarnie rozpisywać się na temat uroclziwych chłopców, młodych mężczyzn i bosych pacholąt, Koçu musiał poznać dokładnie historię imperium, jego *şehrengizy* i legendy. W bibliotekach, do których nikt nie zaglądał, wertował zapomniane rękopisy, *divany***, dziwaczne woluminy osmańskie, księgi wróżb, *surname* i dziewiętnastowieczne gazety (to w jednej z nich napotkał informację o przystojnym Chorwacie).

W ostatnich latach życia mocno już postarzały Koçu z żalem i złością uświadomił sobie, że planowanych piętnaście tomów encyklopedii nie pomieści wszystkich jego notatek i tym samym jego dzieło znów nie zostanie ukończone. Dlatego w pewnym momencie przestał szukać uzasadnienia dla swoich historii. Pod byle pretekstem tworzył kolejne rozdziały i uwieczniał w nich najrozmaitsze typy uroclziwych mężczyzn napotkanych na ulicy, w tawernach, kawiarniach czy kasynach, chłopców sprzedających gazety (których uwielbiał) oraz zadbanych studentów sprzedających w czasie świąt znaczki Tureckiego Towarzystwa Lotniczego. Na przykład cały rozdział umieszczony na 4767 stronie dziewiątego

---

  * Şirketi Hayriye — pierwsza turecka spółka akcyjna założona w 1851 r., zajmująca się transportem morskim na Bosforze.
** *Divan* — zbiór wierszy, dywan poezji.

tomu, który ukazał się dziesięć lat po publikacji pierwszego, sześćdziesięciotrzyletni wówczas Koçu poświęcił pewnemu czternasto-, piętnastoletniemu akrobacie poznanemu na przełomie 1955 i 1956 roku.

Chłopak występował na letniej scenie teatru And w Göztepe: „Miał białe trzewiki, białe spodnie i takiż podkoszulek z wyhaftowaną gwiazdą i półksiężycem. Kiedy pojawił się na scenie w króciuteńkich białych szortach, natychmiast znać było jego klasę oraz doskonałe wychowanie. W niczym nie ustępował podobnym mu europejskim młodzianom".

W dalszej części nasz encyklopedysta wyjaśnia, iż po występie chłopak ruszył z tacą po napiwki, co bardzo go zasmuciło. Zobaczywszy jednakże, że mimo wcześniejszych owacji taca świeciła pustką, poczuł ulgę. Świadczyło to bowiem o tym, iż młodzieniec nie był natarczywy ani zuchwały i nie domagał się datków. Koçu, który miał wtedy pięćdziesiąt jeden lat, z żalem wyznaje, że choć czternastolatek ofiarował mu swoją wizytówkę, na żaden z otrzymanych listów nie odpisał. Dlatego nie można było napisać w *Encyklopedii* co ów chłopak porabiał przez dwanaście lat, jakie upłynęły od tamtego występu do momentu powstawania hasła.

Cierpliwi i zaintrygowani czytelnicy, którzy wciąż kupowali kolejne tomy encyklopedii, w latach sześćdziesiątych przestali widzieć w niej obszerne dzieło porządkujące wiedzę na temat Stambułu, ale traktowali ją jak magazyn pełen ciekawych i egzotycznych historyjek z życia miasta. Pamiętam, że w mojej młodości kolejne jej tomy w wielu domach leżały na półce obok zwykłych tygodników. Sława autora nie dorównała nigdy sławie jego monumentalnego dzieła. W Stambule lat sześćdziesiątych dwudziestego wieku nie do zaakceptowania były jego fascynacje, uprzedzenia i sentymenty.

Pierwsze wydanie *Encyklopedii stambulskiej* i początkowe woluminy drugiego powstawały we współpracy z wieloma

ówczesnymi wybitnymi ludźmi pióra, profesorami i zapaleńcami. Działali oni z zamiarem stworzenia dzieła naukowego. Ale wraz z upływem czasu ich liczba malała, a główny twórca pomysłu coraz bardziej oddawał się własnym fantazjom i pasjom. Pewnie dlatego za każdym razem, kiedy na chybił trafił przeglądam tomy tego dzieła, czuję się jak podróżnik wyruszający na przedziwną wyprawę...

Odnoszę wrażenie, że smutek Koçu bardziej wynika z jego niewesołego dzieciństwa spędzonego w mrocznych nadmorskich pałacykach niż z upadku imperium i wszechobecnej stambulskiej melancholii. Naszego encyklopedystę można porównać do kolekcjonera, który wskutek jakiejś traumy doznanej za młodu odsuwa się od ludzi, by żyć wśród przedmiotów. Ale Koçu nie był typowym zbieraczem — nie kolekcjonował rzeczy, tylko dziwne informacje o swoim mieście. Jak wielu zachodnich hobbystów, nie mających pojęcia, czy ich kolekcja trafi kiedyś do muzeum, czy się rozpadnie, nie miał w głowie żadnego planu, gdy po raz pierwszy poczuł przymus jej tworzenia: zaczął po prostu zbierać fakty, które dostarczały informacji o Stambule.

Kiedy zrozumiał, że zbioru tego nigdy nie uda mu się zamknąć, niczym muzealnik musiał odkryć jego materialną wartość. Profesor Semavi Eyice, historyk sztuki specjalizujący się w dziełach bizantyjskich i osmańskich, który znał Koçu od 1944 roku i był autorem wielu haseł encyklopedii, po śmierci przyjaciela wielokrotnie opisywał jego gigantyczną bibliotekę, fiszki składowane przez lata w kopertach, wycinki prasowe, fotografie, ilustracje, teczki i — teraz zaginione — zeszyty pełne notatek sporządzonych na podstawie wieloletniej lektury dziewiętnastowiecznych gazet. Kiedy spotkałem się z nim osobiście, wyjawił mi, że Koçu przygotowywał również obszerny zbiór informacji o intrygujących i tajemniczych morderstwach popełnionych przed laty w Konstantynopolu.

Gdy pod koniec życia zgorzkniały i poirytowany Koçu zorientował się już, że nie dokończy swojej pracy, powiedział Eyicemu, że któregoś dnia spali ten cały dorobek w ogrodzie. Tylko prawdziwy kolekcjoner, jak Utz, mógłby się zdobyć na taki czyn. Bohater powieści Bruce'a Chatwina, przez jakiś czas pracownik domu aukcyjnego Sotheby's, w chwili gniewu rozbił cały swój zbiór porcelany... Koçu jednak w końcu zapanował nad gniewem, chociaż sprawy mogłyby się potoczyć zupełnie inaczej. Produkcja kolejnych tomów encyklopedii ostatecznie ustała w 1973 roku. Dwa lata wcześniej Koçu wywołał karczemną awanturę ze swoim bogatym wspólnikiem, któremu nie w smak było ciągłe rozrastanie się książki i mnożenie niepotrzebnych haseł. Konsekwencją tej

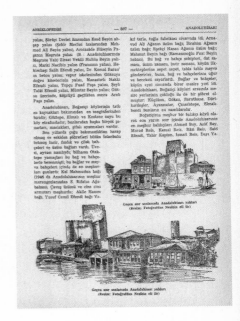

kłótni było zamknięcie pracowni na Babıali i przeniesienie wszystkich zbiorów do mieszkania pisarza w Göztepe. Niezdolny do wyciągnięcia wniosków z tej smutnej historii ani oddania części materiałów do muzeum, Koçu spędził ostatnie lata życia w mieszkaniu wypchanym po brzegi stertami papierzysk i fotografii.

Po śmierci siostry sprzedał wybudowany przez ojca dom, ale nie potrafił wyprowadzić się z Göztepe. Jedyną bliską mu wtedy osobą był Mehmet, samotny chłopiec mieszkający na ulicy, jak ci, których Koçu opisywał w encyklopedii. Pisarz spotkał go przypadkiem, zaprosił do siebie i traktował jak syna. Po latach Mehmet założył własny dom wydawniczy.

Encyklopedię stambulską współtworzyło razem z Koçu ponad czterdziestu przyjaciół — najczęściej historyków, jak wspomniany już Semavi Eyice, i literatów — którzy przez trzydzieści lat nie otrzymali żadnego wynagrodzenia. Wszystkich łączyła wielka miłość do miasta.

Sermet Muhtar Alus, autor wspomnień i anegdot pełnych szczegółowych opisów dziewiętnastowiecznego Stambułu, a także Osman Nuri Ergin, twórca monografii Prefektury Stambulskiej i wydanego w 1934 roku przewodnika, a także założyciel i fundator Biblioteki Miejskiej, należeli do najstarszej generacji autorów i nie dożyli nawet edycji pierwszego tomu dzieła. Młodsi zaś oddalili się od Koçu, jak twierdzi Eyice, na skutek jego kaprysów. Dlatego w miarę upływu lat długie dyskusje w pracowni i w stambulskich tawernach stawały się coraz rzadsze.

Między rokiem 1950 a 1970 redaktorzy encyklopedii spotykali się wieczorami w pracowni, skąd następnie przenosili się do którejś z tawern w Sirkeci. Byli ostatnimi przedstawicielami męskiej kultury osmańskiej, świata, w którym dyskurs i rozmowa o literaturze były niedostępne dla kobiet. Przypominali trochę poetów dywanowych: każda strona ich wspólnego dzieła jest manifestacją owej tradycjonalistycznej i mizoginistycznej postawy, która każe mówić o kobietach językiem ogólnikowym i symbolicznym, a erotykę traktuje jak coś dziwnego, grzesznego, brudnego, niecnego, oszukańczego i poniżającego zarazem. Cielesność to słabości, wina i upokorzenie...

Przez trzydzieści lat trwania historii *Encyklopedii stambulskiej* może dwa lub trzy razy zdarzyło się, że autorem hasła była kobieta. W końcu te wszystkie kawiarniane męskie spotkania przekształciły się w rytuał stanowiący nieodłączny element pisarsko-wydawniczej pracy, sam w sobie zasługujący na to, by stać się hasłem w kompendium.

Kiedy przyszło do pracy nad hasłem „życie nocne", Koçu wymienił wszystkich poetów, którzy tak jak on nie potrafili minąć napotkanej tawerny. I znów, korzystając z pretekstu, wychwalał usługujących w tych lokalach chłopców, *sakich**, długo rozpisując się na temat ich strojów, urody, kultury i zwinności, a potem za największego kronikarza wieczornych rozrywek uznał Ahmeta Rasima, którego wytworna i godna miłość do Stambułu oraz talent do ukazywania prawdziwego życia miały na niego taki wpływ jak jego nauczyciel i mentor Ahmet Refik.

Wspomnienia Rasima nie są cząstką osobistego życia, ale intrygującym elementem naszej wspólnej przeszłości. Z niezmiennym zapałem rozprawiał o wiecznie zmieniających się miejskich zwyczajach, modach i obrzędach. Koçu wielokrotnie wykorzystywał jego stambulskie historie opowiadające o miłości, zdradach i romansach, zawsze pełne intryg i perfidii, romantyzmu i egzotyki. Wiele z nich znalazło się na kartach encyklopedii, część opublikował osobno w felietonach pisanych „na podstawie innych dokumentów" (dwa najlepsze z nich to: *Co się wydarzyło w Stambule na Drodze Miłości* i *Tawerny stambulskie, ich egzotyczni tancerze i chłopcy jak dziewczęta*). W latach sześćdziesiątych tureckie prawo autorskie było na tyle liberalne, że garściami czerpiący z dorobku swego mistrza Koçu nie musiał czuć żadnych wyrzutów sumienia. Usprawiedliwia go to, że być może — wiedziony złudzeniem oddanego sprawie kolekcjonera — setki wycinków prasowych i fragmentów artykułów, które wyszły spod pióra tamtego, po pewnym czasie uznał za własne.

Czterdzieści lat dzielące przyjście na świat Ahmeta Rasima (1865) i Reşata Ekrema Koçu (1905) to czas, w którym Stambuł przeżywał narodziny pierwszych lokalnych gazet, wielką gorączkę europeizacji za rządów Abdülhamita i po-

---

* *Saki* — podczaszy, chłopiec podający wino.

lityczne naciski, otwarcie uniwersytetów, opozycyjny i wydawniczy ruch młodoturków, fascynację literaturą Zachodu, publikacje pierwszych tureckich powieści, wielkie migracje ludności i straszliwe pożary. Ale tym, co dzieliło tych dwóch ekscentrycznych pisarzy, nawet bardziej niż owe przemiany historyczne, był ich stosunek do zachodniej poetyki. Rasim, który w młodości bezskutecznie próbował tworzyć zgodnie z europejską modą, jako dojrzały pisarz uznał tę swoją fascynację Zachodem wyłącznie za ślepe naśladownictwo, bufonadę czy — jak mawiał — próbę sprzedaży ślimaków na muzułmańskiej ulicy. Co więcej, według niego oryginalność, dążenie do nieśmiertelności oraz bałwochwalczy kult artystów są zbyt zachodnie, sztuczne i obce, dlatego należy raczej kultywować skromny, surowy styl pisarza derwisza. Swoje artykuły pisał tak, jak mu w duszy grało, i po to, by zarobić na chleb. Czerpiąc natchnienie z wiecznej energii swojego miasta, nie zaprzątał sobie głowy sztuką wysoką ani dążeniem do sławy.

Koçu zaś do końca życia nie uwolnił się od zachodnich form: mając obsesję na punkcie europejskich systemów klasyfikacyjnych, patrzył na sztukę i naukę oczyma mieszkańca tamtego regionu. Dlatego miał trudności z pogodzeniem własnych sympatii, fascynacji i słabości z zachodnimi ideami. Mieszkał w Stambule, co ograniczało jego dostęp do perwersyjnej miłosnej literatury zachodniej, rozwijającej się na marginesie kultury. Ale nawet jeśli ją znał, był związany z tradycją osmańską, która nie przewidywała dla pisarzy miejsca drugorzędnego ani wypaczonej twórczości undergroundowej, lecz w centrum społeczeństwa, zaangażowanych w konstruktywny dialog z ośrodkami kultury i władzy.

Początkowo Koçu chciał uzyskać tytuł profesorski, jednak po wydaleniu z uczelni całkowicie poświęcił się pracy nad encyklopedią. Pragnął, aby dzieło w sposób naukowy usankcjonowało osobiste dziwactwa swego twórcy, przydając mu autorytetu.

A przecież artyści osmańscy nie widzieli najmniejszej potrzeby ukrywania własnych słabości. Nawet jeśli dotyczyły młodych i pięknych chłopców. W popularnych w siedemnastym i osiemnastym wieku *şehrengizach* sławili uroki miasta równie chętnie jak stambulskich *mahbupów**. Co więcej, w utworach tych wersy poświęcone urodzie ciała ludzkiego swobodnie przeplatały się z wersami opisującymi piękno Stambułu i jego pomników. Wystarczy rzucić okiem choćby na *Seyahatname* Evliyi Çelebiego. Jeśli przestaniemy zwracać uwagę na dyskretne zabiegi cenzorskie i skróty poczynione z inicjatywy nowoczesnego tureckiego państwa, zobaczymy, że nawet ten najbardziej klasyczny twórca osmański, opisując różne miasta, obok domów, meczetów, klimatu, wody czy dziwnych lokalnych zwyczajów wychwala powaby lokalnych *mahbupów*.

Reşat Ekrem Koçu był jednak świadom, iż modernizacja i europeizacja kraju, niosąca z sobą reżim, kontrolę, centralizację i homogenizację w wielu dziedzinach, w tym także w literaturze, zamknęła przed nim możliwość ujawniania własnych dziwactw, obsesji i „upodobań seksualnych, nieakceptowanych przez mieszczańską moralność". Postanowił więc wydać s w o j ą encyklopedię....

Oprócz odwagi, która wywołuje mój szczery podziw, Koçu miał jednak dość nietypowe wyobrażenie na temat encyklopedii w ogóle. W książce *Od Osmana I po Atatürka*, wydanej po wstrzymaniu prac nad pierwszą wersją encyklopedii, Koçu wspomina o *Adżaib al-Mahlukat*, średniowiecznym dziele

---

* *Mahbup* — kochanek, sprzedający swoje ciało mężczyznom.

Zakariji z Kazwinu*, przełożonym z arabskiego w piętnastym wieku, pomyślanym jako wykaz osobliwych stworzeń. Dzieło nazywa „rodzajem encyklopedii", dowodząc tym samym dwóch rzeczy. Po pierwsze — z nieco nacjonalistyczną dumą — iż kultura osmańska znała doskonale tego typu twórczość, jeszcze zanim dostała się pod silne wpływy europejskie. Po drugie, że encyklopedia jest czymś więcej niż alfabetycznie uporządkowanym zbiorem przypadkowych faktów. Można więc odnieść wrażenie, iż według Koçu nie ma różnicy między faktami a historiami, że w takim dziele nie musi istnieć żaden szczególny porządek, zależność czy logiczna hierarchia rządząca zgromadzoną w nim wiedzą. Koçu zdawał się nie rozumieć, że niektóre hasła powinny być obszerniejsze, a innych w ogóle nie należy zamieszczać i że właśnie to nie historia służy jemu, ale on historii. Pod tym względem przypominał bezsilnego historyka z książki Nietzschego *O pożytkach i szkodliwości historii dla życia*. Skupiając się na szczegółach z przeszłości, zmieniał on dzieje miasta we własną historię.

Koçu był bezsilny, ponieważ — jak kolekcjoner, który ocenia wartość przedmiotów nie według ich rynkowej ceny, lecz na podstawie swojego stosunku do nich — przywiązywał się do każdej opowieści znalezionej w prasie, bibliotekach i osmańskich dokumentach. Szczęśliwy zbieracz natomiast (zazwyczaj w „europejskim" typie) potrafi uporządkować swą kolekcję — bez względu na to, z jakich pobudek ją stworzył — w taki sposób, żeby logika klasyfikacji była łatwa do zrozumienia, a związki między przedmiotami jasne. Służą temu najczęściej muzea, lecz za czasów Koçu nie istniała w Stambule instytucja zainteresowana prywatnymi zbiorami (zresz-

---

* Al-Kazwini — autor dzieła o anomaliach natury i astronomii *Adżaib al--Mahlukat* — „Dziwy stworzeń".

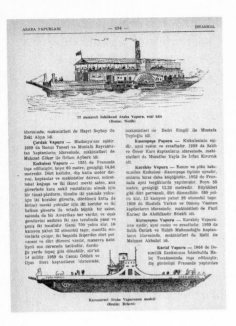

tą dziś także trudno by ją znaleźć). Ale *Encyklopedia stambulska* nie tyle nadawałaby się do muzeum, ile raczej do pokoju osobliwości, które były tak popularne pomiędzy szesnastym i osiemnastym wiekiem. Lektura haseł przypomina zaglądanie przez szybę na półkę kredensu, gdzie leżą muszle, kości dziwnych zwierząt czy najróżniejsze kruszce, zawsze wywołujące u widzów zdumienie i uśmiech.

Miłośnicy książek z mojego pokolenia właśnie takim uśmiechem reagują na każdą wzmiankę o *Encyklopedii stambulskiej*. Ponieważ od jej publikacji upłynęło pół wieku, a my lubimy myśleć o sobie, że jesteśmy bardziej europejscy i nowocześni niż Koçu, robimy grymas, gdy wypowiadamy na głos słowo „encyklopedia". Ale uśmiech ten oznacza również zrozumienie i sympatię dla pełnego naiwności optymizmu autora, który wierzył, że może wziąć to, czego wypracowanie zajęło zachodniej cywilizacji całe wieki, i wykorzystać na swój specyficzny sposób, a także dumę, że oto rozdarty między nowoczesnością i przeszłością Stambuł doczekał się dzieła, którego oryginalność i wewnętrzna anarchia nie poddają się żadnej klasyfikacji ani rygorowi. I dotyczyło to nie jednego, ale aż jedenastu wyjątkowych tomów!

Zdarzało mi się spotkać ludzi, którzy z tego czy innego powodu musieli wszystkie tomy przeczytać. Był wśród nich mój przyjaciel, historyk sztuki, prowadzący badania nad zburzonymi siedzibami zakonów, oraz naukowiec szukający mało znanych stambulskich *hamamów*. Po rytualnej wymianie pełnych zrozumienia uśmiechów zaczynaliśmy odczuwać głębokie pragnienie podzielenia się swoimi spostrzeżeniami. Pierwszego z nich pytałem na przykład, czy przeczytał już, że przy wejściu do męskiej części każdego *hamamu* siedział człowiek zajmujący się łataniem butów i cerowaniem ubrań klienteli. Ten zaś odpowiadał mi pytaniem, dlaczego na pewną odmianę śliwki mówiło się „śliwka zakonna". I po odpowiedź odsyłał mnie do hasła „śliwki zakonne Eyyubsultan". Na to ja, kartkując kolejny tom, pytałem, kim był Ferhad marynarz (odpowiedź brzmiała: odważnym marynarzem, który w 1958 roku wskoczył do morza i uratował tonącego siedemnastolatka).

Potem rozprawialiśmy o tym, jak w 1961 roku Cafer Albańczyk, gangster z Beyoğlu, zamordował ochroniarza swego śmiertelnego rywala (artykuł *Zabójstwo na Dolapdere*) albo o kawiarni „Domino", opisanej pod tym samym tytułem, do której chętnie zaglądali miłośnicy domina — głównie Grecy, Ormianie i Żydzi. W tym momencie pogawędka zbaczała na inne tory i przywoływała pełne tęsknoty wspomnienia... Kiedy byłem dzieckiem, w naszym domu często grywano w domino, a w większości sklepów z zabawkami, tytoniem czy artykułami papierniczymi w Nişantaşı i Beyoğlu można było bez problemu kupić odpowiedni zestaw. Innym razem wspominaliśmy opisanego w encyklopedii Don Adama (który w młodości został poddany estetycznej operacji obrzezania, a potem wędrował od miasta do miasta, próbując — ku uciesze kupców anatolijskich — wyswatać swoich pięć córek) lub popularny wśród zagranicznych turystów w połowie dziewiętnastego wieku Hotel „Imperial" w Beyoğlu. Rozmawialiśmy o tym, jak z czasem zmieniało się w Stambule znaczenie słowa „sklep" (czytając oczywiście odpowiedni artykuł).

I chociaż punktem wyjścia naszych dyskusji zawsze była encyklopedia, z uśmiechu, który nie znikał z naszych twarzy, można było wnioskować, że wszystkie te emocje i ukryty podziw w rzeczywistości odnosiły się do jej autora. Po pewnym czasie ogarniał nas smutek. Wiedzieliśmy doskonale, że cały wysiłek zmierzający do tego, by ogarnąć jakoś ten stambulski mętlik za pomocą sprawdzonych zachodnich sposobów, poszedł na marne. A powodów tego wyliczyć można wiele: różnice dzielące Stambuł od innych wielkich miast, jego wewnętrzną anarchię, nieład, piętrzące się dziwactwa i nieuporządkowanie nie poddające się żadnym zwyczajnym klasyfikacjom. Potem jednak, zamiast narzekać na tę „oryginalność" i odmienność, czuliśmy rodzaj dumy. Encyklopedia zawierała bowiem wielki ładunek stambulskiego nacjonalizmu, który tak bardzo podobał się wszystkim jej czytelnikom.

Nie chcąc popaść w ekstrawagancję, jaką niewątpliwie byłoby wychwalanie tych dziwactw, przypominaliśmy sobie prędko, że kochamy Koçu właśnie za jego błędy. Powodem porażki *Encyklopedii stambulskiej* — i opisanych przeze mnie czterech melancholijnych twórców — była bowiem niepełna europejskość. Pragnąc mieć na miasto świeże spojrzenie, musieli wyzbyć się swojej tożsamości, i chcąc stać

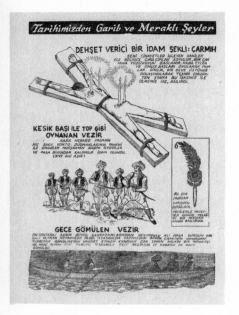

się Europejczykami, odważnie ruszyli w podróż bez powrotu do tego mrocznego miejsca gdzieś pomiędzy Zachodem i Wschodem. Najpiękniejsze i najgłębsze przemyślenia Koçu — podobnie jak pozostałej trójki — powstały właśnie na granicy tych światów, ale za tę oryginalność musiał zapłacić samotnością.

Kiedy w połowie lat siedemdziesiątych, już po śmierci Koçu, odwiedzałem stoisko antykwariuszy przy meczecie Beyazıta na Wielkim Bazarze, zobaczyłem kolejne tomy *Encyklopedii stambulskiej*, wydanej przez autora własnym sumptem. Stały wśród pożółkłych, wyblakłych i zwilgotniałych tanich starych książek. Znajomi księgarze mówią, że tomy, które przed laty czytałem w babcinej bibliotece, sprzedawane są teraz w cenie makulatury, mimo to nadal nikt nie chce ich kupić.

19.
Podbój czy upadek?
Turkizacja Konstantynopola

Jak większość mieszkańców Stambułu w dzieciństwie w ogóle nie interesowałem się historią Bizancjum. Na dźwięk tego słowa przychodzili mi do głowy straszni, brodaci, ubrani na czarno ortodoksyjni greccy popi, rozrzucone po mieście akwedukty, stare kościoły z czerwonej cegły i świątynia Hagia Sophia. Wszystko to dotyczyło tak dawnych czasów, że nawet nie czułem potrzeby pogłębiania wiedzy na ten temat. Ba, nawet Osmanowie, którzy podbili Bizancjum, wydawali mi się odlegli. Poza tym my byliśmy pierwszym pokoleniem „nowej cywilizacji", jaka po nich nastała. Mimo wszystko członkowie rodu Osmanów, których dziwactwa opisywał Reşat Ekrem Koçu, nosili imiona podobne do naszych, a dawni Bizantyńczycy zniknęli tuż po podboju, ich prawnukowie zaś zaczęli zakładać w Beyoğlu manufaktury, zakłady szewskie i cukiernie.

Do największych rozrywek mego dzieciństwa należały wizyty w dzielnicy greckich sklepików prowadzonych przez całe rodziny. Kiedy matka chciała wybrać adamaszek na zasłony czy aksamit na poduszki, w głębi sklepu rozlegały się ponaglenia krewkiego właściciela i jego żony oraz córek. Po powrocie do domu naśladowałem ich dziwaczną mowę i szybkie, nerwowe ruchy kobiet stojących za ladą. Reakcja domowników na moją parodię, a także sposób pisania o Grekach oraz zasłyszane tu i ówdzie napomnienia, by mówili po turecku, kazały mi się domyślać, że oni również, podobnie jak biedota

czy mieszkańcy slumsów, nie zasługują na specjalny szacunek. Miałem wrażenie, że jest to ściśle związane z podbojem Konstantynopola przez Mehmeta Zdobywcę. W 1953 roku, a więc rok po moich narodzinach, obchodzono pięćsetletnią rocznicę podboju, nazywanego „wielkim cudem". Ale oprócz wydanej wówczas serii znaczków — prezentujących duchy tamtych czasów: statki dumnie „płynące" po lądzie, twierdzę Rumeli Hisarı i portert Mehmeta Zdobywcy pędzla Belliniego — nic szczególnie nie przykuło mojej uwagi.

Kiedy posłuchamy, w jaki sposób otaczający nas ludzie odnoszą się do niektórych wydarzeń historycznych, ustalimy, w jakiej części świata jesteśmy... To, co wydarzyło się 29 maja 1453 roku, dla zachodniego świata jest upadkiem Konstantynopola, dla ludzi Wschodu zaś jego podbojem. A więc upadek czy podbój? Kiedy moja żona, studiująca na nowojorskim Uniwersytecie Columbia, podczas egzaminu użyła słowa „podbój", została oskarżona przez amerykańskiego profesora o nacjonalizm. W rzeczywistości posłużyła się nim dlatego, że chodziła do tureckiego liceum, a jej w połowie rosyjskie — ze względu na pochodzenie matki — serce większą sympatię czuło do ortodoksyjnych chrześcijan! A może w ogóle nie patrzyła na to zdarzenie w kategorii podbój–upadek i tylko próbowała jakoś wybrnąć z sytuacji, w jakiej się znalazła? Była trochę jak wzięte w jasyr ofiary, które muszą opowiedzieć się po stronie muzułmanów albo chrześcijan.

To turecki nacjonalizm i europeizacja sprawiły, że mieszkańcy Stambułu zaczęli świętować dzień podboju. Na początku dwudziestego wieku muzułmanie stanowili połowę lokalnej społeczności, resztę zasadniczo można było uznać za greckich potomków Bizantyńczyków. W czasach mojego dzieciństwa i wczesnej młodości w Stambule panował silny proturecki ruch, którego zwolennicy twierdzili, że używanie nazwy Konstantynopol sugeruje, iż Turcy nigdy nie byli częścią tego miasta, a jego pierwotni właściciele kiedyś tu powrócą, by odzyskać swoją ziemię. Przegonią nas — okupantów, którzy od pięciu wieków panoszą się na ich terytorium, a w najlepszym razie uczynią z nas obywateli drugiej kategorii. Nacjonaliści ci przykładali wielką wagę do znaczenia słowa „podbój". W rzeczywistości nawet członkowie dynastii Osmanów lubili nazywać miasto Konstantynopolem.

Ci zaś spośród nas, dla których tak ważna stała się europeizacja, nie akceptują pojęcia podboju. W 1953 roku prezydent Celal Bayar i premier Adnan Menderes w ostatniej chwili zrezygnowali z uczestnictwa w obchodach pięćsetnej rocznicy tego wydarzenia, by nie urazić swoich przyjaciół Greków i innych Europejczyków. W pierwszych dniach zimnej wojny Turcja, jako członek NATO, nie miała zamiaru przypominać światu o podboju, ale już trzy lata później, w 1955 roku, podburzana przez rząd ludność zaczęła demolować i grabić majątek Greków i innych mniejszości. Niszczono kościoły i zabijano duchownych. Przypominało to opisywane przez zachodnich historyków pełne okrucieństwa i rozbojów sceny towarzyszące „upadkowi" Konstantynopola. Chociaż tak naprawdę zarówno rząd grecki, jak i turecki zaczęły traktować swoje mniejszości jak zakładników politycznych, i to one są winne tego, że w ostatnim półwieczu Stambuł opuściło więcej ludności greckiej niż po wydarzeniach z 1453 roku.

Kiedy w 1955 roku Anglicy wycofali się z Cypru, a rząd grecki szykował się do przejęcia wyspy, agent tureckich tajnych służb podłożył bombę pod domem Atatürka w Salonikach. Stambulskie gazety poświęciły temu zdarzeniu specjalne wydania, a wściekły tłum zebrał się na placu Taksim, skąd ruszył niszczyć i grabić sklepy należące do niemuzułmańskich mniejszości, które odwiedzaliśmy razem z matką — najpierw w Beyoğlu, a potem w całym mieście.

Budzące grozę bandy grasowały w dzielnicach Ortaköy, Balıklı, Samatya czy Fener, gdzie koncentracja ludności greckiej była największa, równając z ziemią sklepiki, paląc stragany, plądrując domostwa, gwałcąc ormiańskie i greckie kobiety... Ich członkowie byli nie mniej okrutni niż wojska Mehmeta Zdobywcy, który „podbił" Konstantynopol. Później wyszło na jaw, że organizatorzy tych band — terroryzujący Stambuł przez dwa dni — działali przy wsparciu państwa i plądrowali miasto z jego błogosławieństwem, zmieniając je w miejsce przypominające najstraszniejsze wschodnie koszmary.

Każdy niemuzułmanin, który ośmielił się wyjrzeć tej nocy na ulicę, mógł się spodziewać linczu. Rano w Beyoğlu i na

całej alei İstiklal sklepy straszyły rozbitymi drzwiami i potłuczonymi witrynami. Wszystko, czego nie dało się ukraść, zdewastowano. Na ulicach poniewierały się poszarpane zwoje barwnych tkanin, dywanów oraz sukien, coraz popularniejsze wtedy lodówki, radia i pralki, skorupy porcelany, zabawek (najlepsze sklepy z zabawkami znajdowały się wtedy w tej dzielnicy), urządzenia kuchenne, modne akwaria i żyrandole. Tu i ówdzie widać było przewrócony rower albo samochód, rozbite pianino i okaleczonego, wpatrzonego w niebo manekina, który wypadł przez szybę na wyścieloną materiałami ulicę. Wokół krążyły spóźnione czołgi...

Mieszkańcy naszej kamienicy przez lata wspominali te sceny i być może dlatego zapamiętałem je tak, jakbym widział wszystko na własne oczy. Gdy rodziny chrześcijan sprzątały swoje sklepy i domy, mój wuj i babka nerwowo biegali od okna do okna i obserwowali hałastry plądrujące sklepy na naszej ulicy i przeklinające Greków, chrześcijan i bogaczy. Od czasu do czasu bandy te zbierały się przed naszym domem, ale ponieważ mój brat, wiedziony panującym powszechnie nacjonalizmem, kupił w sklepie Aladyna maleńką turecką flagę i powiesił ją w samochodzie wuja, nasz ukochany dodge stał sobie nietknięty. Wściekły tłum nie przewrócił go ani nawet nie wybił szyb.

20.

Religia

Do dziesiątego roku życia miałem bardzo konkretne wyobrażenie Boga. Wyglądał jak bardzo stara, odziana w białe szaty dostojna kobieta o nieokreślonej twarzy. Chociaż była człowiekiem, miała więcej wspólnego ze zjawami zaludniającymi moje sny niż z osobami mijanymi na ulicy. Zawsze ukazywała mi się bokiem i z pochyloną głową... Kiedy z pokorą i ciekawością zaczynałem o niej rozmyślać, wszystko inne oddalało się na drugi plan, a ona lekko obracała się raz albo dwa wokół osi, jak to bywa czasem w niektórych reklamach albo na zapowiedziach filmów. Obraz stawał się nieco ostrzejszy, a potem kobieta unosiła się prosto w niebo, tam, skąd przybyła. Tak wyraźnie widziałem fałdy jej białej sukni, okrywającej szczelnie całą postać, jak na posągach lub ilustracjach w książkach historycznych. Nie widziałem natomiast ani rąk, ani nóg. Kiedy zjawiała mi się przed oczami, czułem potężną, dostojną obecność, ale jakoś szczególnie się nie bałem. Nie dlatego, że nie wierzyłem w swoje winy albo że uważałem siebie za czystego jak łza. Po prostu czułem, iż ten odległy i majestatyczny byt nie zawracał sobie głowy moimi głupimi marzeniami i grzechami. Nie pamiętam też, abym kiedykolwiek prosił go o pomoc albo błagał o cokolwiek. Byłem świadom, że nie interesują go ludzie tacy jak my, tylko biedni i potrzebujący pocieszenia.

W naszej kamienicy Bóg istniał wyłącznie w życiu służących i kucharzy. Domyślałem się, że On w jakiś sposób zajmuje się nami wszystkimi — a przynajmniej tak powinno być — ale my mieliśmy na tyle szczęścia, aby obyć się bez jego pomocy. Był wsparciem dla cierpiących i biedaków, którzy nie mogli posłać do szkół swoich dzieci, dla żebraków, wciąż przywołujących Jego imię, oraz ludzi prostych i czystego serca, stale popadających w tarapaty. Dlatego kiedy w radiu mówiono o nieszczęśnikach mieszkających w jakiejś wsi odciętej od reszty świata przez wielkie opady śniegu albo tych, którzy po kolejnym trzęsieniu ziemi zostali bez dachu nad głową, moja matka wzdychała: „Niech im Bóg dopomoże". I nie brzmiało to jak błaganie o pomoc, ale raczej przyznanie się do poczucia winy, którego w takich momentach doznawali dobrze sytuowani ludzie. Pomagało wypełnić pustkę wynikającą ze świadomości, że właściwie nie zrobili nic, aby kogoś naprawdę wesprzeć.

Jako stworzenia racjonalne liczyliśmy się z tym, że wiekowa istota w białej szacie w ogóle nie słucha naszych próśb. Głównie dlatego, że nie robiliśmy niczego dla niej. Natomiast wszystkie służące, kucharze i inni znani nam biedni ludzie skrzętnie wykorzystywali każdą okazję, by nawiązać kontakt z Bogiem. Pościli przez jeden miesiąc w roku, a nasza Esma, kiedy tylko znalazła wolną chwilę, rozkładała w swoim pokoiku *seccade**. Gdy, trzaskając drzwiami, wpadałem tam w nagłym porywie wesołości, smutku, szczęścia albo gniewu, wymawiała Jego imię, szepcząc przy tym różne niezrozumiałe słowa. To samo robiła, zaczynając lub kończąc każdą pracę i przy jeszcze wielu innych okazjach.

Pomijając momenty, w których widzieliśmy tę tajemniczą więź, jaka łączyła Boga z ludźmi biednymi, nie zajmowali-

---

* *Seccade* — dywanik modlitewny.

śmy się nim zbytnio. Można nawet powiedzieć, że świadomość, iż oprócz nas biedni ufają jeszcze innej silnej istocie, która w razie potrzeby „udźwignie ich ciężar", była źródłem ulgi. Ale ten komfort mąciła czasem obawa, że biedacy pewnego dnia mogą wykorzystać Boga przeciwko nam.

Pamiętam niepokój, jaki czułem na widok naszej modlącej się służącej, którą udało mi się kilka razy podejrzeć w tej sytuacji — bardziej z ciekawości niż z nudów. Przez uchylone drzwi pani Esma wyglądała wtedy tak jak moje wyobrażenie Boga: odwrócona, z opuszczoną głową, powoli pochylała się nad *seccade*, aby dotknąć go czołem. Po czym prostowała się tylko po to, aby ponownie się pochylić. A gdy tak klęczała z twarzą zwróconą ku ziemi, wyglądała, jakby z pokorą akceptowała swoje miejsce na ziemi. Czułem wtedy niezrozumiały gniew i niepokój. Modliła się tylko w wolnych chwilach, gdy nikogo nie było w domu, a panująca wokół cisza, przerywana modlitewnymi szeptami, nieco mnie irytowała. Zaczynałem obserwować muchę wędrującą ospale po szybie. Kiedy owad spadał na parapet i rozpaczliwie próbował się podnieść, jego brzęczenie mieszało się z szeptem służącej. Wtedy, pragnąc przerwać ich denerwujący dialog, ściągałem biednej Esmie chustkę z głowy.

Przekonałem się, że przeszkadzanie Esmie w modlitwie zasmuca ją. Gdy z wszystkich sił starała się mnie ignorować, próbując dokończyć modlitwę, uważałem, że oszukuje, że uczestniczy w zabawie. Ale jej determinacja robiła wrażenie i była dla mnie wyzwaniem. Podobnie jak inni członkowie mojej rodziny, obawiający się ludzi przesadnie religijnych, czułem niepokój na myśl o Bogu, jakby nagle stawał między mną i tą ciepłą kobietą, która zawsze tak bardzo mnie kochała, przy każdej okazji brała na kolana, a przy obcych nazywała wnuczkiem. Ale ten strach, dobrze znany niewierzącym

członkom tureckiej burżuazji, nie dotyczył Boga, lecz gniewu ludzi, którzy zbyt mocno w Niego wierzyli.

Zdarzało się, że podczas modlitwy Esmy moja matka wołała ją do pracy albo akurat dzwonił telefon. Wtedy biegłem do matki i mówiłem, że służąca jest zajęta. Czasem robiłem to uczciwie i z dobrego serca, a innym razem siedziałem cicho, unieruchomiony chwilowym przypływem niepokoju, wyrachowania i ciekawości, co się za chwilę wydarzy. Chciałem sprawdzić, kto okaże się dla niej ważniejszy — my czy jej Bóg. Czułem pragnienie wypowiedzenia wojny światu, któremu oddawała się tak bez reszty, że nieraz musieliśmy ją przywracać do rzeczywistości za pomocą gróźb i krzyków.

„Jeśli zdejmiesz mi chustkę w czasie modlitwy, to uschnie ci ręka", groziła pani Esma. Ciągnąłem za róg chusty, a moja ręka wciąż miała się świetnie. Na wszelki wypadek jednak przerywałem te psoty, w czym przypominałem trochę przezornych dorosłych, którzy nie wierzą w przesądy, ale wolą nie kusić losu. To, że moja ręka do tej pory nie uschła, nie dawało przecież żadnej gwarancji, że mnie to nie spotka... Jak reszta mojej rozważnej rodziny nauczyłem się jednak, że roztropniej jest zmienić temat rozmowy, niż szydzić z religii lub manifestować brak zainteresowania. Utożsamialiśmy pobożność z marnym statusem materialnym, ale nigdy nie mówiliśmy o tym zbyt głośno.

Uważałem, że to właśnie ubóstwo zmusza ludzi do ciągłego przywoływania Boga. Całkiem możliwe, że doszedłem do tej śmiesznej konkluzji, widząc, jak moi krewni ze zdziwieniem i politowaniem opowiadają o pobożnisiach, którzy modlą się pięć razy dziennie. A może ci ludzie byli biedni właśnie dlatego, że tak mocno wierzyli w Boga?

Przyczyną, dla której nigdy nie udało mi się udoskonalić wyobrażenia odzianej w białe szaty dostojnej postaci Stwórcy, a nasze stosunki na zawsze pozostały powierzchowne i naznaczone powściągliwością oraz nieokreślonym strachem, był fakt, że w naszym domu nikt nie próbował edukować mnie w kwestiach wiary. Być może wiedza rodziny na ten temat była zbyt skromna. Nigdy nie widziałem, aby któryś z domowników modlił się czy pościł. W tym sensie można powiedzieć, że takie rodziny jak nasza, na wzór francuskiej burżuazji na dobre oddaliły się od Boga, żyjąc przy tym w strachu na myśl o ostatnim z nim rozrachunku.

Może to zabrzmieć cynicznie, ale laicki zapał, jaki ogarnął wierną ideałom Atatürka republikę, był uznawany za manifestację nowoczesności i prozachodniej postawy. Temu zadowoleniu z siebie od czasu do czasu towarzyszył płomień „idealizmu", rozbłyskujący po to, by natychmiast zgasnąć. Zjawisko dotyczyło jednak tylko życia publicznego. W życiu prywatnym miejsca religii nie zajęło nic równie głębokiego.

Krajobraz moralny naszej rodziny był pusty jak zrujnowane *yalı* i mroczny jak otaczające je ogrody porośnięte paprociami.

Tę pustkę duchową (i moją ciekawość: „Po co właściwie wybudowano tyle meczetów?") zaspokajali nasi służący. Wysłuchując gróźb na temat usychającej ręki, języka, który stanie kołkiem, opowieści o aniele, który zabrał kogoś do nieba, albo przestróg, by nie wchodzić nigdzie lewą nogą, bo to przynosi nieszczęście, prędko doszedłem do wniosku, że religia jest mieszanką zabobonów i ślepej wiary. Skrawki materiału przywiązywane do grobowców muzułmańskich mędrców, świeczki zapalane na Cihangirze dla Ojca Sofu, medykamenty produkowane w kuchni przez unikającą lekarzy służbę i religijne powiedzonka, przysłowia oraz maksymy, które przeniknęły do naszego republikańskiego, proeuropejskiego domu za pośrednictwem codziennego języka sprawiły, że nasze życie przypominało grę w klasy. Musieliśmy nauczyć się skakać po okrągłych i kwadratowych polach wiary według ogólnie przyjętych zasad. Do dzisiaj staram się nie nadeptywać ani na linie dzielące chodnikowe płyty, ani na czarne kwadraty, co prowadzi do tego, że raczej skaczę, niż idę.

Wiele religijnych zakazów wymieszało się w mojej głowie z matczynymi przykazaniami (jak: „Nie pokazuj palcem"). Gdy słyszałem na przykład: „Nie otwieraj drzwi i okien, bo będzie przeciąg", wyobrażałem sobie, że Przeciąg był świętym jak Ojciec Sofu, i powinniśmy zostawić go w spokoju.

Zamiast traktować religię jak system, w którym Bóg za pośrednictwem ksiąg, przykazań i proroków ingeruje w nasze sprawy i sumienia, zredukowaliśmy ją do serii dziwnych, czasami komicznych zasad, którym podporządkowuje się bezsilna klasa niższa. Pozbawiwszy ją władzy, bez kłopotu zaakceptowaliśmy jej obecność w swoich domach, traktując jak dziwaczną melodię, stanowiącą akompaniament do naszego balansowania między Wschodem i Zachodem. Ani moja babka, ani wujowie, ciotki czy rodzice nigdy nie pościli, ale w czasie ramazanu zawsze niecierpliwie czekali na *iftar**. Zimą, kiedy szybko robiło się ciemno, dla mojej babki i jej gości, z którymi grała w bezika albo pokera, *iftar* był przyjmowany jak przerwa na herbatkę i symboliczny posiłek. Wesołe staruszki, które i tak bez przerwy coś jadły, tuż przed nadejściem *iftaru* nagle przestawały przekąszać. Spoglądały pożądliwie na stojący obok stół z różnymi rodzajami talerzyków, dżemów, serów, oliwek, *böreków*** i kiełbasek. Kiedy dźwięk *neya**** rozlegający się w radiu obwieszczał, że zbliża się pora posiłku, babka i jej przyjaciółki, jakby należały do tych dziewięćdziesięciu pięciu procent zwykłych muzułmanów, którzy nie mieli nic w ustach od rana, pytały zniecierpliwione, ile jeszcze minut zostało. A gdy wystrzał armatni kończył post, czekały, aż kucharz zje w kuchni swoją porcję, po czym zaczynały pałaszować z apetytem. Do dziś, kiedy słyszę w radiu dźwięk *neya*, czuję, jak cieknie mi ślina.

Pierwsza wizyta w meczecie potwierdziła moje ogólne uprzedzenia wobec religii, a szczególnie wobec islamu. Nie była zamierzona. Pewnego popołudnia, kiedy nikogo nie było w domu, nie pytając o zgodę, zabrała mnie tam Esma. Uczyniła to bardziej z chęci wyjścia z domu niż z religijnej żarliwości. W meczecie Teşvikiye zastaliśmy dwadzieścia, trzydzieści osób — zasadniczo właścicieli lokalnych sklepików, służące, kucharki i dozorców z bogatych domów w Nişantaşı. Siedząc na meczetowych dywanach, wyglądali bardziej na przyjaciół, spotykających się, aby podzielić się wrażeniami, niż na religijną społeczność. Plotkowali szeptem, czekając

---

* *Iftar* — wieczorny posiłek w czasie ramazanu.
** *Börek* — pierożek, przekąska z ciasta francuskiego, często z nadzieniem.
*** *Ney* — instrument muzyczny, flet wykonany z trzciny.

na sygnał do modlitwy. I kiedy w końcu nadszedł ten moment, spacerowałem sobie między nimi, chowałem się w zakamarkach meczetu albo bawiłem w jakimś kącie i nikt mi w tym nie przeszkadzał. Jak zwykle wszyscy słodko się do mnie uśmiechali. Owszem, wiedziałem już, że wiara jest domeną biednych, ale w przeciwieństwie do tego, co sugerowały gazetowe karykatury i czego obawiali się członkowie mojej republikańskiej rodziny, widziałem, że ludzie religijni są zupełnie nieszkodliwi.

Rozumiałem jednak ich ostentacyjne lekceważenie, jakiego byłem świadkiem w naszym domu: ich uczciwość i dobre serce miały swoją cenę, utrudniały bowiem modernizację i europeizację naszego kraju. My zaś, jako posiadacze ziemscy i nowocześni pozytywiści, mieliśmy prawo do rządzenia tymi półanalfabetami i musieliśmy im stanowczo zakazać wiary w owe przesądy, nie tylko dla korzyści własnej, ale również całego państwa. Dlatego kiedy moja babka złośliwie komentowała zachowanie elektryka, który porzucił wykonywaną drobną pracę, aby udać się na modły, domyślałem się, że bardziej niż o niedokończoną naprawę chodziło jej o „tradycje i praktyki" hamujące „nasz narodowy rozwój".

Prokemalistowskie artykuły, karykatury przedstawiające kobiety w czarczafach i prymitywnych brodatych mężczyzn z *tespihami* w dłoniach, a także szkolne akademie ku czci bohaterów zabitych w czasie rewolucji przypominały mi, że pozornie niewinne zabobony biedoty mogą się przerodzić w coś, co zagrażać będzie nam, naszej ojczyźnie i państwu, na którego losy wciąż jeszcze mieliśmy większy wpływ niż oni. Ulegając panującemu w naszym domu matematyczno-inżynieryjnemu duchowi, dochodziłem do wniosku, że to my właśnie zasługujemy na miano *efendich* — nie tylko ze względu na zgromadzony kapitał, ale także, głównie, na naszą nowoczesną i proeuropejską postawę. To ona pozwalała nam patrzeć z góry na inne, równie bogate, ale nie dość zachodnie rodziny.

Po kilku latach kraj stał się bardziej demokratyczny, a wokół zaczęli się pojawiać znacznie majętniejsi od nas ludzie, którzy przybyli do wielkiego świata ze wsi. Wtedy też upadające interesy mojego ojca i wuja skazały nas na poniżenie zdeklasowania przez tych, którzy nie mieli pojęcia o europejskiej kulturze i byli dalecy od laicyzmu. Jak mieliśmy wytłumaczyć tym pobożnym parweniuszom, że to my zasługiwaliśmy na (tracone po kolei) dobra i przywileje?

Wtedy nie miałem jeszcze pojęcia o intelektualnym i mistycznym nurcie w religii, o Rumim ani o bogatej kulturze perskiej. Wiedziałem tylko, że przedstawiciele nowej klasy, przez niektórych lewicowych polityków zwani dorobkiewiczami, niczym się nie różnili od naszych szoferów czy kucharzy. Zeuropeizowana stambulska burżuazja przez ostatnich czterdzieści lat popierała wojskowe interwencje i ingerencję armii w politykę nie z obawy przed umocnieniem lewicy (która nigdy nie była w Turcji zbyt silna), ale ze strachu, że pewnego dnia najniższe warstwy społeczne sprzymierzą się z nowymi bogaczami i zmuszą ją do życia pod religijnymi sztandarami. Ale jeśli będę dłużej zgłębiał temat upolitycznionego islamu i wojskowych przewrotów (które są znacznie słabiej powiązane, niż mogłoby się wydawać), zniszczę ukrytą symetrię tej książki...

Podstawowym wyznacznikiem religijności było dla mnie poczucie winy. Czułem się winny, ponieważ nie dość mocno bałem się wystrojonej w białe szaty dostojnej istoty, od czasu do czasu nawiedzającej moje sny, i niewystarczająco w nią wierzyłem. Ale czułem się winny także dlatego, że trzymałem się z dala od tych, którzy jej ufali. Z całej siły uchwyciłem się tego uczucia, podświadomie wnosząc, że niepokój rozwinie moją duszę, wyostrzy zmysły i uczyni moje życie bardziej kolorowym. Niepokój z tym związany najczęściej mnie unieszczęśliwiał, ale kiedy potem patrzyłem wstecz na własne życie, podobało mi się to, co widziałem. A gdy byłem już zmęczony sprawami wiary i wyrzutami sumienia, znów chciałem odnaleźć drugiego Orhana, wiedząc, że nie traci on czasu na takie myśli i zapewne idzie właśnie do kina.

Zdarzały mi się jednak chwile kapitulacji wobec religijnych wymogów. W ostatniej klasie szkoły podstawowej miałem na przykład niesympatyczną i wymagającą nauczycielkę, którą wtedy wprost uwielbiałem: każdy jej uśmiech dodawał mi skrzydeł, a widok nasrożonych brwi poważnie niepokoił. Kiedy ta ponura, siwowłosa kobieta z ogromną ekscytacją wykładała całej klasie „zalety naszej religii", pomijała niewygodne pytania dotyczące wiary, strachu czy pokory i skupiała się na ukazaniu religii jako zbioru praktycznych i racjonalnych wskazówek. Według niej Mahomet zalecał post nie w celu wzmacniania woli, ale zachowania zdrowia. Setki lat później te lecznicze właściwości głodówki odkryły przecież dbające o urodę Europejki... Modlitwa muzułmanina, będąca też aktywnością fizyczną, poprawia krążenie. Podobnie miliony Japończyków przerywają na dźwięk gwizdka pracę i wykonują pięciominutową gimnastykę, oddając się krótkiej modlitwie. Racjonalna wizja islamu przypadła do gustu mojej niewyrobionej pozytywistycznej duszyczce, skrycie tęskniącej za wiarą i poświęceniem. Dlatego pewnego dnia w czasie ramazanu postanowiłem rozpocząć post.

Chociaż zrobiłem to pod wpływem nauczycielki, ukrywałem to przed nią. Kiedy poinformowałem o swojej decyzji matkę, na jej twarzy zobaczyłem zaskoczenie, ale i radość zmieszaną z troską. Należała do ludzi wierzących w Boga „na wszelki wypadek", uważała jednak, że post jest domeną wyłącznie osób zacofanych. Tematu postu nie poruszyłem ani z ojcem, ani z bratem. Moje pragnienie wiary stało się bowiem czymś tak wstydliwym, że nie byłem w stanie powiedzieć innym o swojej decyzji. Znałem drażliwość członków mojej rodziny, ich podejrzliwość i klasową pychę, dlatego dobrze wiedziałem, jak by na to zareagowali. Pościłem więc w tajemnicy i bez oczekiwania na pochwały. Może matka powinna mi była wtedy powiedzieć, że jedenastoletnie dzieci są zwolnione z postu. Ale zamiast tego w czasie *iftaru* stawiała przede mną moje ulubione rogaliki i kanapki z anchois. W jej oczach widziałem radość, że jej mały synek czuje strach przed Bogiem, ale i troskę, czy przypadkiem nie odkryłem w sobie owej destrukcyjnej cechy charakteru, która zmusza ludzi do życia w duchowym cierpieniu.

Najlepszym przykładem ambiwalentnego stosunku mojej rodziny do religii było Święto Ofiary. Jak w każdym porządnym muzułmańskim domu także w naszej kamienicy kupowało się barana i przywiązywało w niewielkim ogródku na tyłach posesji, gdzie czekał na rzeźnika. Ponieważ w przeciwieństwie do dziecięcych bohaterów tureckich komiksów, którym serce pękało za każdym razem, gdy słyszeli beczenie biednego zwierzaka, nie lubiłem owiec ani baranów, nie byłem tym zasmucony. Czułem ulgę na myśl, że niebawem pozbędziemy się tego brzydkiego, głupiego i śmierdzącego stworzenia. Ale pamiętam też wyrzuty sumienia związane ze sposobem, w jaki to się odbywało. Najpierw, jak nakazywała religia, rozdawaliśmy mięso ubogim, a potem zasiadaliśmy do świątecznego posiłku, popijając zabronione przez islam piwo. Jedliśmy wyroby z mięsa kupionego u rzeźnika, ponieważ z naszej świeżo zabitej ofiary zbyt silnie pachniało. Istotą tego zwyczaju jest potwierdzenie więzi ze Wszechmocnym poprzez ofiarowanie mu zwierzęcia z a m i a s t n i e w i n n e g o d z i e c k a i uwolnienie się od wynikających z tego wyrzutów sumienia. Moja rodzina szła o krok dalej: uwalniała się od poczucia winy, jedząc mięso kupione u rzeźnika z a m i a s t z ł o ż o n e g o w o f i e r z e.

W naszym domu milczeniem pokrywano znacznie głębsze dylematy. Duchowa pustka, jaką często zauważałem w zamożnych, laickich stambulskich rodzinach, była wynikiem właśnie tego milczenia... Otwarcie dyskutowano o matematyce, szkolnych sukcesach, piłce nożnej i rozrywkach, ale podstawowe kwestie egzystencjalne — takie jak miłość, współczucie, religia, sens życia, zazdrość czy nienawiść — wprawiały wszystkich w zakłopotanie i skazywały na bolesną samotność. Moi bliscy, ogarnięci smutkiem, zachowywali się jak głuchoniemi, którzy nie potrafią nawiązać kontaktu z otoczeniem, i bez słowa wzruszali ramionami. Potem siadali w fotelu, zapalali papierosa i słuchali melodii płynącej z radia, zamykając się we własnym świecie. Ja także zamknąłem w milczeniu moje pragnienie wiary i decyzję o poście. A ponieważ pochmurny zimowy dzień nie trwał długo, głód też mi przesadnie nie doskwierał. Pogryzając przygotowane przez matkę kanapki z anchois, majonezem czy kawiorem, w niczym niepodobne do klasycznego tureckiego *iftaru* z oliwkami albo *sucukiem**, czułem spokój i zadowolenie. Ale moja radość nie wynikała ze spełnionego obowiązku wobec Boga, tylko z dumy, że wytrwałem w postanowieniu. Tamtego wieczoru, z pełnym żołądkiem, pobiegłem zimnymi ulicami do kina „Konak", aby obejrzeć hollywoodzki film, i już na zawsze porzuciłem myśl o poście.

Nie wierzyłem w Boga tak silnie, jak bym chciał, ale miałem nadzieję, że jeśli jest tak mądry, jak ludzie mówią, to na pewno rozumie, dlaczego jest to dla mnie takie trudne — i mi wybaczy. Byłem przekonany, że jeśli nie zmienię swojej niewiary w rodzaj odwetu czy wyzwania, Bóg uzna moje poczucie winy i mękę niewiary za okoliczności łagodzące. A poza tym powziąłem poważne podejrzenie, że w rzeczywistości w ogóle nie interesuje go taki chłopiec jak ja.

Nie, nie bałem się Boga, ale gniewu zapatrzonych w niego fanatyków. A także głupoty ludzi, których osąd — nie daj Boże! — jest nieporównywalny z osądem Boga, uwielbianego przez nich całym sercem. Przez całe lata nie potrafiłem się pozbyć obawy, że kiedyś spotka mnie z ich ręki kara za to, że nie jestem taki jak oni. Ten strach miał na mnie większy wpływ niż wszystkie polityczne teorie, o jakich czytałem w czasie mojej lewicowej młodości. Zdziwiłem się, gdy póź-

---

*   *Sucuk* — mocno przyprawiona kiełbasa.

niej odkryłem, jak niewielu niewierzących i zeuropeizowanych mieszkańców Stambułu doznawało podobnego, skrywanego poczucia winy. Wyobrażałem sobie jednak, że nawet jeśli ci ludzie na co dzień patrzyli z pogardą na pobożnych bliźnich i nie przestrzegali żadnych religijnych nakazów, to na pewnym etapie życia — na przykład po wypadku drogowym, gdy leżeli w szpitalnym łóżku — zawierali jakiś osobisty pakt ze Stwórcą.

W gimnazjum miałem kolegę na tyle odważnego, że potrafił bluźnierczo demonstrować swoją niewiarę. Pochodził z bardzo bogatej rodziny, która dorobiła się majątku na handlu nieruchomościami. Mieszkał we wspaniałym domu nad Bosforem i uczestniczył w międzynarodowych zawodach hippicznych. Podczas jednej ze szkolnych przerw, jak to czasami u dzieci bywa, próbowaliśmy rozmawiać o metafizyce. W pewnym momencie spojrzał na mnie i zobaczył, że drżę ze strachu. Wbił więc wzrok w niebo i oświadczył: „Jeśli On istnieje, niech mnie natychmiast zabije!", a potem z ogromną pewnością siebie dodał: „Widzisz? Wciąż żyję!". Czułem się winny, że nie mam w sobie takiej odwagi, ale też z tego powodu, iż skrycie przyznawałem mu rację. W tym zamęcie emocjonalnym doznawałem również radości, chociaż zupełnie nie wiedziałem dlaczego.

Gdy skończyłem dwanaście lat, moje zainteresowania — i poczucie winy — dotyczyły już raczej kwestii seksu niż religii. Przestałem się też koncentrować na zagadkowych zależnościach między pragnieniem wiary i pragnieniem przynależności. Cierpienie, które było moim udziałem, nie wynikało już z oddalenia od Boga, ale z izolacji od bliskich mi osób i od ducha łączącego społeczność naszego miasta. Mimo to kiedy widzę w tłumie, na statku, na moście odzianą w biel starszą kobietę, czuję na plecach dziwny dreszcz.

21.
Bogacze

W połowie lat sześćdziesiątych ubiegłego wieku moja matka każdej niedzieli kupowała „Akşam". W odróżnieniu od pozostałych gazet ta nie była dostarczana do naszego domu. Wiedząc, że matka czytała ją wyłącznie ze względu na plotkarską rubrykę „Czy słyszeliście?", redagowaną przez dziennikarza o pseudonimie Gül-Peri, ojciec nie przepuścił żadnej okazji, by to wykpić. Jego złośliwości uzmysłowiły mi, że zainteresowanie plotkami z życia socjety było przejawem słabości i kompleksów. Dziennikarz zamieszczający pod pseudonimem złośliwe rewelacje z życia bogaczy (także naszych znajomych lub tych, z którymi chcielibyśmy być porównywani) często wymyślał po prostu wierutne bzdury. Ale nawet jeśli informacje te w jakimś stopniu okazywały się prawdą, to były tak żałosne, że trudno byłoby zazdrościć opisywanego życia komukolwiek. Wszystko to jednak nie przeszkadzało mojemu ojcu w lekturze kolumny i traktowaniu całkiem serio następujących doniesień:

• Wyrazy współczucia dla Feyziye Madenci. Do jej domu w Bebeku wtargnął złodziej, ale nikt nie ma pojęcia, co ukradł. Ciekawe, czy policja rozwiąże tę zagadkę...
• Minionego lata Aysel Madra nie mógł się kąpać w morzu z powodu przebytej operacji usunięcia migdałków. W te wakacje odpoczywał na swojej wyspie Kuruçeşme i wyglądał na

szczęśliwego, choć lekko poirytowanego. Nawet nie pytajcie o powód...

• Muazzez Ipar wyjechała do Rzymu. Ta barwna postać stambulskiej *sosyeté* nigdy jeszcze nie była tak radosna w czasie podróży. Ciekawe dlaczego... Czyżby miał w tym udział mężczyzna, którego widzieliśmy u jej boku?

• Semiramis Sarıay, która zawsze spędza wakacje na Wielkiej Wyspie, wraca już do swojego domu na Capri. Stąd jednak będzie mieć bliżej do Paryża, gdzie ma podobno otworzyć kilka ekspozycji swoich obrazów. A my już czekamy na wystawę rzeźb....

• Jakiś zły urok dotknął stambulskie towarzystwo. Większość opisywanych w naszej rubryce osób trafiła do szpitala. Klątwa dotknęła też Harikę Gürsoy, którą ostatnio widzieliśmy roześmianą w czasie księżycowego przyjęcia na Çamlıca w rezydencji świętej pamięci Ruşena Eşrefa...

„Ooo, Harika Gürsoy też usunęła migdałki!", komentowała moja mama, a ojciec od niechcenia dodawał: „Powinna sobie najpierw usunąć z twarzy te paskudne brodawki!". Z podobnych rozmów wnioskowałem, że przedstawiciele stambulskiej *sosyeté* należą do naszych znajomych, a matka interesuje się nimi, bo są bogatsi od nas. Zazdrościła im — ganiła ich za majątek, ale też za „zniżenie się do poziomu gazety". I nie była w tym odosobniona. W tamtych czasach większość stambulczyków uważała, że majętni ludzie nie powinni się tak bardzo rzucać w oczy.

Od czasu do czasu mówili to nawet otwarcie. I nie wynikało to z żądania pokory ani przestrzegania przed pułapką pychy, ani tym bardziej z protestanckiej pracowitości czy powściągliwości, lecz wyłącznie ze strachu przed państwem i władzą. Przez setki lat osmańscy padyszachowie uznawali każdą bogatą osobę (czyli głównie paszów o dużych wpływach politycznych) za potencjalne zagrożenie dla siebie, dlatego pod byle pretekstem pozbawiali takich ludzi życia i przejmowali ich majątki. Żydzi, którzy w ostatnich wiekach wzbogacili się tak bardzo, że mogli użyczyć pożyczki państwu, a także Ormianie i Grecy, którzy zbili majątek na rzemiośle i drobnym handlu, pamiętali wprowadzony podczas drugiej wojny światowej podatek, otwierający drogę do bezlitosnych konfiskat domów oraz fabryk. Na to wszystko nałożyły się jeszcze wspomnienia z 6 i 7 września 1955 roku, kiedy to demolowano i palono ich sklepy.

Dlatego więcej odwagi w obnoszeniu się z własnym majątkiem wykazywali wielcy właściciele ziemscy, którzy niedawno osiedlili się w Stambule, oraz drugie pokolenie fabrykantów. Inni bogacze i ci, którzy tak jak my utracili dotychczasowy status przez własną nieudolność, nie nazywali tego zwykłą głupotą, ale prostactwem. Sakıp Sabancı, przedstawiciel drugiego pokolenia przemysłowców i głowa drugiego z najbogatszych tureckich rodów, był wyszydzany za nuworyszowską ostentację, dziwne opinie i niekonwencjonalne zachowanie (nie robiły tego jednak gazety ze strachu, że wycofa z nich swoje reklamy). Ale to właśnie małomiasteczkowa odwaga pozwoliła mu pójść w ślady Fricka i zmienić swój dom w najbardziej znane stambulskie prywatne muzeum, co nastąpiło w latach dziewięćdziesiątych zeszłego wieku.

Kolejnym powodem, dla którego stambulscy bogacze z czasów mego dzieciństwa tak skrzętnie ukrywali swoje majątki, była obawa przed oskarżeniem o brudne interesy. Urzędnicy państwowi namiętnie wsadzali nos we wszystko, co wiązało się z produkcją, dlatego wzbogacenie się bez współpracy z władzą było niemożliwe. Wszyscy więc uważali, że nawet „najszlachetniejszy" bogacz musi mieć coś na sumieniu...

Mój ojciec, który po wyczerpaniu się dziadkowego spadku był zmuszony pracować przez wiele lat dla Vehbiego Koça*, kpił z wiejskiego akcentu swego chlebodawcy i intelektualnych braków jego syna. W chwilach gniewu opowiadał, że z majątkiem tej rodziny wiąże się barwna historia głodu i kolejek po żywność w okresie drugiej wojny światowej.

W dzieciństwie nie znałem bogaczy pomnażających majątek dzięki własnej pomysłowości. Byli to raczej ludzie, którzy korumpowali wyższych urzędników państwowych i przy ich pomocy zbili fortunę. Resztę życia spędzali na ukrywaniu bogactwa (ich strach zmalał dopiero po 1990 roku) i próbach wybielania własnej przeszłości. Ponieważ wykształcenie nie było im potrzebne do prowadzenia interesów, nie czytali książek, ani nawet nie grali w szachy. W niczym nie przypominało to merytokratycznego systemu z okresu imperium osmańskiego, w którym tylko dzięki wykształceniu można się było wspiąć na najwyższe szczeble władzy, wzbogacić i zostać paszą. Zamknięcie szkół sufickich w pierwszych latach republiki, odrzucenie literatury religijnej, reforma alfabetu i zwrócenie się ku kulturze europejskiej uniemożliwiały dalsze rozwijanie się poprzez edukację.

Jedyną rzeczą, jaką mogli uczynić tchórzliwi stambulscy bogacze, którzy słusznie obawiali się państwa, a tak bardzo pragnęli zalegalizować swoje fortuny i wreszcie spać spokojnie, było manifestowanie własnej europejskości. W tym celu kupowali zachodnie ubrania, przedmioty oraz nowoczesne urządzenia (od golarek po sokowirówki), które wprawiały ich w dumę. Zdarzało się, że stare stambulskie ro-

---

* Vehbi Koç (1901–1996) — jeden z najzamożniejszych i najbardziej znanych tureckich przedsiębiorców, działający między innymi w branży motoryzacyjnej, energetycznej i tekstylnej.

dziny rozwijały nowe interesy i znowu zbijały fortunę (jak zdarzyło się bliskiemu znajomemu mojej ciotki, znanemu felietoniście i właścicielowi gazety). Ale wyciągnęły wnioski z wcześniejszej lekcji. Nie miały już kłopotów z prawem ani z państwem, a tym samym powodów do strachu, więc sprzedawały wszystko i przenosiły się do zwykłych londyńskich domów, gdzie z okien widać było tylko ściany sąsiednich budynków, i w kółko oglądały niezrozumiałą angielską telewizję. Nie potrafiły wyjaśnić, dlaczego uważają to miejsce za lepsze od swojego stambulskiego mieszkania z widokiem na Bosfor. Pragnienie bycia Europejczykami prowadziło czasami do historii jak z *Anny Kareniny* — bogata rodzina zatrudniała cudzoziemkę w charakterze opiekunki, aby nauczyła dzieci obcego języka, a w końcu wychodziło na jaw, że pan domu wdał się z nią w romans.

W państwie osmańskim nie było arystokracji krwi, dlatego z nadejściem republiki bogacze na wszelkie sposoby próbowali udowodnić, że do niej należą. W latach osiemdziesiątych dwudziestego wieku niespodziewanie zainteresowali się ostatnimi pamiątkami po kulturze osmańskiej, które przetrwały pożary *yalı*. Świadomość, że my także byliśmy kiedyś bogaci — ba, wciąż się za takich uważaliśmy — w naszym domu podsycano radosnymi opowieściami o przyzwyczajeniach i kaprysach osób z towarzystwa oraz wspomnieniami o tym, w jaki sposób dorobiły się majątku. (Najbardziej lubiłem historię o przedsiębiorcy, który w czasie pierwszej wojny światowej sprowadził do Turcji statek z cukrem i w ciągu jednej nocy zarobił tyle pieniędzy, że do końca życia już nie musiał pracować). Może ich urok czy swoisty tragizm polegał na desperackich próbach utrzymania tego niespodziewanego bogactwa, aby nie wyparowało tak tajemniczo, jak się pojawiło? Kiedy spotykaliśmy kogoś z bogatych dalekich krewnych, szkolnego kolegę matki lub ojca, sąsiada z Nişantaşı albo postać znaną z rubryki „Czy słyszeliście?", zastanawiałem się, jak wygląda ich wyjątkowe, pozbawione kultury i uczuć, napiętnowane poczuciem tymczasowości i pustki życie.

Mój tato miał w młodości kolegę, którego nieżyjący już ojciec pełnił funkcję wezyra w ostatnim okresie imperium. Za każdym razem, kiedy ów szykowny mężczyzna opowiadał o tym, jak wielkie zyski przynosi odziedziczony przez niego kapitał (nie musiał pracować ani jednego dnia w życiu), próbowałem odgadnąć, czy w jego głosie pobrzmiewa duma, czy raczej smutek. Całe dnie spędzał na lekturze gazet albo oglądaniu przez okno ze swojego apartamentu w Nişantaşı chodzących po ulicy ludzi. Popołudniami wkładał kupione w Mediolanie albo Paryżu eleganckie ubrania, golił się, starannie rozczesywał wąsy, po czym w ramach jedynego codziennego obowiązku pojawiał się w hotelu „Hilton", gdzie spędzał w holu dwie godziny, popijając herbatę. „Tylko tam czuję się jak w Europie", wyjaśniał ojcu, marszcząc brwi i przybierając cierpiętniczy wyraz twarzy, jakby zdradzał jakąś wielką tajemnicę.

Natomiast jedna z koleżanek mojej mamy, pewna otyła i bardzo bogata kobieta, chyba natchnięta własną fizjonomią, witała się ze wszystkimi słowami: „Jak się masz, małpko?!". Razem z bratem bardzo lubiliśmy ją naśladować. Całe życie minęło jej na odrzucaniu propozycji małżeńskich od niewystarczająco subtelnych i zbyt mało europejskich mężczyzn oraz beznadziejnym zakochiwaniu się w kulturalnych, bogatych mężczyznach, którzy nigdy by się z nią nie ożenili z powodu jej wyglądu. Dobiegając pięćdziesiątki, wyszła za trzydziestoletniego policjanta, nazywając go „wielkim dżentelmenem". Gdy małżeństwo się rozpadło, a trwało bardzo krótko, poświęciła się misji doradzania młodym dziewczętom z wyższych sfer, że powinny szukać przede wszystkim bogatych mężów.

Ostatnie pokolenie stambulskich bogaczy, najczęściej potomków osmańskich paszów, nie pamiętało już lokalnych tradycji, a nie znało jeszcze kultury Zachodu. Nie potrafiło pomnożyć majątku przodków czy czerpać zysków z dynamicznego rozwoju przemysłu i handlu. Unikali robienia interesów z „prostackimi biznesmenami", którzy tak samo jak oni tworzyli własne społeczności oparte na „prawdziwej przyjaźni" i dążeniu do oszukania konkurencji. Zwodzeni byli nawet przez własnych prawników, wynajętych do reprezentowania ich interesów i pobierania za nich czynszu.

Czasami odwiedzaliśmy tych ostatnich członków wymierającej rasy, żyjących w swoich rezydencjach nad Bosforem — wiedziałem dobrze, że większość z nich nad obecność bliźnich przedkłada towarzystwo kotów i psów, dlatego tym bardziej ceniłem sobie szczególną sympatię, jaką mi okazywali. Żyli pośród stoliczków, inkrustowanych masą perłową stołów, sof, obrazów olejnych, oprawionych w ramki tabliczek z ozdobnym pismem, dawnej broni (np. historycznych szabel po dziadkach), odznaczeń, ogromnych zegarów i innych starych przedmiotów, które pięć czy dziesięć lat potem miały trafić do antykwariatu Raffiego Portakala; żyli na granicy ubóstwa, choć zazwyczaj posiadali różne nieruchomości. Ich ulubione zajęcia i dziwactwa odwracały ich uwagę od trudnych relacji ze światem zewnętrznym.

Jeden z nich, kościsty mężczyzna z laską, pokazał kiedyś ojcu swoją kolekcję zegarów i broni z twarzą tak tajemniczą, jakby prezentował co najmniej serię kobiecych aktów. Gdy pewna stara ciotka instruowała nas, w jaki sposób mamy obejść mury, by bezpiecznie dostać się do szopy na łodzie, stwierdziliśmy, że użyła dokładnie takich samych słów, jak pięć lat wcześniej. Inna mówiła do nas szeptem, aby nie usłyszała jej służba, a pewien mężczyzna natrętnie wypytywał moją matkę o pochodzenie dziadka ze strony ojca. Kolejny stryj zwykł oprowadzać gości po swoim domu jak po muzeum, a przy każdej wizycie z takim samym oburzeniem opowiadał historię jakiegoś przekupstwa i związanego z nim skandalu sprzed siedmiu lat, jakby dowiedział się o niej z porannego wydania „Hürriyet". Mniej więcej w połowie każdej z tych wizyt, kiedy zauważałem spojrzenie matki sprawdzającej, czy przypadkiem nie robimy z bratem czegoś niestosownego, zaczynałem czuć, że dla tych bogaczy wcale nie jesteśmy tak ważni, jak próbują udawać, i chciałem już wracać do domu. Ten brak równości między nami przejawiał się w przeinaczaniu imienia mego ojca, pomyleniu dziadka z małomiasteczkowym dorobkiewiczem albo zapominaniu o naszej obecności w obliczu drobiazgów, które wywoływały nagłe wybuchy gniewu (zwykły cukier zamiast cukru w kostkach, nieodpowiedni odcień rajstop służącej albo łodzie przepływające zbyt blisko rezydencji, doprowadzające gospodarza do szału). Natomiast ich synowie i wnukowie, chłopcy w moim wieku, z którymi musiałem się przyjaźnić, byli przypadkami „trudnymi" — wzniecali awantury z rybakami w kawiarniach, bili księży w miejscowej francuskiej szkole lub (jeśli nie trafiali do zakładu psychiatrycznego w Szwajcarii) popełniali samobójstwa.

Ponieważ ci dziwni ludzie przywiązani byli do swoich majątków, humorów i fobii tak bardzo, że gotowi byli procesować się o wszystko z najbliższą rodziną, dostrzegałem pewne podobieństwa łączące ich z mieszkańcami naszej kamienicy. Żyli od lat pod jednym dachem, ale ciągali się wzajemnie po sądach, a potem — tak samo jak moi rodzice, ciotki i wujowie — zasiadali wspólnie do stołu, żartując jakby nigdy nic. Ci, którzy obrażali się na serio, przez lata nie rozmawiali ze sobą. A jeśli skazani byli na wspólne życie w jednej rezydencji, prędko stawiali wstrętne gipsowe ściany, ordynarnie dzieląc przestronne pokoje i zasłaniając sobie widok na Bosfor. Dzięki temu nie musieli już na siebie patrzeć, ale przez całe dnie nasłuchiwali odgłosów dochodzących zza muru i analizowali wszystkie kaszlnięcia i kroki. Jeśli dzielili się terytorium („Od dzisiaj harem należy do was, a oficyna do nas"), nie zwracali uwagi na brak komfortu. Przyjemność czerpali wyłącznie z uprzykrzania życia krewnym. Słyszałem nawet, że ktoś za pomocą różnych wybiegów prawnych próbował zakazać znienawidzonym sąsiadom chodzenia ścieżką wiodącą do wspólnej furtki.

Gdy później poznałem podobne spory dzielące kolejne pokolenia bogaczy, zastanawiałem się, czy przypadkiem ta nienawiść nie jest charakterystyczną cechą stambulskich wyższych sfer. W pierwszych latach republiki, gdy mój dziadek budował swoją fortunę, niedaleko nas, przy alei Teşvikiye w Nişantaşı, zamieszkała bogata rodzina. Dwaj bracia postanowili podzielić działkę, odziedziczoną po ojcu, który z kolei dostał ją w prezencie od sułtana Abdülhamita. Pierwszy z braci, przestrzegając wszelkich przepisów, wybudował na swojej połowie budynek. Kilka lat później drugi brat złośliwie postawił na swojej części dom, który wystawał trzy metry do przodu i zasłaniał widok pierwszemu. Ten więc nie pozostał dłużny i kazał wznieść mur wysokości pięciokondygnacyjnej kamienicy tylko po to, by zasłonić widok z okien drugiemu. Mówiło o tym całe Nişantaşı.

Wśród rodzin, które niedawno przyjechały do Stambułu, rzadko wybuchały takie kłótnie. Żyły one w większej solidarności, zwłaszcza gdy nie były zbyt majętne. Kiedy w latach sześćdziesiątych dwudziestego wieku liczba mieszkańców Stambułu zaczęła rosnąć w zawrotnym tempie, a ceny gruntów poszybowały w górę, każdy, kto stąd pochodził i miał szczęście posiadać jakieś nieruchomości, zostawał prawdziwym bogaczem. Ludzie ci, chcąc udowodnić, że należą do starych stambulskich rodów, od razu zaczynali się kłócić o majątek. Prawdopodobnie to właśnie było przyczyną pewnego zabójstwa. Gdy miasto rozrastało się w zawrotnym tempie, nieurodzajne tereny obejmujące wzgórza w Bakırköy, należące do dwóch braci, nieprawdopodobnie zyskały na wartości. Wtedy młodszy zastrzelił starszego. Gazety sugerowały, że starszy brat kochał się w żonie młodszego. Zielonooki syn zabójcy był moim kolegą w liceum Şişli Terakki, dlatego dramat tej rodziny szczególnie mnie interesował. Dopóki można było o nim przeczytać na pierwszych stronach, rudowłosy chłopiec w tweedowej marynarce całymi dniami szlochał w kącie z chusteczką w dłoni. I choć od tamtych zdarzeń minęło już ponad czterdzieści lat, zawsze, gdy znajduję się w tej części Stambułu — zamieszkiwanej obecnie przez ćwierć miliona ludzi, która nazywa się tak samo jak mój rudy kolega w tweedowej marynarce — albo gdy ktoś wspomina jego rodzinę (Stambuł to w końcu tylko duża wioska), widzę jego czerwone od płaczu oczy.

Wśród rodzin armatorów znad Morza Czarnego rozwiązywanie sporów na drodze sądowej nie było zbyt popularne — woleli bardziej bezpośredni sposób, to jest użycie broni palnej. Większość z nich, gdy przystępowała do walki o państwowe kontrakty, zaczynała od niewielkich łodzi żaglowych. Ale proces ten miał niewiele wspólnego z zachodnim wyobrażeniem wolnej konkurencji. Przeciwników eliminowały wynajęte gangi. Kiedy nadchodził moment znudzenia bijatykami i mordowaniem siebie nawzajem, jak książęta z Bliskiego Wschodu postanawiali w ramach łagodzenia stosunków pożenić swoje dzieci. Jednak zawieszenie broni nigdy nie trwało długo i synowie znów, ku rozpaczy kobiet, strzelali do siebie. Gdy jedna z takich rodzin zaczęła kupować barki i budować niewielkie frachtowce, a potem wydała swoją córkę za syna ówczesnego prezydenta, stała się głównym bohaterem działu „Czy słyszeliście?", a moja matka zaczęła pilnie śledzić opisywane w rubrykach towarzyskich „wystawne bale z kawiorem i szampanem".

Moi rodzice, wujostwo i babka często bywali na podobnych rautach i weselach. Na zrobionych przez miejscowego fotografa zdjęciach, które przynosili do domu i stawiali na kredensie, rozpoznawałem, później również w gazetach, twarze ludzi odwiedzających nasz dom, sławnych osób, oraz

polityków pomagających im w interesach. Potem, słuchając rozmów telefonicznych prowadzonych przez matkę z ciotką, częściej bywającą na tego typu spotkaniach, próbowałem wyobrazić sobie atmosferę panującą podczas ostatniego przyjęcia. W przeciwieństwie do imprez z lat dziewięćdziesiątych organizowanych z udziałem telewizyjnych kamer, modelek, prasy i sztucznych ogni dawne wesela czy bale nie miały na celu manifestowania bogactwa ówczesnej elity, ale zabawę, która choć na jeden dzień pozwalała im zapomnieć o własnym strachu i troskach. Kiedy brałem udział w takich balach, mimo zamętu w głowie czułem ową szczególną radość, jaka ogarnia człowieka w towarzystwie zamożnych ludzi. Tę samą przyjemność widziałem w oczach matki, która cały dzień szykowała się, aby pokazać się z najlepszej strony. I nie chodziło tu tylko o zadowolenie na myśl o rychłej zabawie, smakowitym jedzeniu czy miłym spędzeniu czasu. Była w tym również satysfakcja, że tego wieczoru — z nie do końca znanych powodów — będziemy należeli do uprzywilejowanej grupy.

Kiedy wchodziliśmy do jasno oświetlonej sali albo (latem) przechadzaliśmy się po ogrodzie wśród zastawionych stołów, baldachimów, kwiatów, służących i kelnerów, widziałem, że bogacze również czerpią radość z towarzystwa innych — zwłaszcza znanych osobistości. Tak samo jak moja matka rozglądali się, by sprawdzić, kto przyszedł, i okazywali zadowolenie na widok kogoś „odpowiedniego". Za bogactwem większości z nich nie kryła się wiedza, ciężka praca ani wyjątkowe zdolności, ale zwykłe szczęście albo oszustwo, o którym chcieli zapomnieć. Dlatego bardziej niż w swoje umiejętności wierzyli w siłę pieniędzy. Tylko w towarzystwie ludzi podobnych do siebie czuli się swobodnie i dobrze się bawili.

Ja natomiast po kilku chwilach spędzonych w ich towarzystwie zaczynałem czuć się obco. Traciłem rezon na widok jakiegoś przedmiotu, którego nie mieliśmy w domu, czegoś wyjątkowo luksusowego, jak choćby elektrycznego noża do mięsa. Czułem niepokój na widok rodziców, przyjacielsko i radośnie konwersujących z ludźmi, których malwersacje wyśmiewali wcześniej w domu. Po jakimś czasie odkryłem, że ani moja matka, która naprawdę była wtedy szczęśliwa, ani ojciec, być może flirtujący właśnie z jedną ze swych kochanek, tak naprawdę nie zapominali wcale o plotkach, komentowanych wcześniej w domowym zaciszu. Po prostu udawali, że wszystkie opowiadane przez nich wcześniej pikantne historie straciły na chwilę ważność. Ale czy wszyscy bogacze nie robili dokładnie tego samego? Może bycie elitą polegało na ciągłym udawaniu? Na przykład skarżyli się na jakość posiłków, jakie podano im ostatnim razem na pokładzie samolotu — zupełnie jakby to był wyjątkowo ważny temat albo jakby na co dzień jedli znacznie lepiej. Nieraz zastanawiałem się, czy przypadkiem obserwowanie tych ludzi — uspokajających własne sumienia i ukrywających je w jakichś trudno dostępnych zakamarkach swego ciała, tak jak ukrywali („wyprowadzali" według określenia mojej matki) pieniądze na kontach w szwajcarskich bankach — nie popsuło mi charakteru.

Pewnego razu sugestia ojca sprawiła, że zacząłem dostrzegać, iż ludzie ci tak naprawdę niewiele się od nas różnili. Miałem dwadzieścia lat i często krytykowałem głupotę, próżność i fałszywe gesty elity, która za wszelką cenę chciała wyglądać europejsko, ale z braku odwagi i pomysłów nie umiała stworzyć własnej kolekcji dzieł sztuki czy muzeum ani poddać się jakiejkolwiek namiętności. Gdy zaczynałem wymieniać przyjaciół naszej rodziny albo rodziców moich kolegów, ojciec delikatnie mi przerywał, obawiając się — jak mniemam — że ten sposób myślenia uczyni ze mnie człowieka zgorzkniałego i nieszczęśliwego, a następnie wyjaśniał, że pani, o której przed chwilą tak krytycznie się wypowiadałem, w rzeczywistości była uczciwą osobą o dobrym sercu. I gdybym tylko miał okazję poznać ją „od tej strony", zrozumiałbym dlaczego...

22.
Statki na Bosforze, pożary, bieda, przeprowadzki i inne nieszczęścia

Powoli uczyłem się, że życie nie składa się tylko z ciekawych wydarzeń, takich jak ciągłe bankructwa firm ojca i wuja, kłótnie rodziców, wieczne utarczki naszej czteroosobowej rodziny z pozostałymi członkami rodu, którego głową była babka, czy codzienne odkrywanie nowych przyjemności (rysowanie, seksualność, koleżeństwo, sen, miłość, jedzenie, zabawy czy obserwowanie innych). Oprócz niewyczerpanych źródeł szczęścia na życie miały duży wpływ ważne i mało istotne, wybuchające nagle, dramaty. Niebawem wiedziałem już doskonale, że tragedie mogą nas dotknąć tak samo niespodziewanie jak sztorm, o którym poważnym tonem opowiadał przez radio spiker po wiadomościach i prognozie pogody, w komunikacie dla marynarzy.

W każdej chwili moi rodzice mogli zacząć sprzeczkę, domownicy mieszkający nad nami kolejną awanturę o majątek, a mój nagle rozwścieczony brat brutalną lekcję posłuszeństwa. Albo też ojciec wróci do domu i mimochodem, jakby informował o swojej kolejnej podróży, ogłosi nam, że naciskali na niego, żeby sprzedał nasze mieszkanie, i musimy się przenieść gdzie indziej.

W tamtych latach wielokrotnie zmienialiśmy miejsce zamieszkania. Przy każdej przeprowadzce napięcie w domu rosło, ale ponieważ matka, zazwyczaj zajęta kontrolowaniem naszych zadań domowych, skupiała się wtedy na pilnowaniu, czy wszystkie przedmioty zostały porządnie zapakowane w stare gazety, ja razem z bratem szaleliśmy po domu, rozkoszując się rzadkim dla nas poczuciem wolności. Kiedy tragarze przenosili kredensy, szafy i stoły, które wydawały się nieodłączną częścią domowego krajobrazu, a mieszkanie tak długo będące naszym schronieniem coraz bardziej pustoszało, ogarniał mnie żal. Pocieszenie stanowiły nieoczekiwane znaleziska: dawno zagubione pióro, szklana kulka czy zabawka, z którą wiązały się wyjątkowe wspomnienia. Nasze nowe mieszkania nie były ani tak radosne, ani tak ciepłe jak kamienica Pamuków, ale na przykład w Cihangirze czy Beşiktaşie z okien rozciągał się piękny widok na Bosfor, dlatego przeprowadzki nie sprawiały mi przykrości, a stopniowe ubożenie naszej rodziny coraz mniej mnie niepokoiło.

Wypracowałem kilka metod radzenia sobie z tymi drobnymi dramatami. Czasami wystarczało przyjęcie jakichś reguł (jak nienadeptywanie na linie, pozostawianie niektórych drzwi zawsze uchylonych) albo ucieczka w przygodę (spotkanie z drugim Orhanem, wędrówki po alternatywnym świecie, rysowanie czy pogrążanie się we własnym nieszczęściu po wywołaniu kłótni z bratem). Liczyłem również statki płynące po Bosforze.

Zresztą dodawaniem statków kursujących w tę i z powrotem po wodach cieśniny zajmowałem się od zawsze. Liczyłem rumuńskie frachtowce, radzieckie krążowniki, kutry rybackie płynące z Trabzonu, bułgarskie statki rejsowe, turecką flotę wojenną wypływającą na Morze Czarne, sowieckie jednostki zwiadowcze, eleganckie włoskie transatlantyki, masowce z węglem, transportowce pod warneńską banderą, zaniedbane, odrapane i przerdzewiałe kontenerowce oraz mroczne, przegniłe statki bez nazwy i bandery. Nie znaczy to jednak, że odnotowywałem wszystko... Jak ojciec nie zwracałem uwagi na przecinające Bosfor łódki motorowe z biznesmenami

i wracającymi z targu z siatkami w dłoniach kobietami na pokładzie ani na doskonale mi znane statki linii miejskich, pełne przeprawiających się z jednego brzegu na drugi smutnych
pasażerów, ćmiących w milczeniu papierosy i popijających
herbatę. Ten widok był bowiem nieodłącznym elementem
mojego życia, jak meble w naszym mieszkaniu.

   W dzieciństwie liczyłem statki, nie zważając na niepokój,
wzburzenie i coraz większą panikę, jaką we mnie wywoływały. Miałem wrażenie, że wprowadzam w ten sposób ład
do mojego świata. Zarzucałem tę czynność tylko w chwilach
gniewu i smutku; kiedy uciekałem od siebie, szkoły czy od życia, by w poczuciu niczym nie zmąconej wolności zgubić się
na ulicach Stambułu. Wtedy dopadała mnie tęsknota za ma-
łymi dramatami, pożarami, innym życiem i drugim Orhanem.

   Zacząłem liczyć statki na początku lat sześćdziesiątych.
Razem z rodzicami i bratem mieszkaliśmy wtedy w wybu-

dowanej przez dziadka kamienicy w Cihangirze, w małym mieszkanku z widokiem na morze. Chodziłem do ostatniej klasy szkoły podstawowej, musiałem więc mieć jedenaście lat. Raz w miesiącu, kładąc się spać, nastawiałem budzik — z rysunkiem dzwonu na tarczy — na godzinę poprzedzającą wschód słońca. Gdy budziłem się, w domu panowała jeszcze nocna cisza, a ponieważ nie umiałem rozpalić zagaszonego wieczorem pieca, z podręcznikiem do języka tureckiego w ręce wślizgiwałem się do pustego łóżka w pokoju obok, gdzie czasami nocowała nasza służąca, i aż do świtu uparcie powtarzałem wiersz, którego musiałem nauczyć się na pamięć:

Flago, flago! Najwspanialsza flago na naszym niebie!

Każdy, kto kiedyś musiał nauczyć się na pamięć modlitwy czy wiersza, wie, że lepiej wtedy nie zwracać uwagi na widok rozciągający się przed oczami. Podczas gdy zapamiętujemy słowa, umysł sam wyszukuje obrazy wspomagające ten proces. Oczy, zupełnie nie słuchając myśli, oglądają świat wyłącznie dla własnej przyjemności. Już przed nadejściem świtu, drżąc pod kołdrą z zimna, patrzyłem na Bosfor, mieniący się w ciemnościach jak senne marzenia.

Widziałem jego wody pomiędzy rurami domowych piecyków i minaretami meczetu w Cihangirze, ponad dachami cztero- i pięciopiętrowych budynków oraz starych drewnianych domów, które miały doszczętnie spłonąć w ciągu następnej dekady. Ponieważ o tej porze miejskie statki nie kursowały, czarnej tafli nie oświetlały żadne reflektory. Po azjatyckiej stronie miasta widziałem stare dźwigi na Haydarpaşa i światła statków handlowych, przemierzających w ciszy cieśninę. Dzięki poświacie księżyca i pojedynczym reflekto-

rom samotnych motorówek dostrzegałem zarys oblepionej wodorostami, małżami i rdzą krypy rybaka, samotnie wypływającego na połów, albo podobnej do nocnego widziadła Wieży Panny. Najczęściej jednak morze spowijała tajemnicza czerń. Gdy przed wschodem słońca znajdujące się po azjatyckiej stronie domy i porośnięte cyprysami cmentarze zaczynały się rozjaśniać, Bosfor nadal był ciemny — jakby nigdy już nie miał zmienić swej barwy.

I w tych ciemnościach, kiedy próbowałem zapamiętać kolejne wersy, a mój umysł zajęty był recytacją i różnymi igraszkami mnemicznymi, moje spojrzenie zatrzymywało się na jakimś statku płynącym wolno po Bosforze: dziwacznej krypie albo kutrze, który wcześniej niż zwykle wyruszył w morze. Choć obserwowany obiekt w ogóle nie zaprzątał mojej uwagi, oko z przyzwyczajenia szybko rejestrowało jego ruchy, po czym, konstatując, że jest to przedmiot znajomy, pozwalało mu spokojnie przepłynąć przez cieśninę. Mówiłem do siebie: „Tak, to jest frachtowiec, a to kuter z popsutą lampą. Tam dalej motorówka wioząca pierwszych pasażerów z Azji do Europy... I jeszcze stary transportowiec wyprawiający się do któregoś z najdalszych portów Związku Radzieckiego".

Pewnego poranka, kiedy jak zawsze drżąc z zimna pod kołdrą, uczyłem się kolejnego wiersza, mój wzrok spoczął na czymś niezwykłym, czego nigdy wcześniej nie widziałem. Doskonale pamiętam, jak siedziałem wtedy, skamieniały, zapomniawszy o książce, którą trzymałem w dłoni. W moim kierunku sunął powoli, powiększający się z minuty na minutę, zbliżając się coraz bardziej do wzgórza, z którego go obserwowałem, kolos, lewiatan, statek rozmiarami i kształtem przypominający tylko potwory z sennego koszmaru — radziecki okręt zwiadowczy! Pływająca twierdza, wyłaniająca się z mgły i ciemności, jakby przychodziła ze świata baśni. Silniki chodziły cicho, na zwolnionych obrotach, ale i tak miały taką moc, że wprawiały w drżenie okienne futryny, drewniane podłogi, pogrzebacz przy kominku, garnki i *cezve*[*] zawieszone rzędem w ciemnej kuchni. Dygotały szyby w sypialni matki, ojca i brata, a drgania czuć było nawet na brukowanej ulicy prowadzącej na brzeg morza. Kubły na śmieci stojące przed bramami kamienic tak głośno klekotały, jakby nasza spokojna dzielnica miała przeżyć zaraz małe trzęsienie ziemi. A więc plotka, którą mieszkańcy Stambułu przekazywali sobie szeptem w czasie zimnej wojny, okazała się prawdą: radziecka flota wojenna po północy, pod osłoną ciemności przemierzała wody Bosforu.

W jednej chwili z przerażeniem pomyślałem, że na moich barkach spoczęła właśnie wielka odpowiedzialność. Ca-

---

* *Cezve* — naczynie do parzenia kawy.

łe miasto spało spokojnie i tylko ja jeden zauważyłem tego pancernego potwora, który płynął sobie Bóg wie gdzie, by popełnić jakieś straszliwe okrucieństwo. Muszę natychmiast wszystkich obudzić i ostrzec Stambuł, ostrzec cały świat! Poczułem się jak bohaterowie powieści dla dzieci — w środku nocy ratujący uśpione miasto przed powodzią, pożarem czy najazdem wrogiej armii. Był tylko jeden szkopuł: wcale nie miałem ochoty wychodzić z ciepłego łóżka.

Ogarniała mnie trwoga i ze strachu zaczynałem robić coś innego. Potem takie zachowanie weszło mi w krew. Mój skupiony na zapamiętywaniu umysł z wielką uwagą rejestrował obecność radzieckiego okrętu zwiadowczego. Niczym legendarni amerykańscy szpiedzy, którzy ze swojej kryjówki na wzgórzu fotografowali podobno wszystkie komunistyczne okręty (to prawdopodobnie kolejny mit z czasu zimnej wojny, być może zawierający w sobie odrobinę prawdy), wyliczałem w myślach jego charakterystyczne cechy. Ale nie robiłem tego rozmyślnie. Płynący okręt współistniał z innymi obiektami, wodami Bosforu i obracającą się ziemią. Wyliczałem jego właściwości i dzięki temu stawał się czymś zwyczajnym... Wiedziałem jednak, że nie wszystkie rzeczy mogę zauważyć, policzyć i zapamiętać. Tak oto, badając nie tylko radzieckie okręty, ale i inne godne uwagi jednostki pływające po Bosforze, umacniałem swoje wyobrażenie o świecie i o moim miejscu w nim. Mieli rację ci, którzy w szkole powtarzali nam, że nasz piękny Bosfor to klucz do podboju świata, jego geopolityczne serce — właśnie dlatego wszystkie kraje i armie, z radziecką na czele, chcą przejąć nad nim kontrolę!

Kiedy przestałem być dzieckiem, zawsze mieszkałem na jednym ze wzgórz wznoszących się nad Bosforem. Jego fale widziałem choćby w oddali, zza budynków i kopuł meczetów. Dla nas cieśnina ma specjalne znaczenie — wychodzą-

ce na morze okna w stambulskich domach są jak meczetowe mihraby, chrześcijańskie ołtarze albo bima w synagogach, dlatego fotele, sofy, krzesła i stoły ustawione są tak, aby widzieć z nich wodę. Tę naszą pasję można zauważyć również z pokładu statków wpływających do miasta od strony morza Marmara — Stambuł wygląda wtedy jak wyspa złożona z milionów otwartych okien, które bezlitośnie wychodzą jedno przed drugie, zasłaniając sobie wzajemnie widok.

Liczenie statków na wodach cieśniny nie jest tylko moją słabością. Kiedy zacząłem o tym rozmawiać z innymi, okazało się, że wielu podobnych do mnie stambulczyków w różnym wieku robi dokładnie to samo. Wychodzimy w ciągu dnia kilka razy na balkon lub zbliżamy się do okna, aby znowu odruchowo policzyć statki i dzięki temu zrozumieć sens dramatu, śmierci czy wielkiej katastrofy, która może przemienić nasze życie w piekło. W Beşiktaşu, gdzie przeprowadziliśmy się w okresie mojego dorastania, na ulicy Serencebey mieszkał nasz daleki krewny, który odnotowywał wszystkie statki w zeszycie, jakby na tym polegała jego praca. W liceum zaś miałem kolegę, który twierdził, że każdy podejrzany statek — stary, zardzewiały, o niewiadomym pochodzeniu — to jednostka radziecka nielegalnie transportująca broń dla rewolucjonistów albo ropę do jakiegoś kraju, co wstrząśnie światowymi rynkami.

Zanim nastała era telewizji, był to przyjemny sposób spędzania czasu. Ale moje wpatrywanie się w Bosfor, tak samo jak tysięcy innych mieszkańców Stambułu, kryło w sobie pewną obawę. Z powodu wojen, jakie imperium osmańskie toczyło z Zachodem i Rosją, nasze miasto zmieniło się w symbol ruiny, biedy i melancholii, a stambulczycy zamknęli się w sobie i zaczęli podejrzliwie traktować wszelkie nowości, zwłaszcza zagraniczne (chociaż jednocześnie pragniemy ich). I od stu pięćdziesięciu lat żyjemy w ciągłej obawie przed kolejną katastrofą, która przyniesie nam nowe porażki i nowe ruiny.

Kiedy wyjeżdżam ze Stambułu, myślę czasem, że chciałbym natychmiast tu wrócić, by móc kontynuować liczenie statków. Innym razem wydaje mi się, że jeśli przestanę to robić, znacznie szybciej dopadnie mnie obezwładniająca melancholia tego miasta, że prędzej poczuję własną bezsilność... Możliwe, że melancholia jest nieuchronnym stanem dla kogoś takiego jak ja. Ale poczucie, iż trzeba z nią coś zrobić, sprawia, że patrzenie przez okno na Bosfor staje się rodzajem misji.

Na czele listy tragedii, o których wciąż pamięta miasto i których zawsze w napięciu wyczekiwało, znajdują się wypadki statków pływających po Bosforze. Każdy z tych dramatów łączył mieszkańców Stambułu w atmosferze prawdziwej solidarności, a ja w skrytości ducha cieszyłem się nimi, gdyż wytrącały nasze życie z codziennej monotonii, chociaż bezpośrednio nas nie dotykały. I oczywiście czułem z tego powodu ciągłe wyrzuty sumienia.

Miałem osiem lat, kiedy na samym środku cieśniny zderzyły się dwa wypełnione ropą tankowce i po gigantycznej eksplozji stanęły w płomieniach. Nie bałem się, byłem raczej podniecony niezwykłym widowiskiem. Słuchałem wybuchów i patrzyłem, jak płomienie przesłaniają gwiaździste niebo. Potem przez telefon usłyszeliśmy, że eksplodowały okoliczne zbiorniki na ropę i istniało niebezpieczeństwo, że ogień ogarnie miasto. Jak w obliczu podobnych gigantycznych pożarów najpierw ktoś zauważył płomienie, potem ktoś inny przyniósł z miasta garść wyssanych z palca plotek, a na koniec, nic sobie nie robiąc z zakazów naszych matek i ciotek, wszyscy wpatrywaliśmy się w ten dramatyczny obraz, który przyciągał nas tak bardzo, że nie mogliśmy się oprzeć jego sile.

Tamtej nocy wuj obudził nas pośpiesznie, zapakował do samochodu i zawiózł do Tarabyi przez wzgórza za cieśniną. Pamiętam, że na widok policyjnej blokady ustawionej przed hotelem, budowanym wtedy nad brzegiem morza, poczułem podniecenie i zarazem rozczarowanie. Później zazdrościłem pewnemu szkolnemu koledze, który zdołał przedostać się za kordon policji dzięki ojcu, który był dziennikarzem. Wyjął on swoją legitymację i pokazując wszystkim, bezczelnie krzyknął: „Jestem z prasy!". Tamtej letniej nocy 1960 roku patrzyliśmy podekscytowani na płonący Bosfor w tłumie, który wyległ na ulice w koszulach nocnych, piżamach, włożonych naprędce spodniach, kapciach, z dziećmi na rękach, z bagażami w dłoniach... W kolejnych latach wśród ludzi obserwujących niezwykłe pożary statków i domów w niezrozumiały dla mnie sposób jak spod ziemi wyrastali sprzedawcy wafli, obwarzanków, pestek słonecznika, wody, kotlecików i sorbetu. Innym razem na wodach cieśniny spłonął wypełniony dziesięcioma tonami nafty tankowiec „Peter Zoranić", płynący z radzieckiego portu Tuapse do Jugosławii. Jak pisano później w gazetach, „Zoranić" wziął zły kurs i zderzył się z płynącym do Związku Radzieckiego greckim tankowcem „World Harmony". Kilka minut po kolizji całym Stambułem wstrząsnął wybuch uwolnionej z jugosłowiańskiej jednostki nafty. Ponieważ załogi obu statków albo wyskoczyły za burtę, albo zginęły na miejscu, dwa kolosy porzucone na pastwę kapryśnych i nieprzejednanych prądów Bosforu zmieniły się w pozbawione kontroli ogniste kule, które, dryfując, zaczęły poważnie zagrażać nadmorskim dzielnicom na obu brzegach: rezydencjom Emirgânu i Yeniköy, całej Kanlıcy, zbiornikom ropy na Çubuklu i pokrytym rzędami starych drewnianych domów wybrzeżom Beykozu. Miejsca, które kiedyś Melling przedstawiał jak obraz raju, a Hisar określił mianem cywilizacji Bosforu, teraz stały w płomieniach, spowite czarnym dymem.

Gdy prąd zniósł któryś ze statków w stronę brzegu, ludzie w panice opuszczali drewniane domy i z dziećmi oraz kołdrami na ręku uciekali w głąb lądu, byle dalej od wody. Jugosłowiański tankowiec zaczął dryfować ku europejskiemu brzegowi i uderzył w zakotwiczony na wysokości Istinye turecki statek pasażerski „Tarsus", który po chwili również stanął w ogniu. Potem obie płonące jednostki przesunęły się w kierunku Beykozu, skąd tłumy ludzi z naręczami pościeli, w kurtkach narzuconych pospiesznie na nocne ubiory w panice zaczęły uciekać na wzgórza. Oświetlone ogniem morze lśniło na żółto. Kominy, słupy i mostki kapitańskie obu statków stopiły się i teraz przypominały już tylko zwały

rozgrzanego do czerwoności żelastwa, stercząc powyginane na wszystkie strony. Niebo rozświetliło się czerwienią, która biła z wnętrza płonących wraków. Co pewien czas okolicą wstrząsały eksplozje, a wtedy wielkie płachty płonącej stali wpadały do wody jak kartki papieru. Od strony wybrzeża i okolicznych wzgórz słychać było okrzyki, nawoływania i płacz dzieci.

Czy może być coś bardziej poruszającego niż widok zapłakanych ludzi w popłochu uciekających od ognia, czerwieni nieba i starych drewnianych domów, które jakimś cudem wcześniej omijała śmierć? Przecież ludzie ci uciekali od swoich ukochanych zagajników i wzgórz pokrytych cyprysami i sosnami, od ogrodów, po których wiosną spacerowali wśród judaszowców i wiciokrzewów i gdzie latem zapadali w cudowny sen w cieniu drzew morwy. Od miejsc, z których wieczorami spoglądali na morze połyskujące w świetle księżyca jak prawdziwy jedwab, gdy w powietrzu niosła się muzyka, a młodzi mężczyźni patrzyli na kropelki wody mieniące się srebrzyście na wiosłach łodzi.

Później zrozumiałem, że tym wszystkim tragediom można było zapobiec — gdybym tylko policzył statki. Poczucie winy związane z tymi dramatami sprawiało, że zamiast uciekać, chciałem być jak najbliżej wydarzeń. Jak wielu stambulczyków miałem wyrzuty sumienia, ponieważ w głębi duszy tęskniłem jednak za tymi tragediami. Ciekawość i chęć zobaczenia wszystkiego z bliska górowała nad pozostałymi uczuciami.

Nawet Tanpınar, którego powieści świadczą o głębokim zrozumieniu zarówno życia wśród resztek osmańskiej kultury wymiecionej przez nagłą europeizację, jak również ludzi, z powodu biedy i ignorancji przestających dbać o swoje związki z przeszłością, w książce *Pięć miast* przyznaje, że uwielbia oglądać płonące drewniane domy, i jak Gautier stwierdza, że ta słabość czyni go podobnym do Nerona. Co dziwniejsze, w tym samym dziele kilka stron wcześniej szczerze rozpacza: „Na moich oczach wspaniałe dzieła ludzkich rąk rozpadają się jedno po drugim, przeistaczając się w stosy ziemi i popiołu".

Gdy Tanpınar pisał te słowa, mieszkał na Tavuk Uçmaz Yokuşu w Cihangirze, czyli przy tej samej ulicy, gdzie mieszkałem w dniu, w którym zauważyłem sowiecki okręt wojenny. I właśnie stamtąd obserwował pożar drewnianego budynku Akademii Sztuk Pięknych, w której uczył, gdzie kiedyś rezydowała sułtanka Sabiha, a potem mieścił się parlament. Być może, chcąc usprawiedliwić radość, jaką czerpał z tego spektaklu, podczas którego „jak w dniu Sądu Ostatecznego w ułamku sekundy unosiły się w powietrze kolumny ognia i dymu" i w popiół obracała się wraz ze swoim bez-

cennym wyposażeniem (cała scheda po największym archi-
wiście architektury osmańskiej, Sedadzie Hakkım Eldemie)
jedna z najpiękniejszych budowli z okresu panowania Mah-
muta II, Tanpınar opowiada o osmańskich paszach, zawsze
ciekawych takich widowisk. Gdy tylko ktoś zawołał: „Pożar!", wskakiwali do powozów i pędzili na miejsce tragedii,
zabierając z sobą przedmioty chroniące przed chłodem: koce,
futra, a nawet — spodziewając się, że spektakl może potrwać
dłużej — jedzenie i naczynia do parzenia kawy.

Pożary Stambułu nie były wyłącznie rozrywką paszów,
szabrowników, złodziei i dzieci. Lubili je także obserwować
i o nich pisać zachodni podróżnicy. Gautier, który przyjechał
tu na dwa miesiące w 1852 roku, był świadkiem aż pięciu
takich wydarzeń i relacjonował je z ekstatyczną dbałością
o szczegóły (gdy dotarła do niego wieść o wybuchu pierwszego pożaru, pisał właśnie wiersz na cmentarzu w Beyoğlu).

Ze zrozumiałych powodów obserwatorom zależało na tym, aby ogień pojawiał się nocą... Gautier określił pożar pewnej wytwórni farb nad Złotym Rogiem jako „niewymownie piękny widok", a jego malarska wrażliwość pozwoliła mu zauważyć wiele szczegółów towarzyszących wydarzeniu, jak gra cieni na statkach zacumowanych na morzu, falujący tłum gapiów i huk ognia połykającego drewniane budynki. Potem wrócił na miejsce tragedii, by obserwować setki rodzin, które próbowały jakoś przetrwać w namiotach wzniesionych w ciągu dwóch dni, wśród dywanów, materacy, poduszek, misek i innych przedmiotów cudem uratowanych z płomieni. Zobaczywszy, że ludzie ci uznali swój los za przeznaczenie, stwierdził, że to kolejny dziwny „turecko-muzułmański" zwyczaj.

Ale przecież pożary tak często zdarzały się w pięćsetletniej historii osmańskiego Stambułu, że mieszkańcy zdołali się już do nich przyzwyczaić. Dla tych, którzy w dziewiętnastym wieku mieszkali przy wąskich uliczkach, były oczywistym i nieuchronnym końcem ich drewnianych domów, a nie życiową tragedią. Należało się do nich po prostu przygotować. Nawet gdyby imperium osmańskie się nie rozpadło, na początku dwudziestego wieku Stambuł i tak straciłby większość zabytków symbolizujących jego dawną siłę — pożary za jednym zamachem połykały tysiące domostw, dziesiątki ulic, ogromne dzielnice, pozostawiając tysiące ludzi bez dachu nad głową, zdanych tylko na siebie, bez środków do życia.

Przyjemność, jaką moje pokolenie czerpało z widoku płomieni trawiących miasto w latach pięćdziesiątych i sześćdziesiątych dwudziestego wieku, wynikała z innych duchowych tęsknot, niż to było w wypadku osmańskich paszów, z zachwytem oglądających pożary niczym spektakle. Z poczuciem winy, rozterką w sercu i zazdrością czekaliśmy, aby jak najprędzej zniknęły ostatnie ślady gigantycznej cywilizacji i kultury, na której spadek nie zasłużyliśmy, ponieważ woleliśmy stać się wtórną, nieciekawą i mizerną kopią zachodniego świata.

Gdy w czasach mojego dzieciństwa i młodości zaczynała się palić któraś z nadmorskich rezydencji, na obu brzegach Bosforu zbierały się tłumy gapiów, a najbardziej ciekawscy śmiałkowie podpływali do płonącego domu łódkami i motorówkami, aby z wody obserwować przebieg zdarzeń. My zaś telefonowaliśmy do siebie z kolegami, a potem ściśnięci w jednym samochodzie jechaliśmy na przykład do Emirgânu. Zaparkowawszy auto jak inni przy chodniku, włączaliśmy magnetofon kasetowy (ostatni krzyk mody) i słuchaliśmy z niego Creedence Clearwater Revival, pogryzając kupione w pobliskiej *çayhane* tosty i popijając zamówioną herbatę lub piwo. W takim stanie ducha podziwialiśmy przerażający spektakl, jaki rozgrywał się na azjatyckim brzegu cieśniny.

Rozmawiało się o rozżarzonych do czerwoności gwoździach, które strzelały w niebo i, pokonując cieśninę, wywoływały pożar na drugim brzegu. Potem opowiadaliśmy sobie o ostatnich zauroczeniach miłosnych, plotkach zapowiadających polityczne zmiany, meczach piłki nożnej i skarżyliśmy się na głupie zagrywki naszych rodziców. Kiedy przed płonącym domem przepływał jakiś nieoświetlony tankowiec, nikt go nie liczył — nie było już powodu, tragedia właśnie się rozegrała. W kulminacyjnym momencie w samochodzie zapadała cisza i czułem, że każdy z nas, wpatrzony w płomienie, myślał wtedy o własnych nadchodzących tragediach.

Strach przed nowym dramatem — ów strach, który przychodził znad cieśniny i dopadał każdego z nas — łapie mnie najczęściej w łóżku. Po północy, zanim jeszcze nadejdzie

świt, budzi mnie syrena statku. Jeśli ponownie ją usłyszę
— głęboki, silny dźwięk, który odbija się echem od okolicznych wzgórz — wiem, że nad wodami Bosforu zalega mgła.
To smutna syrena stojącej u ujścia do morza Marmara latarni
morskiej Ahırkapı w regularnych odstępach daje o tym znać.
Wtedy, zawieszony między jawą i snem, wyobrażam sobie
wielki statek, który w zdradzieckim nurcie próbuje znaleźć
bezpiecznie drogę.

Pod jaką pływa banderą? Czy jest duży, co wiezie? O czym
myśli kapitan stojący teraz na mostku? O czym myśli załoga? Zniósł ich prąd, w ciemnościach nie zauważyli mieliz-
ny, a może dostrzegłszy, że zboczyli z kursu i płyną w złym
kierunku, włączyli syrenę ostrzegawczą? W sercach mieszkańców Stambułu, którzy leżąc w łóżku, jak ja zawieszeni
między jawą i snem, słyszą coraz bardziej żałosne i pełne
bólu zawodzenia syren, obawa przed nadchodzącą tragedią
miesza się ze współczuciem dla marynarzy, wywołując przerażający sen, rozgrywający się na Bosforze. „Niech Bóg dopomoże tym, co zostali na morzu", powtarzała moja matka
w sztormowe dni. Ale świadomość, że rozgrywająca się w pobliżu tragedia nie może nas dotknąć, jest najlepszym lekiem
na bezsenność. Dlatego mieszkaniec Stambułu, leżący w łóżku, liczy dźwięki syren i wkrótce zasypia wtulony w kołdrę.
Może we śnie widzi samego siebie na zabłąkanym we mgle
statku, o krok od śmiertelnego niebezpieczeństwa?

Bez względu na to, o czym śnimy, większość z nas budzi
się rano, zupełnie nie pamiętając, że w nocy wyrwały nas ze
snu dźwięki syren. Tylko dzieci i zdziecinniali starcy pamię-
tają takie rzeczy. A potem, w środku najzwyklejszego dnia,
stojąc w kolejce na poczcie albo jedząc obiad, słyszymy nagle
czyjeś głośne słowa: „Wczoraj w nocy obudził mnie sygnał
ostrzegawczy przed mgłą". W takich chwilach nie mogę się

pozbyć wrażenia, że miliony mieszkańców nadbosforskich wzgórz w mgliste noce śnią o tym samym.

Ale w snach ludzi nad zatoką pojawia się jeszcze jeden koszmar, związany z wydarzeniem, które na zawsze wryło się w moją pamięć. Dokładnie 4 września 1963 roku o czwartej nad ranem, gdy mgła była tak gęsta, że widoczność spadła do dziesięciu metrów, wojskowy towarowiec „Archangielsk", o wyporności 5500 ton, płynący z Noworosyjska na Kubę, manewrował w cieśninie. Na wysokości portu Baltalimanı wrył się na dziesięć metrów w głąb lądu i zmiażdżył dwa drewniane domy, zabijając trzy osoby.

„Obudził nas potworny hałas. Najpierw myśleliśmy, że uderzył piorun i przepołowił dom. Jakimś cudem znaleźliśmy się w części, która nie zawaliła się od razu. Kiedy trochę ochłonęliśmy, zobaczyliśmy przed sobą dziób gigantycznego frachtowca. Siedzieliśmy wtedy w naszym salonie na trzecim piętrze". Razem z relacjami naocznych świadków gazety opublikowały fotografie statku, który zakończył rejs w salonie pechowego domu. Śmiercionośny dziób zatrzymał się tuż obok przewróconych kanap, stolików, bufetów, oprawnych w ramy ozdobnych napisów osmańskich, zawieszonych na ścianie fotografii dziadka, kiści winogron leżących na talerzyku w rogu kredensu oraz dywanu, którego jeden koniec niczym zasłona powiewał w pozostałej po zburzonej ścianie wyrwie. Najbardziej przerażające i pociągające w owych fotografiach było to, że wszystkie widoczne na nich przedmioty przypominały nasze fotele, bufety, stoliki, parawany, krzesła, stoły i kanapy.

Kiedy trzydzieści lat później przeglądałem gazety z tamtych dni, w mojej pamięci odżyły powtarzane w Stambule opowieści o zabitej przez statek uczennicy liceum, która niedawno się zaręczyła, ostatnie słowa, jakie wypowiedziała ostatniej nocy do ocalałych mieszkańców obu domów i dramatyczny opis rozpaczy chłopaka, który odnalazł jej ciało pod gruzami. Pamiętam, że przez kilka dni wszyscy w mieście mówili tylko o tym.

W tamtych czasach w Stambule mieszkało zaledwie milion ludzi, dlatego wypadki nie były odległymi tragediami rozgrywającymi się w przypominającej wieżę Babel metropolii, gdzie wszyscy są anonimowi. Każde z tych wydarzeń było wielkim przeżyciem, a wieść przekazywana z ust do ust stawała się legendą. Najbardziej zaskoczyło mnie to, że wielu moich znajomych dowiedziawszy się, iż mam zamiar napisać książkę o Stambule, z prawdziwym wzruszeniem opowiadało mi o dawnych nadbosforskich tragediach, tak jak wspomina się o szczęśliwych czasach młodości. Każdy z nich usilnie prosił, abym opisał jakiś konkretny, wybrany przez niego dramat...

Musiałem więc koniecznie opisać dzień (chyba w lipcu 1966 roku), w którym statek pasażerski wiozący członków Stowarzyszenia Przyjaźni Turecko-Niemieckiej zderzył się między Yeniköyem i Beykozem z wypełnioną drewnem łodzią motorową, wypływającą na morze Marmara. Zatonął z trzynastoma osobami na pokładzie...

Musiałem opowiedzieć o rumuńskim tankowcu „Ploieşti", który na oczach mojego znajomego, jak zwykle liczącego statki z balkonu swego domu, jednym uderzeniem przepołowił rybacką krypę.

Nie mogłem nie wspomnieć o zderzeniu rumuńskiego tankowca („Independenta") z greckim frachtowcem („Euriali") w okolicy Haydarpaşa (stacji kolejowej po azjatyckiej stronie miasta). Wyciekające ze statków paliwo w jednej chwili zaczęło płonąć i pełen ropy tankowiec wybuchł z tak potwornym hukiem, że w mieście w jednej chwili wszyscy zerwali się na równe nogi. Ale mam też własny powód, żeby pamiętać tę historię — w naszej okolicy, a mieszkaliśmy wtedy kilka dobrych kilometrów od miejsca wypadku, popękała połowa szyb w oknach, a odłamki szkła zasypały ulicę.

Nie mogłem pominąć statku, który poszedł na dno Bosforu 15 listopada 1991 roku. Płynący pod libańską banderą „Rabunion", wiozący z Rumunii ponad dwadzieścia tysięcy owiec, zderzył się z filipińską „Madonną Lili", transportującą z Nowego Orleanu do Rosji pszenicę. Nieliczne zwierzęta, które zdołały wyskoczyć za burtę, wyłowili stambulczycy siedzący akurat w nabrzeżnych *çayhane*, popijający herbatę i czytający prasę. Reszta wciąż czeka na kogoś, kto wydobędzie je z morskich odmętów. Ten wypadek zdarzył się dokładnie pod drugim mostem na Bosforze, znanym też jako most Mehmeta Zdobywcy (to nie z niego stambulczycy rzucali się do wody, popełniając samobójstwo, tylko z mostu Bosforskiego).

Podczas pisania tej książki sporo czasu spędziłem na lekturze gazet, które czytałem jako dziecko, i znalazłem w nich wiele artykułów, a one przypomniały mi, że częściej wybierano jednak inną formę samobójstwa:

„Kolejny samochód wpadł do morza przy Rumeli Hisarı. Mimo dokładnych poszukiwań podjętych w dniu wczorajszym (24 maja 1952) nie udało się odnaleźć ani wozu, ani pasażerów. Świadkowie twierdzą, że nim auto wpadło do wody, kierowca zdążył otworzyć drzwi i wezwać pomoc. Z niewiadomych przyczyn zamknął je potem i razem z pojazdem przepadł w otchłani. Prawdopodobnie wrak samochodu osunął się głębiej z powodu silnych prądów cieśniny".

A oto inny fragment, tym razem z 3 listopada 1997 roku, a więc napisany czterdzieści pięć lat później:

„Nietrzeźwy kierowca stracił kontrolę nad pojazdem, który wpadł do Bosforu w dzielnicy Tarabya. W aucie znajdowało się dziewięcioro weselników, jadących złożyć ofiarę dla Ojca Telli. W wypadku utonęła matka dwójki dzieci".

Przez lata wszyscy słyszeliśmy albo czytaliśmy o setkach aut pędzących w stronę morza i pasażerach jadących w tym jednym, ostatecznym kierunku; krzyczących dzieciach; skłóconych kochankach; mających wszystko w nosie pijakach; mężach, którzy za wcześnie wracali do domu; młodzikach pragnących wypróbować hamulce w swoich nowych samochodach; zadumanych kierowcach; straceńcach, których pociągało samobójstwo; staruszkach z kurzą ślepotą; zagapionym chłopaku, który po wypiciu herbaty na pomoście przez pomyłkę wrzucił niewłaściwy bieg, jego nie mniej zdziwionym koledze; byłym ministrze finansów z sekretarką; policjantach zapatrzonych w Bosfor, liczących statki; świeżo upieczonym kierowcy, który bez pozwolenia zabrał z fabryki samochód i wybrał się na przejażdżkę z rodziną; producencie nylonowych rajstop i jednocześnie znajomym jednego z naszych krewnych; ojcu i synu ubranych w jednakowe płaszcze; znanym opryszku z Beyoğlu i jego ukochanej albo rodzinie, która przyjechała z Konyi i po raz pierwszy widziała most Galata. Kiedy takie auto wpadało do wody, nie tonęło natychmiast jak kamień, ale przez chwilę unosiło się na powierzchni. Jeśli scena ta rozgrywała się w ciągu dnia, przy świetle ulicznych latarni albo restauracyjnych lampionów, w owej krótkiej chwili ludzie znajdujący się po stronie życia spoglądali w twarze tych, którzy wybierali się w morską głębinę, i dostrzegali w nich przerażenie. A potem samochód powoli zanurzał się w głębokiej, ciemnej i niespokojnej wodzie.

Żadna siła nie mogła otworzyć drzwi pojazdu, który zaczynał tonąć, bo napór wody uniemożliwiał wszelkie próby ucieczki. W okresie więc, gdy wyjątkowo wiele samochodów lądowało na dnie cieśniny, pewien życzliwy dziennikarz postanowił podzielić się z czytelnikami wiedzą na temat zasad ewakuacji. Jedna z gazet opublikowała taki oto opatrzony ilustracjami miniporadnik:

„Jak uciec z samochodu, który wpadł do morza?

1. Nie panikować. Zamknąć wszystkie okna i spokojnie czekać, aż woda wypełni wnętrze wozu. Upewnić się, że drzwi nie są zablokowane, i nie ruszać się z miejsca.

2. Jeśli samochód wciąż schodzi na dno, zaciągnąć ręczny hamulec.

3. W chwili gdy woda wypełni niemal całe wnętrze, wciągnąć w płuca resztę powietrza zgromadzonego pod sufitem, powoli otworzyć drzwi i spokojnie wypłynąć na zewnątrz.

Jeśli akurat pasek od płaszcza nie zaczepi się wam o dźwignię hamulca i szczęśliwie zdołacie uwolnić się z samochodu, przeżyjecie to, co chciałbym dopisać jako punkt czwarty:

4. Jeśli umiecie pływać i dotrzecie w końcu na powierzchnię, zauważycie natychmiast, że mimo przytłaczającej melancholii wasze życie jest naprawdę piękne".

23.
Nerval w Stambule. Spacery po Beyoğlu

Szczegóły niektórych obrazów Mellinga budzą we mnie dreszcz emocji. Twórca ten przedstawiał stambulskie wzgórza, pośród których upłynęło całe moje dotychczasowe życie, jeszcze zanim ktokolwiek się tutaj wprowadził, zanim wybudowano domy i ulice. Miejsca, które później przyjmą nazwy Yıldız, Maçka czy Teşvikiye, oglądam z lupą w dłoni. Patrząc na puste wzgórza porośnięte topolami i platanami, zastanawiam się, co czuliby żyjący wtedy stambulczycy, gdyby mogli zobaczyć, co stało się z ich rajem. Bo ja czuję ból,

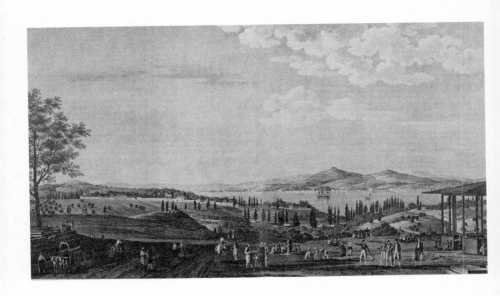

który towarzyszy mi, gdy patrzę na pogorzeliska po drewnianych domach albo zrujnowane miejskie mury i akwedukty. Kiedy człowiek odkrywa, że miejsca, w których wzrastał — które zna od urodzenia, które stanowią centrum jego świata i początek wszystkiego, co się potem wydarzyło — zupełnie niedawno (bo przecież niespełna sto lat przed jego urodzeniem) w rzeczywistości jeszcze nie istniały, czuje się jak duch oglądający własne dawne życie. Drży, stojąc twarzą w twarz z całym swoim doświadczeniem, historią utkaną z delikatnie zawiązywanych znajomości i starannie gromadzonych przedmiotów...

Podobne drżenie obudziła we mnie *Podróż na Wschód* Gérarda de Nervala, a zwłaszcza rozdział poświęcony Stambułowi. Francuski poeta, który przyjechał do Konstantyno-

pola w 1843 roku, pół wieku po namalowaniu obrazów przez Mellinga, opisuje swój spacer spod siedziby mewlewitów na Galacie, czyli z miejsca, które dziś nazywamy Tünelem, do placu Taksim. A więc trasę, którą sto piętnaście lat później przemierzałem z matką, trzymając ją za rękę. Obecnie obszar ten jest powszechnie znany jako Beyoğlu. Główna arteria tej części miasta nosiła jeszcze wtedy szumną nazwę Grande rue de Péra i dzisiaj (po ogłoszeniu republiki nazwano ją aleją İstiklal) wygląda niemal tak samo.

Nerval porównuje ją do ulic Paryża: modne stroje, sklepy z bielizną i biżuterią, błyszczące witryny, cukiernie, angielskie i francuskie hotele, kawiarenki i ambasady... Ale kilka kroków za Francuskim Szpitalem (obecnie Centrum Kultury Francuskiej) miasto kończyło się w sposób zaskakujący, nieoczekiwany i przerażający nawet dla mnie. Taksim — żywe jądro mojego świata, największy plac w tej części miasta i miejsce, wokół którego toczyło się całe moje życie — Nerval opisuje jako pustą przestrzeń zagospodarowaną jedynie przez furmanki oraz sprzedawców kotletów, arbuzów i ryb. Wspomina też o otaczających plac i leżących poza nim cmentarzach. Sto lat później to wszystko się zmieni. Najbardziej wstrząsa mną jedno zdanie dotyczące tej przestrzeni, która dla mnie na zawsze pozostanie ogromnym placem otoczonym przez stare budynki: „zacieniony orzechowcami i sosnami ogromny, niezmierzony płaskowyż".

Nerval miał trzydzieści pięć lat, kiedy przyjechał do Stambułu. Dwa lata wcześniej przeżył atak melancholii, która dwanaście lat później doprowadziła go do samobójstwa, i miał już za sobą pobyt w szpitalu psychiatrycznym. Pół roku wcześniej zmarła aktorka Jenny Colon, wielka, niespełniona miłość jego życia. Inspirowany twórczością Chateaubrianda, Lamartine'a i Hugo oraz romantycznymi marzeniami o Wschodzie

Nerval wyruszył w podróż z Kairu na Cypr, Rodos, do Izmiru i Konstantynopola. Podobnie jak jego poprzednicy pragnął opisać Wschód, a ponieważ motyw melancholii w literaturze francuskiej jest zasadniczo kojarzony właśnie z nim, można założyć, że odnalazł ją właśnie w Stambule.

W Stambule Nerval wcale nie skupia się na swojej melancholii, lecz na wszystkim, co pozwoliłoby mu o niej zapomnieć. Przecież w podróż na Wschód wyruszył właśnie po to, by zostawić za sobą troski, a przynajmniej na jakiś czas odsunąć je od siebie. W jednym z listów adresowanych do ojca pisał, że udowodni ludzkości, iż podjęta przez niego dwa lata wcześniej próba samobójcza była w istocie mało istotnym wypadkiem bez dalszych konsekwencji, i optymistycznie dodawał, że miewa się doskonale.

Stambuł nie uległ jeszcze wtedy serii ciosów zadanych przez biedę, upokorzenia i porażki, więc można się domyślać, że nie ujawnił przed poetą swej melancholijnej natury. Nerval wprawdzie pisze w swojej książce podróżniczej, że „czarne słońce melancholii" budzi się na Wschodzie, ale jako przykład podaje rozlewiska Nilu... W bogatym, egzotycznym Konstantynopolu zachowuje się niczym dziennikarz poszukujący ciekawego materiału dla gazety.

Dlatego właśnie postanowił przyjechać do Stambułu w czasie ramazanu. Uważał, że ten okres ma takie znaczenie dla tego miasta jak karnawał dla Wenecji (wspomina zresztą, że jest to święto postu i karnawału jednocześnie). Nocami ogląda przedstawienia teatru cieni Karagöz, podziwia oświetlone latarniami ulice i w jakiejś *kahvehane* słucha opowiadacza historii. Jego spostrzeżenia zainspirują później wielu Europejczyków do pójścia w jego ślady. A gdy już zostały zapomniane przez biednych stambulczyków, którzy przeżyli rewolucję technologiczną, europeizację i ekonomiczny upadek, na nowo zaczęli je odkrywać miejscowi pisarze, autorzy dzieł w rodzaju *Dawne zabawy podczas świąt ramazanu.*

Wszystkie te książki czytałem w dzieciństwie, przepełniony tęsknotą za czymś, czego w istocie nie znałem. To one przygotowały mnie do dnia, w którym postanowiłem pościć wyłącznie dla własnej satysfakcji. Nerval i naśladujący go autorzy malowali jednak zbyt egzotyczny obraz Stambułu. I choć Francuz dworował sobie z angielskich pisarzy, którzy w trzy dni oglądali wszystkie „turystyczne" atrakcje, by potem publikować wspomnienia albo książki, sam przecież także udał się do zakonu derwiszów, by obejrzeć ich ceremonię, czekał pod serajem na wyjazd sułtana, by zobaczyć go chociaż z oddali (twierdził, że spotkali się wzrokiem, ponieważ Abdülmecit zwrócił na niego uwagę), i urządzał długie wędrówki po cmentarzach, by opisać potem turecki przyodziewek, zwyczaje i obrządki.

W swojej wywołującej dreszcze autobiograficznej książce *Aurelia albo Życie i sen* (porównywał ją do *Nowego życia* Dantego), która tak bardzo zafascynowała André Bretona, Paula Éluarda, Antonina Artauda i innych surrealistów, wyznał, iż po odrzuceniu przez ukochaną kobietę nie widział sensu życia, że „prostacka rozrywka", jaką było zwiedzanie świata, poznawanie dziwnych zwyczajów i egzotycznych strojów, służyła tylko zajęciu czymś myśli. Jest świadom powierzchowności własnych relacji na temat miejscowych obrządków, nekropolii, kobiet czy obchodów ramazanu. Może dlatego niczym pisarz, który czuje potrzebę wtrącenia tu i ówdzie nowej, świeżej opowiastki, zamieścił w *Podróży na Wschód* mnóstwo wymyślonych historii? (Ahmet Hamdi Tanpınar w obszernym rozdziale na temat pór roku, napisanym jako fragment tworzonej wspólnie z A.Ş. Hisarem i Yahyą Kemalem książki *Stambuł*, wyznaje, że zaintrygowany postanowił sprawdzić, ile prawdy kryją w sobie opowieści Nervala).

Klimat tych opowiastek bardziej przypomina baśnie Szeherezady niż prawdziwy nastrój Stambułu. Nerval czuł zresztą, że kreślone przezeń obrazy są mało przekonujące, dlatego co jakiś czas uwodził czytelnika porównaniami do baśni z *Księgi tysiąca i jednej nocy*. Opisywał Stambuł jako miejsce, „którego zewnętrzna uroda sprawia, iż mamy wrażenie ob-

cowania z najcudowniejszym miastem świata", ale ubóstwo jednych dzielnic oraz upadek innych powodują, że wygląda ono jak teatralna scenografia. To miejsce, na które należy patrzeć z oddali, nie zerkając za kulisy. Ahmet Hamdi Tanpınar i Yahya Kemal, którzy niebawem sprawili, iż owa wizja Stambułu równie mocno zaczęła przemawiać do jego mieszkańców, musieli zrozumieć, że ich misja powiedzie się jedynie wtedy, gdy połączą w swoich dziełach ów bajeczny krajobraz z nędzą owych kulis właśnie. Obaj byli zafascynowani Nervalem... Chcąc jednak lepiej zrozumieć stworzone przez nich wyobrażenie Stambułu, tak chętnie przywoływane przez następne pokolenia pisarzy tureckich, powinniśmy przyjrzeć się dziełom jeszcze jednego zachodniego twórcy, który przybył do tego miasta po Nervalu.

24.
Melancholijny spacer Gautiera.
Przedmieścia

Théophile Gautier, pisarz, dziennikarz, poeta i krytyk literacki, był licealnym kolegą Nervala. Wspólnie przeżyli młodość i fascynację romantyzmem Hugo. Przez pewien okres, kiedy obaj mieszkali w Paryżu, byli sobie bardzo bliscy i nigdy już nie zerwali kontaktu. Na kilka dni przed samobójstwem Nerval odwiedził przyjaciela... Kiedy powiesił się na ulicznej lampie, Gautier napisał o nim poruszający tekst.

Dwa lata wcześniej, w 1852 roku (to znaczy dziewięć lat po podróży Nervala na Wschód i dokładnie sto lat przed moimi narodzinami) nastąpiły wydarzenia, które skłoniły imperium osmańskie, Anglię i Francję do sprzymierzenia się przeciw Rosji i wywołały wojnę krymską. One także sprawiły, że podróżowanie na Wschód znów stało się modne. Gdy Nerval marzył o drugiej takiej wyprawie, Gautier wybrał się do Stambułu. Dzięki popularnym już wtedy statkom parowym pływającym po Morzu Śródziemnym podróż z Paryża trwała zaledwie jedenaście dni. Gautier zabawił w Konstantynopolu siedemdziesiąt dni, a swoje spostrzeżenia opublikował najpierw w gazecie, której był czołowym felietonistą, a następnie zawarł w książce *Constantinople*. To obszerne dzieło zostało przełożone na wiele języków i ustanowiło standardy pisania o dziewiętnastowiecznym Stambule (obok wydanego trzydzieści lat później w Mediolanie przez Edmonda de Amicisa *Constantinopoli*).

W porównaniu z Nervalem Gautier ma zręczniejsze, bardziej zorganizowane i lekkie pióro. Nic dziwnego, był przecież krytykiem sztuki i doświadczonym dziennikarzem, piszącym także powieści w odcinkach. Każdego dnia musiał złożyć w gazecie nowy felieton, co sprawiło, że jego obserwacje były często pobieżne. Skupiał się głównie na tym, jak zabawić czytelnika, za co zresztą krytykował go Flaubert. (W pewnym momencie Gautier sam porównuje się do Szeherezady, która każdej nocy musiała wymyślić nową historię). Ale to właśnie dziennikarski talent autora sprawia, że jego książka, jeśli nie liczyć kilku stereotypowych tematów i obserwacji dotyczących sułtana, kobiet czy cmentarzy, jest

wybitnym reportażem z życia Stambułu. Tym zaś, co stało się później źródłem inspiracji dla Yahyi Kemala i Tanpınara podczas tworzenia przez nich własnego wizerunku tego miasta, był stosunek Gautiera do miejsc, które jego przyjaciel nazwał „kulisami". Pisarz postanowił zajrzeć w najbiedniejsze dzielnice, zbadać ruiny oraz ciemne i brudne uliczki, aby pokazać zachodnim czytelnikom, że te nędzne przedmieścia są tak samo ważne jak widok prezentowany na scenie.

Już z pierwszych rozdziałów opisujących rejs parostatkiem można wywnioskować, że podczas wyprawy Gautier stale rozmyślał o przyjacielu. Na widok Cytery wspomina opowieść Nervala o nieboszczyku, którego ten podobno zobaczył tu na szubienicy, owiniętego w impregnowaną tkaninę. (Ten ulubiony obraz obu artystów został potem wykorzystany przez ich przyjaciela, Baudelaire'a, w wierszu *Podróż na Cyterę*).

Po przyjeździe do Stambułu Gautier idzie w ślady Nervala i, pragnąc swobodnie wędrować po mieście, próbuje przybrać wygląd muzułmanina. Tak jak przyjaciel trafia tu w czasie ramazanu i dokładanie relacjonuje wieczorne obchody towarzyszące temu świętu. Dociera na Üsküdar, gdzie podziwia modły derwiszów rufaitów*, spaceruje po cmentarzyskach (tam też spotyka bawiące się pośród grobów dzieci), ogląda przedstawienie teatru cieni Karagöz, odwiedza tutejsze sklepy, wędruje po targowiskach, dokładnie obserwując otaczających go ludzi, i tak jak Nerval robi wszystko, by zobaczyć sułtana Abdülmecita udającego się do meczetu na piątkową modlitwę. Jak większość zachodnich przybyszów rozwodzi się nad niedostępnością i tajemniczością muzułmańskich ko-

---

* Bractwo derwiszów założone przez Ahmada Ar-Rufaiego w XII w.

biet. Ma je okazję oglądać krótko i tylko z pewnej odległości
(radzi: „Za nic nie ważcie się pytać mężów o to, jak się mają ich żony!"), ale uczciwie przyznaje, że miejscowe kobiety
spacerują swobodnie po mieście, chociaż nigdy same. Długo
opowiada o pałacu Topkapı, a także o meczetach, placu At
Meydanı i innych miejscach, których Nerval unikał, uważając je za nazbyt turystyczne. (Wszyscy ówcześni podróżnicy
czuli się w obowiązku obejrzeć je i dokładnie opisać). Tym,
co sprawia, że książkę Gautiera tak łatwo się czyta, jest przebijająca pewność siebie autora, jego doskonała umiejętność
podpatrywania rzeczywistości oraz poczucie humoru. Ale
to także ciekawość dziennikarza, który przybywa z Zachodu
i swoje zainteresowanie rzeczami dziwnymi i niezwykłymi

potrafi zamienić w żart z dojrzałością człowieka doświadczonego, oraz spojrzenie artysty malarza.

Théophile Gautier od dziewiętnastego roku życia, kiedy to po raz pierwszy przeczytał wiersze Wiktora Hugo ze zbioru *Les Orientales*, pragnął zostać malarzem. Był wybitnym krytykiem sztuki i właśnie takiego języka używał, kiedy opowiadał o stambulskich pejzażach, co nigdy wcześniej nikomu nie przyszło do głowy. Patrzył na Złoty Róg oraz panoramę Stambułu z siedziby derwiszów na Galacie (miejsce to dziewięć lat wcześniej opisywał Nerval — tam właśnie zatrzymywał się tramwaj linii Maçka–Tünel, którym jeździłem w dzieciństwie razem z matką), a potem stwierdzał: „Ten widok był tak piękny, że wydawał się wręcz nierzeczywisty". I ze znawstwem prawdziwego artysty rozprawiał o minaretach, kopułach, meczetach Beyazıta, Sulejmana Wspaniałego, Hagia Sophia, Sultanahmet, o chmurach, wodach Złotego Rogu, cyprysach porastających ogrody na Sarayburnu, o „niewiarygodnie delikatnym perłowym niebie", o grze świateł... Tak obrazowo, że nawet ktoś, kto nigdy nie widział tych miejsc, czerpie z lektury jego książki prawdziwą przyjemność. Jego język największe wrażenie wywarł na Tanpınarze, opisującego stambulskie widoki później, jako „niekończącą się grę światłocieni". W jednym z artykułów opublikowanych w czasie drugiej wojny światowej Tanpınar zastanawia się, dlaczego tureccy pisarze tak rzadko zwracali uwagę na otaczające ich przedmioty, a jeśli już — czemu tak nieudolnie je opisywali, a potem, zachwycając się malarskim stylem Stendhala, Balzaka czy Zoli, dodaje, że Gautier także był malarzem.

Gautier wie, jak ubrać obrazy w słowa, jak wyrazić uczucia ewokowane przez kształty, oddać frapujące szczegóły i grę świateł. Najdoskonalej widać to w opisach jego wypraw za „kulisy". Zanim jednak wybrał się na przedmieścia, po-

za miejskie mury, od przyjaciół, którzy wcześniej odwiedzili Stambuł, dowiedział się, iż wspaniałe widoki miasta
potrzebują jasnej i rozległej perspektywy, jak teatralne deko-
racje, tracące na atrakcyjności, gdy się do nich zbliżamy. To,
co z oddali jest zapierającym dech w piersiach widokiem,
z bliska okazuje się grą słonecznych promieni na wąskich,
stromych i brudnych uliczkach, murach nieciekawych domów i bezkształtnych skupiskach drzew.

Ale Gautier potrafił również dostrzec melancholijne piękno w zaniedbanym i smutnym krajobrazie. Przeżywał roman-

tyczną ekscytację na widok ruin greckiego i rzymskiego imperium oraz resztek dawnych cywilizacji, a także respekt wobec nich — nawet jeśli nieco udawany. W młodości, kiedy jeszcze chciał zostać malarzem, znalazł opuszczone domy przy Doyenne cul-de-sac i ruiny kościoła Saint-Thomas-du-Louvre (niedaleko Luwru, obok którego mieszkał Nerval) i z zachwytem wpatrywał się w nie przy blasku księżyca.

Opuszczając hotel (na dzisiejszym Beyoğlu), Gautier razem ze swoim francuskim przewodnikiem schodził wzgórzem Galata w kierunku Złotego Rogu, potem mijał most Galata, który nazywał „mostem na łodziach", i dochodził do Unkapanı na północnym zachodzie. Wkrótce „zagłębiali się w labiryncie tureckich uliczek". Im dłużej po nich wędrowali, tym bardziej czuli się samotni, tym większa sfora ujadających psów im towarzyszyła.

Za każdym razem, kiedy czytałem o tych wszystkich poczerniałych ze starości drewnianych domach — rozsypujących się, wyschniętych studniach i zaniedbanych grobowcach z zarwanymi dachami, które widzieli, wędrując, a które ja oglądałem podczas samochodowych przejażdżek z ojcem sto lat później — miałem wrażenie, że z wyjątkiem kocich łbów nic się w Stambule nie zmieniło. Gautier, podobnie jak potem ja, zwracał uwagę na wszystko, co wydawało mu się najbardziej malownicze: rozpadające się opuszczone domy, kamienne mury, puste ulice i cyprysy, bez których cmentarze wyglądały na niekompletne.

Kiedy sto lat później zacząłem wędrować po tych samych biednych dzielnicach, które nie przeżyły jeszcze procesu europeizacji (a niestety wkrótce ogień i beton miały wymazać je z mapy miasta), ich widok uważałem za męczący, podobnie jak francuski pisarz, który mimo znużenia wciąż szedł przed

siebie („zbaczając z jednej ulicy w drugą, przechodząc z jednego placu na drugi").

Ezan* wydał mu się, tak jak mnie później, melodią „odśpiewywaną rozpadającym się bezszelestnie, ślepym, głuchym i niemym domom". Widok przechodniów i innych zniszczonych przez życie istot wywoływał refleksje nad czasem: stara kobieta, jaszczurka kryjąca się wśród odłamków skalnych i dwójka, może trójka dzieci rzucających kamieniami w stronę zrujnowanej studni — wyglądały jak wyjęte z pasteli Du Campa (dwa lata wcześniej on także odwiedził Stambuł razem z Flaubertem).

---

* *Ezan* — wezwanie do modlitwy.

Zgłodniały Gautier na własnej skórze boleśnie odczuł brak jadłodajni i sklepów w tej części miasta. Chcąc nie chcąc musiał się zadowolić owocami morwy zrywanymi z drzew, które mimo dominującego wszędzie betonu nadal ubarwiają tutejsze ulice. Przywykł już do wiejskiego klimatu greckich dzielnic Samatya i Balat, które nazywano stambulskim gettem. Ulice Balatu wydawały mu się brudne i zabłocone, domy zaś okropnie zaniedbane, ale greckie osiedla na Fenerze były według niego w lepszym stanie. Kiedy jednak natykał się na pamiętający czasy Bizancjum mur albo fragmenty wspaniałego akweduktu, wciśnięte między domy i drzewa, czuł, jak nietrwały i prowizoryczny jest zbudowany z drewna tutejszy „nowy" świat.

Anciennes murailles à Yédi Coulé.
Souvenir de Constantinople.

371 Editeur Max Fruchtermann. Constantinople.

Najbardziej poruszające fragmenty opowieści Gautiera wyrażają uczucia, jakie towarzyszyły mu w czasie wędrówek wśród ruin Bizancjum — potężnych, rozpadających się murów, bezsilnie poddających się działaniu czasu. Rysy ciągnące się od szczytu aż po fundamenty jednej z wież (kiedy byłem dzieckiem, zwyczajnie mnie przerażały), pozostałości innej, która przewróciła się lata temu (moje czasy od podróży Gautiera dzieli trzęsienie ziemi, które w 1894 roku doszczętnie zniszczyło miejskie mury obronne), kępki trawy zieleniące się między pęknięciami i drzewa figowe wyprężone na szczytach każdej z wież... Cisza ubogich, zapomnianych dzielnic z rozpadającymi się ruinami... „Trudno uwierzyć, że za tymi martwymi murami jest tętniące swoim rytmem miasto", pisał. Spacer zakończył słowami: „W żadnym innym miejscu na świecie nie ma trasy, która dostarczyłaby tak wielu wzruszeń, jak spacer po tym trzyipółmilowym fragmencie drogi otoczonej ruinami z jednej i cmentarzami z drugiej strony".

Dlaczego czyjaś pochwała stambulskiej melancholii jest dla mnie źródłem radości? Dlaczego tak bardzo się staram, by jak najlepiej wyjaśnić czytelnikom, czym był *hüzün*, którym zaraziło mnie to miasto już we wczesnym dzieciństwie?

21 CONSTANTINOPLE. Les murs de Marbre

298

Nie mam najmniejszych wątpliwości, że w ciągu ostatnich stu pięćdziesięciu lat (pomiędzy 1850 a 2000 rokiem) *hüzün* pokonał granice Stambułu, rozprzestrzeniając się na jego okolice. Próbuję dowieść czegoś innego — że nasza melancholia ma europejskie korzenie. Jej idea została odkryta i wyrażona przez francuskich poetów (melancholijnego Nervala i idącego w jego ślady Gautiera). Dlaczego jednak zawsze tak ważne było dla mnie — i dla moich czterech melancholijnych pisarzy — to, co o moim mieście sądził Gautier i inni przybysze z Zachodu?

25.
W oczach Zachodu

Każdemu z nas w pewnym stopniu zależy na opinii ludzi, których nie znamy. Jeśli jednak ta wiedza zaczyna nam sprawiać ból, niszczyć nasze stosunki ze światem i staje się ważniejsza niż rzeczywistość, to znaczy, że wymknęła się spod naszej kontroli. Ja sam — jak większość stambulczyków — mam problem z akceptacją tego, co o moim mieście mówią obcy, i jak większość tutejszych pisarzy, zerkających co chwilę w kierunku Zachodu, często czuję zakłopotanie.

Ahmet Hamdi Tanpınar i Yahya Kemal, autorzy pierwszego literackiego obrazu Stambułu, bardzo dokładnie przeczytali zapiski, jakie wyszły spod pióra Nervala i Gautiera podczas ich podróży na Wschód. *Pięć miast* Tanpınara to najważniejszy tekst stworzony przez rodowitego stambulczyka o tym dwudziestowiecznym mieście, który można nazwać polemiką z francuskimi literatami, momentami przeradzającą się w spór.

W jednym z rozdziałów autor zauważa, że francuskiemu pisarzowi i politykowi Lamartine'owi udało się stworzyć wyjątkowo dokładny portret Abdülmecita, i jednocześnie sugeruje, że jego *Historia Turcji* (której eleganckie ośmiotomowe wydanie stało w bibliotece mojego dziadka) mogła być sfinansowana przez sułtana. Kilka stron dalej Tanpınar pisze, że Nerval i Gautier, w przeciwieństwie do Lamartine'a, znacznie słabiej interesowali się serajem i jako dziennikarze skupiali się raczej na tym, co interesowało czytelników z Zachodu.

Marzenia o kobietach z haremu i przechwałki Gautiera, który twierdził, że sułtan przeciągle popatrzył na jego włoską towarzyszkę, Tanpınar określa jako rozwiązłość. Ale wyrozumiale odradza przesadną surowość w sądach, bo mimo wszystko: „istnienie haremu było przecież faktem!".

W tej ostatniej konstatacji widać wszystkie dylematy stambulskiego intelektualisty, którego bardzo irytowały uwagi i komentarze zachodnich obserwatorów. Z jednej strony opinie i oceny tych ludzi mają dla niego ogromne znaczenie, z drugiej — każde przekroczenie granic, nadinterpretacja czy przesada mogą natychmiast złamać jego wrażliwe serce. Co gorsza, nikt dokładnie nie wie, gdzie leży granica, której nie należy przekraczać. A przecież miasta, tak jak ludzie, również mają wrażliwość i duszę. Zilustrujmy to przykładem: według mnie obcokrajowiec, który twierdzi, że stambulskie cmentarze są częścią codziennego życia tego miasta, przekracza tę granicę. Muszę jednak przyznać, że to trafna obserwacja na temat metropolii, która — jak zauważył Flaubert — stale się zmienia.

Sytuację komplikuje dodatkowo fakt, że w miarę postępu europeizacji rósł w siłę turecki nacjonalizm. Wszystko to, o czym w drugiej połowie osiemnastego i w dziewiętnastym wieku opowiadali zachodni podróżnicy, było jednocześnie przedmiotem krytyki zeuropeizowanych stambulczyków: harem, targ niewolników (Mark Twain w *Prostaczkach za granicą* żartobliwie sugerował, że na ekonomicznych stronach dużych amerykańskich gazet można by zamieszczać notowania ostatniej dostawy czerkieskich i gruzińskich dziewcząt), żebracy, uliczni tragarze dźwigający ciężary (wszystkich nas irytowali cudzoziemcy fotografujący mężczyzn z kilkumetrowymi stertami skrzynek, których w dzieciństwie zawsze się bałem, ale gdy zdjęcia robili im miejscowi,

jak choćby Hilmi Şahenk, nikogo to nie obchodziło), zakony derwiszów (pewien znany Nervalowi pasza ostrzegał swoich francuskich gości przed odwiedzaniem tych miejsc, informując, że szaleni derwisze mają zwyczaj wtykania sobie butelek tu i ówdzie). Ale słowa krytyki ze strony obcych budzą w nas gniew i nacjonalistyczne odruchy.

Ten mariaż wściekłości i fascynacji nigdy się nie skończył, tak samo jak zapatrzeni w Zachód tureccy intelektualiści nigdy nie przestali szukać akceptacji i potwierdzenia swojej europejskości przez zachodnie autorytety. A przecież tacy twórcy, jak Pierre Loti, wyraźnie stwierdzali, że ich sympatia dla Stambułu i jego mieszkańców wynika z czegoś zgoła odwrotnego: z ich egzotyki i oryginalności. Loti dodaje też, że ślepe dążenie do bycia Europejczykami sprawia, iż

Turcy zapominają o własnej tożsamości. I właśnie to w jego przesłodzonym literackim świecie nowocześni stambulczycy w chwilach zwątpienia odnajdywali tak ważną dla siebie fascynację autora ich krajem.

Ze wspomnień André Gide'a z odbytej w 1914 roku podróży do Turcji wynika wyraźnie, że autor nie był turkofilem, który zawsze znajdzie usprawiedliwienie dla odmienności swych bohaterów. Przeciwnie, Gide otwarcie przyznaje, że nie lubi Turków, a zamiast słowa „naród" często używa zyskującego wówczas na popularności określenia „rasa": „Ta rasa nie zasługuje na nic lepszego niż te okropne stroje, jakie nosi na co dzień!". I potem z dumą dodaje, że wyprawa na Wschód uzmysłowiła mu wyższość zachodniej, a zwłaszcza francuskiej cywilizacji nad resztą świata.

Chociaż te słowa były trudne do przełknięcia dla stambulskich intelektualistów, zwłaszcza dla Yahyi Kemala, nie potrafili się zmobilizować do kontrataku, tak jak najpewniej uczyniliby dzisiaj. Zamiast podjąć polemikę na łamach popularnej prasy lokalnej, urażeni, cierpieli w milczeniu. Mogło to oznaczać tylko jedno: że po części skrycie przyznawali mu rację. Rok po opublikowaniu książki, w której Gide ostro krytykował ubiór Turków, największy zwolennik Zachodu, Atatürk, przeprowadził reformę państwa, zabraniającą obywatelom noszenia tradycyjnych strojów.

Sam chętniej zgadzam się z zagranicznymi obserwatorami, którzy z bezwzględną szczerością mieszają moje miasto z błotem, niż z protekcjonalnym zachwytem Lotiego, co chwila powtarzającego, jaki ten Stambuł jest piękny, niezwykły i cudownie wyjątkowy. Większość pisarzy jednak wychwala miasto za piękno i otwartość jego mieszkańców, nas zaś interesuje co innego: jak odczytali to, co tu zobaczyli.

Dziewiętnastowieczna literatura francuska i angielska ukazywała Stambuł w bardzo różnorodny sposób: zakony derwiszów, pożary, piękno cmentarzy, seraj, harem, żebracy, wałęsające się po ulicach psy, zakaz picia alkoholu, kobiety zasłaniające twarze, tajemnicza atmosfera, wyprawy nad Bosfor i piękno krajobrazu — obrazy te nadawały miastu egzotycznego powabu. Ale ponieważ wszyscy ci pisarze zatrzymywali się w tych samych miejscach i korzystali z usług tych samych przewodników, nie dostrzegali w trakcie swych wędrówek niczego, co rozbiłoby tę iluzję. Nowe pokolenie twórców powoli zaczynało rozumieć, że ma przed sobą upadające imperium, które pozostało w tyle za innymi krajami europejskimi. W przeciwieństwie do poprzedników wcale też nie interesowało się tajemnicą potęgi tureckiej armii ani nieznanymi szczegółami funkcjonowania aparatu państwowego. Stambuł przestał być dla pisarzy przerażającym, niezrozumiałym i dziwacznym zjawiskiem. Zamiast tego postrzegali go jako intrygujące, zabawne i atrakcyjne turystycznie miejsce, co już było wystarczającym powodem, by je odwiedzić. Żaden nie podejmował wysiłku napisania czegoś, co wykraczałoby poza twórczość poprzedników. Na tym kończyli swoją podróż, nie czując potrzeby wnikania głębiej.

Parostatki i kolej przybliżyły Stambuł do Europy, a zachodni podróżnicy, spacerujący po jego ulicach, poczuli się tu na tyle swobodnie, że zaczęli zadawać sobie pytanie, co właściwie robią w tym lichym miejscu. Ich pretensje podszyte były ignorancją, a twórcza pycha nakłaniała do tego, by mówili wprost to, co myśleli. Tak że nawet tacy „obyci" pisarze, jak Gide, nie zadawali sobie trudu, aby choć spróbować zrozumieć różnice kulturowe, znaczenie miejscowych obrzędów i ceremonii albo istotę struktury społecznej, uzasadniającej owe tradycje. Wybierali drogę na skróty i domagali się przywilejów, zabawy, czerpania garściami z tutejszych atrakcji. Nie mając nic szczególnego do powiedzenia, byli na tyle pewni siebie, że uznali Stambuł za miasto nudne i zaniedbane i nie zadali sobie nawet odrobiny wysiłku, aby w swoich tekstach ukryć szowinistyczne przekonanie o ekonomicznej i militarnej wyższości Zachodu. Oni także głęboko wierzyli, że ich świat jest miarą i punktem odniesienia dla reszty ludzkości.

Pisarze, o których teraz mówię, pojawili się w Stambule, kiedy na skutek reform przeprowadzonych przez Atatürka miasto traciło już swój egzotyczny charakter — razem z rozpadającymi się drewnianymi domami zniknął także harem, zakony derwiszów, sułtan i inne atrakcyjne dla przyjezdnych elementy krajobrazu. Miejsce wielkiego imperium osmańskiego zajęła mała Republika Turecka, usilnie starająca się naśladować zachodnie kraje. I kiedy nikt szczególny nie chciał już odwiedzać Stambułu ani o nim pisać, w 1985 roku do miasta przyjechał poeta Josif Brodski, Amerykanin rosyjskiego pochodzenia.

Jego pobyt zaowocował obszernym artykułem opublikowanym na łamach „New Yorkera" i zatytułowanym *Ucieczka z Bizancjum*. Zainspirowany ironicznym i lekceważącym tonem, jakim Auden pisał kiedyś o Islandii, Brodski na wstępie długo tłumaczy powody podjęcia decyzji o wyprawie (samolotem) do Stambułu właśnie.

W tamtym czasie mieszkałem daleko od domu i bardzo chciałem czytać o swoim mieście tylko dobre rzeczy, dlatego ironia Brodskiego bardzo mnie zabolała. Muszę jednak przyznać, że podobało mi się to, co napisał: „To miasto nie jest zniszczone, zaniedbane, stare, i nawet nie jest niemodne. Jest po prostu sfatygowane". Brodski miał rację. Gdy po zniknięciu imperium osmańskiego Republika Turecka nie umiała zdefiniować swojego charakteru (poza oczywistą tureckością), żyła oderwana od reszty świata, a Stambuł z kosmopolitycznej, bogatej i zwycięskiej metropolii przemienił się w pustą, cichą, czarno-białą mieścinę, w której mówi się jednym językiem, życie jest monotonne, a wszystko wokół powoli ulega bezlitosnemu działaniu czasu.

Ten kosmopolityczny charakter Stambułu, który pamiętałem z dzieciństwa, zaczął się ulatniać w zawrotnym tempie w czasie mojego dorastania. W 1852 roku Gautier, podobnie jak wielu innych podróżników, odkrył, że na ulicach miasta usłyszeć można było języki turecki, grecki, ormiański, włoski, francuski i angielski (należy dodać, że popularniejszym od tych dwóch ostatnich był język ladino, którym posługiwali się Żydzi sefardyjscy przybyli w te rejony w okresie inkwi-

zycji). Jak większość Francuzów, którzy nie znają żadnego obcego języka, czuł się w tej wieży Babel nieco zawstydzony.

Podbój, jaki wciąż się tu dokonywał już po utworzeniu republiki, znacznie wzmocnił turecką ludność, a przeprowadzona przez państwo swoista czystka etniczna sprawiła, że inne języki zaniknęły. Jeden z elementów tej kulturowej czystki wrył się głęboko w moją pamięć: gdy Grek lub Ormianin powiedział coś na ulicy w swoim języku (Kurdowie w tamtych czasach byli prawie niedostrzegalni), był zawsze głośno napominany przez jednego z przechodniów: „Obywatelu! Mówimy tu po turecku!". Tablice z podobnym napisem wisiały zresztą wszędzie.

Moja lektura tych często zupełnie niewiarygodnych wspomnień zachodnich podróżników wynikała nie tylko z potrzeby akceptacji, ale także z chęci przeżywania uczuć skrajnych — od fascynacji po wściekłość i smutek. Jeśli nie liczyć oficjalnych dokumentów państwowych i felietonów, w których garstka miejscowych dziennikarzy gromiła stambulczyków za ich złe maniery, rodacy niewiele napisali o swym mieście. To właśnie przybysze z Zachodu naszkicowali kompletny obraz ulic, dokładnie opisali panującą tu atmosferę, dzień po dniu sprawdzali jego puls, rejestrowali zapachy i smaki.

Jeśli chcemy zobaczyć, jak wyglądały ulice Stambułu w latach pięćdziesiątych dziewiętnastego wieku i jak się wtedy ubierali jego mieszkańcy, musimy sięgnąć po fotografie Du Campa albo ryciny zagranicznych twórców. Kiedy chcę się dowiedzieć, co też sto, dwieście albo czterysta lat temu działo się na wąskich uliczkach i w alejach, przy których upłynęło moje dzieciństwo, który plac był pustą parcelą, a na której działce, dzisiaj pustej, stał otoczony kolumnadą rynek — i nie mogę w tym celu poświęcić kilku lat na szperanie w labiryntach osmańskich archiwów — zawsze sięgam do wspomnień podróżników z Zachodu.

Walter Benjamin w *Powrocie flâneura** pisze o *Flâneurze w Berlinie* Franza Hessla**: „Jeśli miałbym podzielić opisy miast na dwie grupy, według miejsc narodzin ich twórców, to teksty, które wyszły spod pióra autorów urodzonych w opisywanych przez nich miejscach, należałyby do zdecydowanej mniejszości". Według Benjamina tym, co najbardziej podnieca ludzi przyjeżdżających do jakiegoś miasta, są egzotyczne i malownicze widoki. Natomiast dla osób, które w nim się urodziły i wyrosły, widoki zawsze łączyć się będą z ich osobistymi wspomnieniami.

Więc może to, o czym tu piszę w odniesieniu do Stambułu, wcale nie stanowi wyjątku? Może z powodu europeizacji całego świata jest to proces nieunikniony? Dziennik poprzednich pokoleń żyjących w moim mieście, jego pamiętnik spisany został ręką obcych...

Może dlatego właśnie zdarza mi się uznać jakieś spostrzeżenie zachodniego obserwatora za własne, jakby nie pochodziło z cudzego egzotycznego snu, tylko stanowiło moje wspomnienie, o którego istnieniu sam nie wiedziałem z jednej prostej przyczyny: ponieważ nikt inny wcześniej o nim nie napisał! Taką właśnie radość sprawił mi Knut Hamsun, który zauważył, że położony na łodziach most Galata, który pamiętam z dzieciństwa, łagodnie falował, uginając się pod ciężarem ludzi i samochodów. I Hans Christian Andersen, który napisał, że cyprysy rosnące na cmentarzach są mroczne.

Patrzenie na Stambuł oczami cudzoziemca zawsze sprawiało mi przyjemność i szybko stało się przyzwyczajeniem.

---

* Przeł. A. Kopacki, „Literatura na Świecie" 2001, nr 8–9.
** Przeł. S. Lisiecka, „Literatura na Świecie" 2001, nr 8–9.

Czasem jednak jakiś wyjątkowo realistyczny opis haremu, stroju czy ceremonii wydaje mi się tak odległy od moich doświadczeń, jakby nie dotyczył mojego miasta, ale był częścią historii jakiegoś innego — europeizacja dała mi i milionom stambulczyków luksus patrzenia na własną historię jak na coś bardzo egzotycznego.

Często oszukuję samego siebie, uważając, że oglądanie Stambułu z cudzej perspektywy wzmacnia łączące mnie z nim więzi. Czasami — kiedy nie ruszam się poza próg własnego domu ani nie wychodzę do miasta nawet po to, by poszukać tam drugiego czekającego cierpliwie na mnie Orhana — boję się, że przywiązanie do tego miejsca usypia mój umysł, a samotność zabija powoli świeżość spojrzenia. Wtedy po raz kolejny sięgam po wspomnienia zagranicznych podróżników i znów patrzę na Stambuł ich oczami. I kiedy czytam o tym, co mimo upływu czasu i dziesięciokrotnego wzrostu liczby ludności nadal istnieje — o miejskich arteriach, bocznych uliczkach, drewnianych domach, które jakoś przetrwały, wędrownych handlarzach, pustych parcelach i *hüzün* — wmawiam sobie, że przeżycia owych podróżników są też moimi wspomnieniami.

I nawet jeśli zachodni pisarze widzieli Konstantynopol poprzez własne fantazje i marzenia na temat Wschodu, ostatecznie nic złego się nie stało — nigdy nie został on kolonią Europy. Dlatego gdy Gautier pisze, że Turcy nie płaczą w obliczu pożaru — w przeciwieństwie do Francuzów, którzy w takiej sytuacji leją łzy na potęgę — a przeciwności losu znoszą z godnością, bo wierzą w przeznaczenie, zupełnie się z nim nie zgadzam, ale nie mam mu tego za złe. Problem leży gdzie indziej: francuscy czytelnicy, którzy dadzą mu wiarę, nie będą mogli zrozumieć, dlaczego w takim razie ci niewzruszeni stambulczycy od stu pięćdziesięciu lat nie potrafią się uwolnić od smutku.

Największą przykrość podczas lektury wspomnień obcych podróżników sprawia mi jednak świadomość, że wiele z tych rzeczy, o których z zachwytem się rozpisywali, zaraz potem zniknęło na zawsze, co było wynikiem okrutnej zależności. Przybysze bowiem uwielbiali opowiadać o egzotyce tego miasta, dla dążących do Europy stambulczyków zaś była ona przeszkodą, którą należało jak naszybciej usunąć. Oto kilka przykładów:

Najpierw zlikwidowano korpus janczarów, o którym zachodni pisarze wspominali najczęściej. Potem przyszła kolej na targ niewolników. Wraz z nastaniem republiki w przeszłość odeszły też zakony derwiszów mewlewitów i rufaitów, którzy ponoć wtykali sobie butelki tu i ówdzie. Krótko po skardze André Gide'a z ulic znikły osmańskie stroje, często

przedstawiane na płótnach przez zachodnich artystów. Haremu też już dziś nie ma. Siedemdziesiąt pięć lat po tym, jak
Flaubert obiecał ukochanemu przyjacielowi, że każe tureckim kaligrafom napisać po arabsku jego imię, w Turcji wprowadzono alfabet łaciński i ta egzotyczna atrakcja też już jest
nieosiągalna. Ale najboleśniejszą dla stambulczyków stratą
jest przeniesienie w imię europeizacji tutejszych ogrodów,
placów i cmentarzy, które kiedyś były częścią tętniącego ży-

ciem miasta, w miejsca otoczone niemal więziennymi murami, pozbawione widoku, duszy i drzew. W pierwszych latach republiki uwagę turystów, a wśród nich także Brodskiego, przykuwali uliczni tragarze i stare amerykańskie samochody. One również poszły w zapomnienie.

Procesowi „obserwacji i znikania" wymknęło się jednak jedno zjawisko: hordy wałęsających się po mieście bezdomnych psów. Po likwidacji nieeuropejskiej formacji janczarów z tymi równie nieeuropejskimi sforami próbował się rozprawić sułtan Mahmut II — bezskutecznie. Kilka lat później, na fali kolejnej reformy wyłapano je przy pomocy Cyganów i wywieziono na wyspę Sivriada, skąd szybko i zwycięsko powróciły... Myślę czasem, że do psiego triumfu nieświadomie przyczynili się Francuzi, którzy wprawdzie uważali te wata-

Les chiens des rues.
Le déjeuner.
Souvenir de

Photogr. Abdullah.

hy za coś egzotycznego, ale ich zbiorową eksmisję na jedną z wysp uznali za jeszcze większe kuriozum i wielokrotnie o nim pisali (nawet Sartre ironizuje na ten temat w *Wieku męskim*). Może tylko dzięki temu psy nadal biegają po stambulskich ulicach?

Świadomy owej psiej egzotyki Max Fruchtermann w wydawanych pod koniec dziewiętnastego i na początku dwudziestego wieku seriach pocztówek ze Stambułu zamieścił tyle samo widoków cmentarzy, meczetów i derwiszów, ile miejscowych psów.

26.
Smutek ruin.
Tanpınar i Yahya Kemal na przedmieściach

Tanpınar i Yahya Kemal wiele razy wspólnie urządzali sobie długie spacery po przedmieściach Stambułu. Tanpınar w jednym z napisanych podczas drugiej wojny światowej tekstów podkreślał, jak wiele nauczyły go te wyprawy do „biednych dużych dzielnic usytuowanych poza murami miasta". To tutaj właśnie w 1853 roku Gautier poznał *hüzün*. Kiedy Tanpınar i Yahya Kemal zaczynali swoje „spacery", mijało właśnie siedemdziesiąt lat od chwili, gdy dotarli tu Nerval i Gautier, dwaj Francuzi, których dzieła tak uwielbiali. W ciągu tych siedmiu dekad państwo osmańskie zdążyło utracić swoje tereny na Bałkanach i Bliskim Wschodzie, kurczyło się i kurczyło, aż w końcu zniknęło z mapy świata. Do Stambułu nagle przestały napływać pieniądze. Liczba śmiertelnych ofiar pierwszej wojny światowej wyniosła setki tysięcy osób i chociaż z powodu czystek etnicznych, przeprowadzanych w nowych bałkańskich republikach, masowo zaczęła się tu przeprowadzać ludność muzułmańska, miasto nie zyskało dzięki temu na liczbie mieszkańców ani nie stało się zamożniejsze. W tym czasie kraje zachodnie wzbogaciły się i rozwinęły technologicznie, a Stambuł zbiedniał i stracił na znaczeniu, stał się mało popularnym miejscem, obciążonym wysokim wskaźnikiem bezrobocia. W dzieciństwie miałem wrażenie, że żyjemy nie w światowej metropolii, ale w biednym prowincjonalnym mieście.

Podczas wędrówek, opisanych przez Tanpınara w książce *Spacer po przedmieściach*, obaj pisarze nie tylko poznawali życie ubogich dzielnic, ale w duszy zaczynali się przyzwyczajać do myśli, że cały ich kraj stracił na znaczeniu, a miasto znalazło się na obrzeżach Europy. Tanpınar wspomina o pogorzeliskach, zniszczonych budynkach, zburzonych ścianach, na które napatrzyłem się w dzieciństwie. Zwraca uwagę na kobiece głosy (z przyzwyczajenia nazywa je „gwarem haremu") dobiegające z „wielkiego drewnianego dworu, który jakimś cudem ostał się z czasów Abdülhamita", ale zgodnie z kulturalno-politycznym programem czuje się zobowiązany wyjaśnić, że nie mają one nic wspólnego z czasami osmańskimi — to głosy biednych tkaczek, siedzących przy krosnach albo maszynie w fabryce rajstop. Opisuje przedmieścia, jakie pamiętamy z książek Ahme-

ta Rasima, gdzie „na każdym rogu można zobaczyć ujęcie
wody, pranie schnące w promieniach słońca, dziecko, kota, psa, maleńki meczet i przylegający doń cmentarz". I na
każdej stronie jak refren powraca fraza: „wszyscy znamy
to z dzieciństwa". Tę melancholię, jaką odkrył we frapują-
cych obserwacjach Nervala i Gautiera na temat obskurnych
dzielnic mieszkalnych, ruin i miejskich murów, Tanpınar
określił słowem *hüzün*, a dostrzegał go w lokalnym krajobrazie i zwłaszcza codziennym życiu owych zapracowanych
kobiet...

Nie wiemy, czy Tanpınar był świadom tego, co tak naprawdę zrobił. Ale na pewno w tych spalonych budynkach, warsztatach, składach i rozpadających się drewnianych dworach, na jakie natykał się na niszczejących i zapomnianych pustych ulicach wyrzuconych poza nawias miejskich murów, dostrzegał jakieś szczególne piękno i próbował nadać mu odrębne znaczenie. W swojej książce wyznaje: „Doświadczenia tych spustoszonych miejsc są dla mnie symbolem. Jakże wiele trzeba było tragedii i zdarzeń, by wreszcie zwrócono uwagę na życie tej części miasta? Ile podbojów, pogro-

mów i przesiedleń musieli przeżyć ci ludzie, by trafić właśnie tutaj? Ile razy niszczono i odbudowywano ich domy, by przybrały obecny kształt?".

Dzisiaj możemy się już chyba pokusić o odpowiedź na pytanie, które zapewne nie daje spokoju wielu czytelnikom: dlaczego melancholia i *hüzün*, wywołane przez upadek państwa osmańskiego i utratę przez Stambuł dawnego charakteru i pozycji, nie sprawiły, że opisywani tu dwaj tureccy pisarze, tak silnie przecież związani ze swoim miastem, nie wycofali się ani nie zamknęli w sobie tak jak Nerval? Dlaczego nie poszukiwali prostoty („czystej poezji", jak mawiał Yahya Kemal), która byłaby wyrazem tego wycofania?

W *Aurelii* Nervala melancholia po utracie ukochanej sprawiła, że wszelkie działania stały się jedynie „prostacką rozrywką". Pisarz przyjechał do Stambułu, by o tym smutku zapomnieć. (I nieświadomie zaraził nim Gautiera). Natomiast kiedy najwybitniejszy poeta stambulski dwudziestego wieku, Tanpınar, oraz jego przyjaciel i pisarz Yahya Kemal wędrują po tych samych przedmieściach, sprawiają wrażenie, jakby starali się odnaleźć w sobie jeszcze głębsze pokłady smutku. Dlaczego?

Głównie z pobudek politycznych: obaj ruszyli między ruiny w poszukiwaniu oznak narodzin nowego tureckiego państwa, nowego tureckiego nacjonalizmu. Może i imperium osmańskie upadło, ale naród turecki, który do tego doprowadził (podobnie jak władza, bardzo chętnie zapomnieliby przy tym o Grekach, Ormianach, Żydach, Kurdach i innych mniejszościach zamieszkujących republikę), wciąż stoi o własnych siłach, chociaż nadal zmaga się z melancholią. Ale w odróżnieniu od rządowych ideologów posługujących się mało poruszającym, prostackim i apodyktycznym stylem wyrazili swój patriotyzm językiem poetyckim, dalekim od osądzania i przymusu. Yahya Kemal, który spędził w Paryżu dziesięć lat, zgłębiając tajniki francuskiej literatury, myślał w sposób zachodni i uważał, że jego ukochany europejski sposób obrazowania uczyni turecki nacjonalizm bardziej urokliwym.

Pierwsza wojna światowa skończyła się dla Osmanów porażką. Stambuł stał się „miastem pojmanym", jak pisał Tanpınar w *Poza scenq*. Na Bosforze, przed pałacem Dolmabahçe, w którym rezydował sułtan, cumowały brytyjskie i francuskie okręty, a w Stambule i całej Anatolii rodziło się wiele projektów, w których nie stawiano kwestii tureckości na pierwszym miejscu. To zmusiło obu autorów do przyjęcia nacjonalistycznej postawy. (Obaj nigdy nie skarżyli się na ową „niedogodność", która w kolejnych latach ułatwiła im stosunki z państwem i pozwoliła objąć funkcje posła i ambasadora; tak samo nie uwierał ich własny nacjonalizm i własne milczenie 6 i 7 września 1955 roku, kiedy doszło do eskalacji przemocy wobec ludności chrześcijańskiej). Na terenach Anatolii toczyły się walki z armią grecką. Yahya Kemal, który nie przepadał za wojną, polityką i wojskiem, zrezygnował z przeprowadzki do Ankary i — jak stwierdził Tanpınar — wybrał życie poza sceną, czyli w Stambule, gdzie tworzył poezję upamiętniającą dawne zwycięstwa tureckiej armii i budował wizję „tureckiego Stambułu". Propagowanie treści politycznych w literaturze zaowocowało połączeniem klasycznych form i miar poezji (*aruz*) ze współczesnym codziennym językiem,

co miało prowadzić do przedstawienia Turków jako narodu, który potrafi zwyciężać i zdobywać. Ukazanie Stambułu jako największego osiągnięcia tego narodu miało służyć dwóm celom: jeśli po pierwszej wojnie światowej miasto to miałoby się stać kolonią jakiegoś zachodniego państwa, należało sprawić, by zapamiętano je nie tylko dzięki świątyni Hagia Sophia i jego kościołom, ale również dzięki jego tureckiemu charakterowi. Po wojnie wyzwoleńczej i utworzeniu republiki Yahya Kemal robił więc wszystko, by jego czytelnicy dostrzegli, że Turcja stała się nowym państwem. Obaj autorzy pisali obszerne artykuły, w których podtrzymywali wizję tureckiego Stambułu — zdawali się przy tym nie dostrzegać, że jest on wielojęzycznym i wielowyznaniowym miastem.

„W bolesnych latach uczepiliśmy się wspomnień z własnej przeszłości", przypomniał wiele lat później tamten okres

Tanpınar. Yahya Kemal w *Murach Stambułu* opowiada o tym, jak wraz ze swymi studentami wsiadał do tramwaju przy Top-kapı, a potem jechali „aż do Złotego Rogu, mijając po drodze miejskie mury, których wieże i krenelaże ciągnęły się w nieskończoność", a po długim spacerze przysiadali, by odpocząć, na „fragmentach rozbitych ścian". Ci dwaj pisarze wiedzieli, że aby naprawdę udowodnić tureckość Stambułu, nie wystarczy tylko opisać panoramy miasta, tak uwielbianej przez zachodnich turystów i artystów, albo cieni rzucanych przez kościoły i meczety. Zdominowany bowiem przez Hagia Sophia krajobraz nie stanowił dla wszystkich cudzoziemskich obserwatorów — od Lamartine'a po Le Corbusiera — symbolu tureckości tego miasta, ale wcielenie kosmopolitycznego piękna. Postanowili więc skupić się na biedocie, aby udowodnić, że muzułmańska ludność nie utraciła ani

odrobiny swojej tożsamości, i odnaleźć pełne smutku piękno, które pozwoliłoby im wyrazić porażkę i poczucie straty. Dlatego wyruszyli w swoją wędrówkę i szukali miejsc, w których ludzie żyli pośród pamiątek przeszłości. Odkryli je w pełnych melancholii widokach przedmieść, jak to uczynił siedemdziesiąt lat wcześniej Gautier... Mimo całego swego nacjonalizmu Tanpınar starał się jednak zachować obiektywizm przybysza z zewnątrz, dlatego zdarzało mu się użyć określeń typu „malowniczy pejzaż". Uznając te przedmieścia za tradycyjne, wolne od wpływów Zachodu, pisze o nich także: „Były zdewastowane, nędzne i paskudne, ale miały własny styl i swoje życie".

I tak właśnie dwaj przyjaciele ze Stambułu — jeden pisarz, drugi poeta — kontynuowali dzieło dwóch przyjaciół z Paryża (również poety i pisarza), opowiadając o historii

tych stron od czasów imperium osmańskiego: o pierwszych latach republiki i narodzinach tureckiego nacjonalizmu, o ruinach i próbach europeizacji kraju, o tutejszej poezji i malowniczych pejzażach. Efektem tego był obraz Stambułu, z jakim jego mieszkańcy się identyfikowali, i wizja miasta, do jakiej aspirowali. Wizja, która narodziła się na cichych, biednych przedmieściach. Wizja, którą można by nazwać melancholią ruin. Jeśli spojrzy się na tę okolicę tak, jak to robili cudzoziemcy (i jak starał się spojrzeć Tanpınar), można ją uznać za malowniczą. Ale wkrótce, wraz z nadejściem wieku klęski i nędzy, melancholia dodająca temu krajobrazowi uroku miała opanować dusze wszystkich mieszkańców Stambułu.

27.
Malownicze przedmieścia

John Ruskin, angielski pisarz i historyk sztuki, w książce *The Seven Lamps of Architecture*, w rozdziale *Pamięć*, prowadzi rozważania nad tym, jakim rodzajem harmonii jest malowniczość, i dochodzi do wniosku, że to szczególny typ piękna architektury, odmienny od zaplanowanych klasycznych form, zawarty w jej „przypadkowości". Kiedy więc używa określenia „malowniczy" (które etymologicznie wiąże się z „malowaniem"), robi to w odniesieniu do budowli, która osiągnęła piękno nie zaplanowane przez jej twórców. Według Ruskina o malowniczości danego dzieła można mówić dopiero wtedy, gdy minie wiele wieków, a bluszcz, trawa, rośliny i inne elementy przyrody (fale, morze, skały, a nawet chmury) zespolą się z nim na zawsze. A więc chodzi o absolutnie przypadkowe piękno, które nie przynależy budynkom nowym, na które patrzymy tak „jak należy", ale tym oglądanym z innej perspektywy, narzuconej nam przez historię i czas.

To znaczy, że przyjemność — jaką daje nam wpatrywanie się w meczet Sulejmana Wspaniałego, w jego kształty, linie murów, małe kopuły rozsiane wkoło kopuły głównej, podziwianie proporcji między przestrzenią pustą i wypełnioną, kontrapunktu, jaki dla wież stanowią małe łuki, oraz bieli i prostoty ołowianych zadaszeń na kopułach — nie może być uznana za rozkoszowanie się widokiem malowniczym. Bo choć od powstania tej budowli minęło czterysta lat, oglądam ją tak, jak życzył sobie jej twórca: jest dla mnie

L'aqueduc de Valens, Stamboul, Constantinople.

dziełem, które zachowało swą pierwotną integralność, celo-
wość i pełnię. Oprócz meczetu Sulejmana nad krajobrazem
Stambułu dominuje wiele innych monumentalnych budowli,
wzniesionych w sercu miasta i nazywanych *selatin camileri*
— sułtańskimi meczetami, które wciąż poruszają swą wiel-
kością i są wiernym odzwierciedleniem estetycznych założeń
ich twórców. Hagia Sophia, meczet sułtana Selima Groźne-

go, meczet Beyazıta... Tylko gdy patrzymy na nie z jakiegoś wyłomu w wąskiej uliczce albo ze wzgórza porośniętego figowcami i akurat dostrzeżemy na ich murach błyski światła odbitego przez morze, możemy mówić, że mamy przed sobą malownicze piękno...

Uroda stambulskich przedmieść tkwi w zburzonych miejskich murach, porośniętych przez trawy, bluszcz, zielska, a nawet drzewa, co spotkało wieże twierdz Anadolu Hisarı i Rumeli Hisarı. To piękno rozpadających się studni, odrapanych domów, ruin stuletniej gazowni, niszczejącego meczetu, winorośli i platanów rosnących w cieniu poczerniałych drewnianych domów jest właśnie przypadkowe... W dzieciństwie jednak trudno mi było uznać takie widoki za niezamierzone — głównie z powodu ich powszechności. Pełne smutku ruiny, które w większości dzisiaj już nie istnieją, stanowiły dla mnie duszę miasta. Ale aby „odkryć" tę duszę, przekonać się, że miejsca te naprawdę oddają istotę Stambułu, trzeba długo wędrować po labiryncie ścieżek historycznych zdarzeń.

Chcąc dostrzec przypadkowość tego piękna, które powstało z mieszaniny ruin, drzew i traw, trzeba być tutaj obcym. Zburzone mury, zamknięte na rozkaz władz siedziby zakonów, nieczynne ujęcia wody, fabryka opuszczona osiemdziesiąt lat temu, chałupy z niekształtnymi dachami, wykuszami i futrynami porzucone przez prześladowanych Greków, Ormian i Żydów oraz budynki, które pokładają się na boki, każdy w inną stronę, jakby chciały jeszcze bardziej pognębić całą okolicę (albo wtulające się jeden w drugi, jak lubią rysować karykaturzyści)... Żaden z tych widoków nie budzi w ludziach, którzy tu mieszkają, zachwytu, lecz apatię podsycaną przez poczucie samotności, beznadziei i smutek porzucenia. Ci, którzy czerpią przyjemność z widoku przypadkowego

Les Murs Byzantins. Constantinople.

piękna nędzy i historycznego rozkładu, którzy dostrzegają malowniczość ruin, muszą przybywać z zewnątrz. (Dokładnie jak w wypadku Rzymu — jego przeszłość została uwieczniona na płótnach mistrzów z północnej Europy, ale zupełnie nie interesowała miejscowych).

Yahya Kemal i Tanpınar wychwalali tętniące życiem i przywiązane do tradycji „biedne przedmieścia Stambułu", mart-

wili się, że z powodu europeizacji zanika ta „najczystsza"
forma kultury, upajali się cudowną fikcją, że tutejsi mieszkańcy nadal hołdują starym cechowym zasadom i kultywu-
ją etos przekazany im przez ciężko pracujących i dumnych
„dziadów i pradziadów". Tymczasem Yahya Kemal mieszkał w Perze, dzielnicy, gdzie — jak sam pisał — „nigdy nie
słychać wezwania do modlitwy", Tanpınar zaś w znacznie

bardziej komfortowym Beyoğlu, o którym wypowiadał się z ironią bliską nienawiści. Przypominają mi się tutaj słowa Waltera Benjamina, że egzotyką i malowniczością jakiegoś miejsca najbardziej interesują się ludzie nie żyjący w nim na co dzień. Potwierdza to przykład Japończyka Tanizakiego, który w swojej *Pochwale cienia* najpierw długo rozprawia o tym, jak powinien wyglądać tradycyjny japoński dom, a potem oznajmia własnej żonie, że nigdy nie mógłby w nim zamieszkać, gdyż brakowałoby mu zachodniego komfortu.

Największą zaletą stambulczyków jest umiejętność patrzenia na swoje miasto jednocześnie oczami ludzi Wschodu i Zachodu. Opisy historii miasta pojawiły się w prasie, kiedy pisarze zaczęli skupiać się na dziwactwach, które tak bardzo pociągały Nervala i Richarda Burtona, angielskiego tłumacza baśni *Księgi tysiąca i jednej nocy*, a które Francuzi określali jako *bizarreries*. Oczywiście to Koçu był najlepszy w wynajdywaniu miejscowych osobliwości, a przy tym umiał wywołać w czytelniku wrażenie, że czyta on o obcej, dalekiej mu cywilizacji. Zresztą w czasach mojego dzieciństwa, kiedy Stambuł był chyba najbardziej oddalony od reszty świata, tutejsza ludność czuła się w nim w połowie obco. W zależności od punktu widzenia wydawał się jej albo przesadnie europejski, albo też zbyt orientalny, dlatego nie zawsze potrafiła określić swoją przynależność.

Malownicze, piękne i smutne widoki przedmieść Stambułu, odkryte przez Yahyę Kemala i Tanpınara, stały się symbolem, który zaakceptowali zamieszkujący je ludzie także po to, by zrozumieć samych siebie. To wyobrażenie starego Stambułu po raz pierwszy pojawiło się w konserwatywnej prasie lat trzydziestych i czterdziestych, opatrzone nieudolnymi imitacjami pejzaży malowanych przez zachodnich artystów — nigdy nie było jasne, kto właściwie jest autorem tych czarno-białych szkiców, co one dokładnie przedstawiają ani z którego wieku pochodzą, a czytelnicy nie mieli pojęcia, że prezentują zachodni punkt widzenia. Ja szczególnie lubiłem oglądać proste, oszczędne rysunki przedmieść hodży Alego Rızy*.

Wnikliwość, z jaką Ali Rıza na przełomie dziewiętnastego i dwudziestego wieku kreślił próbujące się unowocześnić i zeuropeizować miasto, ignorując zupełnie to, na co zwracają uwagę turyści — imponującą sylwetkę Stambułu czy grę świateł między minaretami i morzem — widoczna jest również na fotografiach Ary Gülera. Wykonane przez niego w la-

---

*   Hoca Ali Rıza (1858–1939) — artysta malarz, znany głównie jako malarz Üsküdaru.

tach pięćdziesiątych i sześćdziesiątych czarno-białe zdjęcia z poetycką wrażliwością łączą obrazy wspaniałej przeszłości i tego, co zostało z rozpadających się budowli osmańskich, dawnych chanów i banków... Widać na nich Stambuł z jednej strony dążący do nowoczesności, z drugiej — żyjący tradycją, w którym stare łączy się z nowym, gdzie muzyka wyraża biedę i rozpad, a ludzie są tak samo smutni jak otaczający ich świat. Te wyjątkowe fotografie, zebrane w albumie *Stambuł utracony*, pokazują Beyoğlu mojego dzieciństwa — z tramwajami, ulicami pokrytymi brukiem, szyldami, zgiełkiem, zaniedbaniem i czarno-białym *hüzün* — w mistrzowski sposób wykorzystując malowniczość jego zakątków.

Czarno-białe obrazki rozpadających się dalekich przedmieść, gdzie „wszyscy byli biedni, ale dumni, i wiedzieli, kim są", były szczególnie popularne w czasie ramazanu, gdy wydawcy gazet publikowali je — w sposób z roku na rok coraz mniej wysublimowany — w dodatkach poświęconych historii i Stambułowi. Specjalistą w tej mało znaczącej dziedzinie był Reşat Ekrem Koçu, który w *Encyklopedii stambul-skiej* i licznych artykułach prasowych nie zamieszczał nawet reprodukcji rycin, tylko ich proste, by nie powiedzieć ordynarne, kopie (wykonanie dobrej kliszy jakiegokolwiek szkicu było drogie i skomplikowane technicznie). Ilustracje te wykonywano często na podstawie akwarel zachodnich artystów. Ale gdy jakiś tutejszy rysownik wykorzystywał je jako bazę do stworzenia ilustracji albo drukowano je tuszem marnej jakości na paskudnym papierze w kolorze błota, nie kwapiono się, by zamieścić poniżej nazwisko prawdziwego autora, czy choćby autora „oryginalnej kopii". Podpisywano je po prostu: „Rycina". Takie właśnie wyobrażenie pielęgnujących tradycję przedmieść, gdzie nędza nie jest powodem do wstydu, ale raczej do dumy, przypadło do gustu czytającej gazety, częściowo zeuropeizowanej stambulskiej burżuazji. Nie dlatego, że odpowiadało smutnej rzeczywistości, tylko dlatego, że idealnie komponowało się z jej nacjonalistycznym światopoglądem. Nie dotyczyło ono jednak wyłącznie najbiedniejszych dzielnic, ale właściwie całego Stambułu. Wkrótce miała rozwinąć się literatura, która nadawała temu wyobrażeniu znaczenie.

Konserwatywni pisarze, którym zależało na wyeksponowaniu muzułmańskiej, czysto tureckiej strony życia przedmieść, w swoich powieściach stworzyli obraz osmańskiego raju. Nikt nie kwestionuje w nim władzy sułtana, a ludzie są przywiązani do rodziny i tradycyjnych wartości (skromność, posłuszeństwo i brak wygórowanych wymagań). To, co mogłoby nie odpowiadać gustom proeuropejskiej klasy średniej, a więc harem, posiadanie drugiej albo trzeciej żony, policzki wymierzane poddanym przez sułtana czy istnienie odalisek, zostało w nim pominięte albo obłaskawione, a bohaterowie — z paszami i ich dziećmi na czele — przedstawieni jako po-

stacie o wiele bardziej nowoczesne niż w rzeczywistości (jak u Samihy Ayverdi*).

Akcja *Na rogu*, najpopularniejszej sztuki Ahmeta Kutsiego Tecera**, rozgrywa się w jakiejś kawiarence na peryferiach miasta (pierwowzorem była najstarsza dzielnica Stambułu, Rüstempaşa Mahallesi). I tak jak w teatrze cieni bohaterowie Tecera wciąż kłócą się, rozśmieszając nas przy tym do łez; wszystkie napięcia znikają gdzieś, stłumione przez poczucie bliskości i solidarności zarazem. Natomiast u poety i pisarza Orhana Kemala, który swego czasu mieszkał w jednej

---

* Samiha Ayverdi (1905–1993) — pisarka turecka.
** Ahmet Kutsi Tecer (1901–1967) — prozaik i poeta turecki.

z bocznych uliczek Cibali (gdzie jego żona pracowała w fabryce tytoniu), miejsca te były głównie scenerią dla awantur spowodowanych przez głód i nędzę. Dla mnie zaś typowym przykładem marzenia o tych małych społecznościach zamieszkujących peryferia Stambułu było nadawane co wieczór radiowe słuchowisko *Rodzina Szczęśliwych*. Jego bohaterowie stanowili liczną i nowoczesną rodzinę, tak samo jak moja, ale w przeciwieństwie do nas wiedli życie radosne i spokojne, a na dodatek dawali jeszcze schronienie pewnemu Arabowi.

Zakorzenione w malowniczości pejzażu i melancholii ruin opowieści o starym Stambule nigdy nie próbowały wnikać w ciemną stronę życia. Była to przede wszystkim nacjonalistyczna literatura przedstawiająca niewinny obraz tradycji, przygotowany z myślą o rozrywce dla całej rodziny. Kemalettin Tuğcu* w swoich melodramatycznych powieściach, które uwielbiałem jako dziesięciolatek, opowiadał o życiu bezdomnych, dobrych sierot, tłumacząc dzieciom, że nawet ktoś, kto żyje w najpodlejszej dzielnicy, dzięki uczciwości i pracowitości (należy przypomnieć, że Tuğcu wywodził się z rejonu miasta, w którym patriotyzm i moralne cnoty były najwyższymi wartościami) może pewnego dnia znaleźć szczęście.

Ruskin sugeruje, że malowniczości — będącej wynikiem przypadku — nie da się zakonserwować. Architektoniczne dzieło wydaje się piękne nie wtedy, gdy osiąga formę zamierzoną przez jego twórcę, ale kiedy staje się ruiną. Dlatego wyobrażenie „pięknego Stambułu" musi zawierać smutek jego ruin. To wyjaśnia, dlaczego stambulczycy nie są w stanie pokochać odrestaurowanych dworów, wyglądających znów jak

---

* Kemalettin Tuğcu (1902–1996) — pisarz turecki, jego powieści najczęściej poświęcone są dzieciom.

w latach prosperity. Wyobrażenie tego miasta, jakie w ciągu
ostatnich stu lat budowali jego mieszkańcy, zawiera wszystkie odcienie nędzy, klęski i upadku. Jako piętnastolatek lubiłem rysować te krajobrazy, zwłaszcza boczne uliczki — wtedy właśnie ich wszechogarniający smutek po raz pierwszy
zaczął być dla mnie problemem...

28.

Malując Stambuł

Kiedy miałem piętnaście lat, niemal obsesyjnie malowałem Stambuł, choć nie wynikało to z mojej szczególnej miłości do tego miasta. Po prostu nie potrafiłem szkicować martwej natury ani ludzkich portretów, a ponieważ nie czułem większej potrzeby, aby zgłębiać tę sztukę, pozostało mi portretowanie Stambułu widzianego z okna albo oglądanego z perspektywy ulicy.

Malowałem go na dwa sposoby:

1. Kreśliłem cieśninę z wodą przepływającą przez centrum miasta i z linią horyzontu w tle. Zasadniczo wszystkie moje rysunki wynikały z inspiracji „czarującymi" widokami produkowanymi przez ostatnie dwieście lat przez zachodnich podróżników. Panorama roztaczająca się z okien naszego mieszkania w Cihangirze pozwalała mi tworzyć bez wychodzenia na ulicę: tu miałem jak na dłoni Bosfor, Wieżę Panny, Fındıklı, Üsküdar, Sarayburnu i pałac Topkapı. I zawsze pamiętałem o tym, że kreślę właśnie słynny stambulski pejzaż. Ponieważ każdy z oglądających uważał przenoszony przeze mnie na papier obiekt za piękny, nie musiałem tłumaczyć sobie, dlaczego właściwie taki jest. Kiedy skończywszy pracę, setki razy zadręczałem siebie i innych pytaniem: „Czy to ładne?" — podświadomie wiedziałem, że odpowiedź musi być twierdząca, choćby ze względu na temat, jaki wybrałem.

Moje obrazki rysowały się same, dlatego nie czułem się zobowiązany do zachowania wierności wielkim artystom za-

chodniego świata, którzy uwieczniali te sceny przede mną. Nie naśladowałem nikogo konkretnego — kopiowałem ich dzieła każdym ruchem ręki. Moje fale na Bosforze wyglądały dziecinnie jak u Dufy'ego, chmury przypominały obłoki Matisse'a, a niewidoczne detale zamalowywałem farbą, naśladując impresjonistów... Czasem korzystałem też z widoków zamieszczanych na stambulskich pocztówkach i w kalendarzach. To, co robiłem, w niczym nie różniło się od działań tureckich impresjonistów, którzy czterdzieści, pięćdziesiąt lat po narodzeniu się tego nurtu we Francji malowali piękne widoki Stambułu, wykorzystując techniki swoich kolegów.

Przekonanie, że podmiot mojej twórczości jest bez wątpienia piękny, uwalniało mnie od obowiązku udowadniania sobie i innym, że moje obrazki również takie są, dlatego malarstwo było dla mnie źródłem przyjemności. Czasami, kiedy ogarniało mnie wielkie pragnienie namalowania czegoś, z zapałem rozkładałem przybory malarskie. Gdy jednak stawałem przed kartką albo sztalugami, które mogły mnie zabrać do innego świata, nie miałem pojęcia, co to powinno być. Ale temat nie był tu ważny — zawsze z jednakową ekscytacją zaczynałem uwieczniać kolejny fragment pocztówkowego widoku, jaki rozciągał się za moim oknem. Nigdy nie nudziło mnie rysowanie po raz setny tego samego. Najważniejsze było ponowne zagłębienie się w szczegółach i ucieczka od rzeczywistości. Kiedy próbowałem, zachowując wszelkie proporcje (główne utrapienie wszystkich twórców z Mellingiem na czele), namalować płynący po Bosforze statek, odwzorować detale pięknej sylwetki meczetu, kształty cyprysów, prom wiozący samochody, kopuły na dachach, latarnię morską na Sarayburnu i mężczyznę łowiącego na nabrzeżu ryby, miałem wrażenie, że znajduję się gdzieś tam, pośrodku kartki czy płótna.

Malując, czułem, że staję się fragmentem swojego dzieła, co było nowym sposobem na wejście do świata wyobraźni. I kiedy docierałem do „najcudowniejszego" punktu tego świata, to znaczy kiedy obraz był już na ukończeniu, moja wizja nagle ożywała, przyprawiając mnie o zawrót głowy. Zapominałem, że mój obrazek był tylko widokiem Bosforu (znanym wszystkim i kochanym przez wielu) — miałem wrażenie, że to cudowny wykwit mojej wyobraźni. Miałem ochotę dotykać prawie gotowego obrazu i obejmować, a nawet smakować, gryźć czy jeść. Jeśli podczas malowania nie potrafiłem się zapomnieć albo coś nieustannie mnie rozpraszało (a działo się tak coraz częściej) i psuło mi tę dziecinną zabawę, czułem, jak ogarnia mnie wielka ochota, by się masturbować.

Ten pierwszy sposób malowania można nazwać naiwnym, posługując się określeniem Schillera, użytym przez niego w odniesieniu do twórczości niektórych poetów. Temat i moje uczucia były znacznie ważniejsze niż styl i technika, jaką stosowałem.

2. W miarę upływu czasu ów dziecinny, kolorowy i wesoły świat bez zmartwień zaczął mi się wydawać zbyt prosty, a to zabijało radość, jaką dawało mi malowanie. I tak jak moje ukochane zabawki — maleńkie samochody, które kiedyś starannie parkowałem na dywanie babci, kowbojskie rewolwery i kolejka szynowa przywieziona mi przez ojca z Francji — naiwna twórczość przestała mnie już ratować przed nudą codziennego życia. Dlatego porzuciłem znane wszystkim widoki i zacząłem szkicować spokojne zaułki, zapomniane maleńkie place, pnące się w górę brukowane ulice (jeśli wzgórze opadało w stronę Bosforu, w tle widać było morze, Wieżę Panny albo przeciwległy brzeg) i drewniane domy z wykuszami. Za tymi czarno-białymi szkicami albo malowanymi olejną farbą na płótnie czy kartonie obrazami kryły się dwa źródła natchnienia. Bardzo lubiłem czarno-białe ilustracje przedstawiające miejskie pejzaże, zamieszczane w gazetach i czasopismach, i kochałem poezję biednych, smutnych przedmieść. Malowałem małe meczety, walące się mury, fragmenty bizantyjskich akweduktów i — zgłębiając tajniki perspektywy — drewniane domy ustawione po obu stronach ulicy, nieśmiało skulone w oddali.

Drugim źródłem natchnienia był Utrillo, którego twórczość poznałem dzięki reprodukcjom, a życie dzięki udramatyzowanej biografii przeczytanej w młodości. Kiedy chciałem malować jak on, wybierałem jakieś miejsce w Beyoğlu, Cihangirze albo Tarlabaşı, skąd nie było widać meczetów ani minaretów. Wcześniej jednak wędrowałem ulicami i w poszukiwaniu odpowiednich plenerów robiłem setki zdjęć, z których kilka publikuję w tej książce. Kiedy ogarniała mnie ochota, by malować, sięgałem po jedną z tych czarno-białych

fotografii. W oknach kamienic rysowałem okiennice, tak jak w Paryżu, choć tutaj wcale ich nie było.

W chwilach podniecenia, jakie towarzyszyło kreśleniu ostatnich elementów dzieła, wydawało mi się, że jest ono po części wytworem mojej wyobraźni, a po części rzeczywistym bytem. Chcąc osiągnąć cel ostateczny, jakim była ucieczka od siebie, nie mogłem wyłącznie pogrążać się w naiwnym świecie mego malarstwa. Musiałem dokonać zarówno sprytnego, jak i nieco kłopotliwego duchowego skoku: stawałem się Utrillem, który tworzył w Paryżu podobne dzieła do moich. Oczywiście nie identyfikowałem się z nim w sposób absolutny! Malując na przykład Bosfor, tylko trochę wierzyłem, że należę do tego świata, i tak samo częściowo stawałem się Utrillem... Ta nowa zabawa była jednak przydatna, zwłaszcza w chwilach zwątpienia w siebie, w wartość obrazka, który właśnie namalowałem, oraz w szczerość komplementów,

jakie na jego temat usłyszałem. Ale gdy wyobraźnia zbliżała marzenie do rzeczywistości, czułem blokadę. Wtedy proces rysowania wymykał się spod mojej kontroli, a na scenę wkraczała seksualność — miałem wrażenie, że uderza mnie i porywa jakaś gigantyczna fala, która ostatecznie wyrzuca na brzeg, gdzie próbowałem dojść do siebie oniemiały i zasmucony zarazem (to samo miałem już niebawem przeżyć podczas swojego pierwszego seksualnego doświadczenia).

Jeszcze wilgotny obraz, który namalowałem na podstawie zrobionych wcześniej fotografii, wieszałem na ścianie w rogu pokoju, dokładnie na wysokości oczu, i próbowałem patrzeć na niego tak, jakby został stworzony przez kogoś innego. Jeśli taki pospiesznie ukończony rysunek naprawdę mi się podobał, znów ogarniała mnie ekscytacja i pewność siebie. Smutek malowanego miejsca znikał pod wpływem odniesionego sukcesu. Zazwyczaj jednak miałem wrażenie,

że czegoś w moim dziele brakuje — kręcąc głową, zmieniając punkt widzenia, przybliżając się i oddalając albo beznadziejnie dodając pędzlem kilka kresek, próbowałem przekonać samego siebie, że to, co stworzyłem, wcale nie jest złe. W tym momencie nie wierzyłem już jednak ani w to, że jestem Utrillem, ani nawet w to, że moje malarstwo chociaż troszkę przypomina jego. Dlatego ogarniał mnie żal podobny do tego, jaki przeżywałem później po odbytym akcie seksualnym. Nie byłem już ani Utrillem, ani nikim innym... Byłem zwykłym człowiekiem, który namalował coś w stylu Utrilla.

Smutek mój w kolejnych latach jeszcze bardziej się pogłębił, zmieniając pasję malarską w udrękę: wstydliwa prawda była taka, że potrafiłem rysować tylko wtedy, gdy wyobrażałem sobie, że jestem kimś innym. Naśladowałem styl (ale nigdy nie używałem słowa „naśladować") i sposób patrzenia

na świat jakiegoś artysty. I gdy później poczułem, że wykreowałem już własny styl i osobowość, byłem z tego dumny. To
wtedy zaczynałem rozumieć zjawisko, którym zadręczać się
będę przez następne lata: samozaprzeczenie, na Zachodzie
często nazywane paradoksem. Wszyscy budujemy własną
osobowość poprzez naśladowanie innych. Mój niepokój wynikający z pozostawania pod wpływem innych artystów był
stosunkowo mały. Byłem przecież jeszcze dzieckiem i malowałem głównie dla zabawy. Drugim pocieszeniem w tej sytuacji, znacznie łatwiejszym, było to, że miasto, które rysowałem, Stambuł, który fotografowałem, wywierał na mnie
znacznie większy wpływ niż jakikolwiek artysta.

Kiedy tak malowałem, zapominając o bożym świecie,
czasem niespodziewanie do pokoju wchodził ojciec. Na widok mojej twórczej ekscytacji zachowywał się powściągliwie

i z szacunkiem — jak wtedy, gdy w dzieciństwie nakrył mnie
na zabawie penisem. Bez cienia ironii pytał po prostu: „Jak
się masz, Utrillo?". Ten żartobliwy ton przypominał mi, że
wciąż jeszcze jestem małym chłopcem, którego wiek uspra-
wiedliwiał naśladowanie innych.

Skończyłem szesnaście lat i matka, wiedząc, jak silna
była moja artystyczna pasja, dała mi klucze do mieszkania
w Cihangirze, abym urządził w nim atelier. Mieszkaliśmy
tam kilka lat wcześniej i w pokojach nadal stało mnóstwo
starych mebli należących do babki i matki. W weekendy albo
po lekcjach w Robert College wchodziłem do pustego, wyzię-
bionego mieszkania, paliłem w piecu i wybierałem jedną albo
dwie spośród zrobionych wcześniej fotografii. Potem malowałem na ich podstawie wielkie obrazy i wykończony wracałem do domu, z dziwnym smutkiem w sercu.

29.

Rysunki i szczęście rodzinne

Pierwszą rzeczą, jaką robiłem zaraz po wejściu do pracowni w Cihangirze, było zapalenie w piecu. (Gdy miałem jedenaście lat i mieszkałem tu z rodziną, byłem zdeklarowanym piromaniakiem. Teraz odkryłem, że moje zamiłowanie do ognia zniknęło, nawet nie wiem kiedy). Gdy wysokie mieszkanie nagrzało się na tyle, że ręce przestawały grabieć, wkładałem poplamiony farbą i wygnieciony strój roboczy, który bardziej niż cokolwiek świadczył o tym, że jestem jedynie amatorem malarstwa. Szczególna ekscytacja ogarniała mnie wtedy, gdy nie miałem okazji malować przez dłuższy czas. Ale świadomość, że w ciągu najbliższych kilku dni nikt nie zobaczy mojego dzieła, podcinała mi skrzydła. Zarzucone kolejnymi obrazami mieszkanie w Cihangirze powoli zmieniło się w małą galerię, której jednak nie odwiedzał ani ojciec, ani matka, ani nikt chętny prawić mi komplementy. Stojąc przed sztalugami w atelier, odkryłem, że tęsknię za ludźmi, za szczęśliwą rodziną, która potem będzie mogła obejrzeć moje obrazki, za odgłosami kroków na korytarzu i zwykłą domową krzątaniną. Malowanie widoków Stambułu w tym wychłodzonym, pachnącym kurzem i wilgocią smutnym mieszkaniu coraz bardziej mnie przygnębiało.

Bardzo chciałbym odnaleźć choćby kilka spośród tych zagubionych rysunków, które wykonałem w wieku szesnastu czy siedemnastu lat, przedstawiających „szczęście rodzinne" — w sensie takim, jak wyrażenie to rozumiał Tołstoj. Obrazki te miały dla mnie szczególne znaczenie, ponieważ — czego dowodzi zdjęcie zamieszczone poniżej, wykonane przez zawodowego fotografa, zaproszonego przez rodziców do domu, gdy miałem siedem lat — przybranie pozy odpowiedniej do tematu „szczęśliwa rodzina" zawsze sprawiało mi olbrzymi kłopot. Szkice, o których mówię, nie były tylko widokami Stambułu i jego bocznych, wąskich uliczek, ale opowiadały o codziennym życiu moim, brata i naszych rodziców. Kreśliłem je od ręki, gdy czułem, że wszyscy są zadowoleni, nawet jeśli w rzeczywistości nie byli szczęśliwi: kiedy napięcie

między matką i ojcem malało, kiedy nikt nikomu nie czynił żadnych złośliwości, kiedy wszyscy byli zrelaksowani, grała muzyka, służąca gotowała w kuchni obiad czy kolację, albo wszyscy szykowali się do wspólnej wycieczki.

Ojciec najczęściej leżał wyciągnięty na kanapie: większość czasu spędzanego w domu mijała mu na lekturze gazet, magazynów i książek (w młodości czytał literaturę piękną, później — poradniki brydżowe), rozmyślaniach albo pełnym troski wpatrywaniu się w sufit. Kiedy był w dobrym nastroju, włączał taśmę z muzyką poważną, wstawał z kanapy i, wykonując nerwowe, szybkie i gniewne ruchy — jak przy I symfonii Brahmsa — udawał, że jest dyrygentem. Wtedy matka, siedząca w fotelu obok, odrywała wzrok od gazety albo jakiejś robótki ręcznej i patrzyła na niego z uśmiechem, z którego przebijała miłość i troska.

Czasami taki obrazek rodzinnego szczęścia przykuwał moją uwagę, chociaż nie działo się właściwie nic szczególnego ani o niczym nie mówiono. Wtedy szeptałem do siebie na wpół żartobliwie, na wpół wstydliwie, jakbym mówił do dżina, który siedział w moim ciele: „Chyba coś narysuję". Następnie pędziłem do swojego pokoju, chwytałem zestaw farb olejnych, przywiezione mi z Anglii przez ojca pudełko ze stu dwudziestoma kolorami pasteli marki Guitar, i kilka kartek papieru firmy Schöler, który ciotka co roku ofiarowywała mi na urodziny, a potem wracałem do salonu i siadałem przy biurku ojca, skąd widziałem oboje rodziców.

Ponieważ przez ten moment ani ojciec, ani matka nie wydawali z siebie żadnego dźwięku, traktując mój nagły zapał jak coś zupełnie naturalnego, nie mogłem się oprzeć wrażeniu, że Bóg na chwilę specjalnie dla mnie zatrzymał czas. (Nadal wierzyłem, że mimo mojego braku zainteresowania Nią, Ona przychodzi mi z pomocą w ważnych momentach).

Choć być może rodzice wyglądali wtedy na szczęśliwych właśnie dlatego, że nie rozmawiali ze sobą.

To, co zwykle nazywamy rodziną, było dla mnie w istocie zbiorowiskiem ludzi, którzy w imię swego pragnienia bycia kochanym, poczucia bezpieczeństwa i spokoju wyciszają na jakiś czas demony i dżiny zmieszkujące ich wnętrza i udają, że są szczęśliwi. Te pozory szczęścia, traktowane przez nas jak rzeczywistość, podtrzymywaliśmy przez jakiś czas wyłącznie z braku innego zajęcia. W końcu ojciec, nie mogąc już dłużej panować na swoimi demonami i dżinami, spoglądał na matkę, ze spokojną rezygnacją dziergającą na drutach, a potem przez okno w dal, na Bosfor — i zatracał się w myślach, obojętny na jego urodę.

Na początku lat siedemdziesiątych, tak jak niemal we wszystkich tureckich domach, w naszym salonie stanął telewizor, ale tajemnicza cisza, jaka wtedy zapadała między znieruchomiałymi i wpatrzonymi w ekran rodzicami, już nie prowokowała mnie do malowania. Skoro dla mnie szczęściem było uwalnianie swoich demonów w chwili ekscytacji lub zabawy — to kiedy kochający mnie dorośli zajęci byli powstrzymywaniem swoich?

Siedzieli w bezruchu, jakby pozowali do fotografii, a moja ręka poruszała się coraz szybciej, pragnąc uchwycić ten ulotny obraz szczęścia. Zdarzało się, że zanim skończyłem kreślić, rodzice zaczynali rozmawiać. Jedno mówiło o jakimś fakcie przeczytanym w gazecie, a drugie komentowało go albo zbywało milczeniem. Czasem, kiedy rozmawiałem z matką, wyciągnięty na kanapie ojciec, który zdawał się błądzić gdzieś myślami, wypowiadał zdanie świadczące o tym, że przysłuchiwał się naszej dyskusji. Niekończącą się ciszę przerywały krótkie komentarze na temat strasznych sowieckich statków z dziwnymi radarami, które przepływały przez

Bosfor przed naszymi oknami na Beşiktaş Serencebey, albo uwagi na temat bocianów, które wraz z nadejściem wiosny przelatywały z Afryki do Europy tuż nad naszymi głowami. Wiedziałem, jak bardzo ulotny był spokój i szczęście; jak krucha była cisza panująca w salonie, kiedy każde z nas zamykało się w sobie. Gdy moja dłoń, mknąc po papierze, próbowała dopracować szczegóły rysunku, ze strachem zauważałem nieznane mi elementy w wyglądzie rodziców. Matka z optymistycznym, a nawet radosnym wyrazem twarzy i okularami na nosie wpatrywała się w robótkę, a cieniutka wełna wymykająca się spomiędzy drutów pełzła po jej rękach w dół, opadała na nogi i łączyła się z ukrytym w plastikowej torbie kłębkiem. Uważnie przypatrywałem się obutej w kapeć matczynej stopie, która w absolutnym bezruchu — niezależnie od tego, czy matka rozmawiała z ojcem, czy pogrążała się w myślach — tkwiła obok przezroczystej torby z włóczką, i czułem na plecach dreszcz przerażenia: nasze ramiona, nogi, dłonie, a nawet głowy były częściowo pozbawione życia, statyczne jak wazony, w których matka układała świeże stokrotki albo kolczaste gałązki ruszczyka, martwe jak mały stolik obok niej albo zawieszony na ścianie ozdobny talerz z Izniku. Chociaż z powodzeniem udawaliśmy szczęśliwą rodzinę, kiedy tak każde z nas trojga siedziało we własnym kącie pokoju, przypominaliśmy trochę meble zgromadzone przez babkę w jej salonie-muzeum.

Lubiłem to wspólne milczenie prawie tak samo jak rzadkie rodzinne zabawy i gry (głuchy telefon albo loterię noworoczną). Starałem się jak najszybciej dokończyć rysunek, jakbym się bał, że zaprzepaszczę ten piękny moment. Poruszałem pędzlem tak szybko, jak zapewne robił to Matisse, dywany i zasłony wykropkowywałem takimi samymi liniami i arabeskami, jakie stosował Bonnard w swoich obrazach wnętrz, a płaszczyzny wypełniałem delikatnymi muśnięciami i dramatycznymi uderzeniami pędzla. Czasem zauważałem, że zapadł już wieczór, a lampa na trójnogu stojąca obok kanapy ojca świeci nieco jaśniej. Kiedy na zewnątrz było już całkiem ciemno — niebo i Bosfor przybierały ten sam głęboki, cudowny fioletowy kolor, a latarnie rzucały pomarańczowe światło — w szybach ogromnych okien salonu nie widziałem cieśniny, promów, statków płynących z Beşiktaşu do Üsküdaru ani dymów wydobywających się z okrętowych kominów, tylko odbite wnętrze naszego mieszkania.

Kiedy nocą spaceruję ulicami albo wyglądam przez okno, nadal uwielbiam zaglądać do cudzych mieszkań. Czasami dostrzegam jakąś kobietę, która samotnie, godzinami paląc papierosy, układa przy stole pasjansa, jak robiła moja matka, gdy ojciec nie wracał do domu. Albo w jakimś skromnym mieszkanku znajdującym się na parterze widzę zatopioną w rozmowie rodzinę jedzącą kolację przy pomarańczowym świetle lampy, podobnej do tej, jaka stała w moim domu, i naiwnie myślę, że mam przed sobą naprawdę szczęśliwych ludzi. Szczęśliwa rodzina widziana przez okno — takie właśnie obrazki opowiadają o naszym mieście. Zagraniczni podróżnicy muszą pamiętać, że na widok Stambułu składa się nie tylko jego pejzaż zewnętrzny, ale również to, co widzimy, zaglądając przez okna do mieszkań żyjących tu ludzi.

30.

Statki na Bosforze

Dzięki parostatkom, które w drugiej połowie dziewiętnastego wieku zaczęły pływać po Morzu Śródziemnym, znacznie zmniejszył się dystans pomiędzy Stambułem a najważniejszymi miastami Europy. Możliwe stały się również krótkie wizyty nad Bosforem. To dlatego zaczęli tu przyjeżdżać zachodni podróżnicy, których pisane naprędce relacje pomogły później stworzyć literacki wizerunek Stambułu. Ale parostatki zmieniły coś jeszcze — nieoczekiwanie zmodyfikowały tutejszy krajobraz. Wraz z powstaniem spółki Şirketi Hayriye, nazwanej później Liniami Miejskimi, każda nadbosforska wioska zyskała własną przystań, do której przybijały pasażerskie promy. Ich obecność na dobre zmieniła wygląd miasta na bardziej europejski. (Przypomnijmy, że francuskie słowo *vapour*, czyli „para wodna", doskonale harmonizuje z tureckim *vapur*, oznaczającym statek). Nie mam na myśli wyłącznie szybko rozwijających się zatoczek na Bosforze i w Złotym Rogu, gdzie przystanie stały się centrum lokalnego życia, a sąsiadujące z nimi place rozrosły się do imponujących rozmiarów. (Wcześniej do większości z nich trudno było dotrzeć jakąkolwiek inną drogą).

Promy pasażerskie szybko stały się dla miejscowych nieodłącznym elementem pejzażu, takim jak Wieża Panny, Hagia Sophia, twierdza Rumeli Hisarı czy most Galata. Zyskały niemal symboliczne znaczenie. Dlatego też każdy ze statków Linii Miejskich stambulczycy darzą prawdziwym i głębokim

uczuciem, tak samo jak wenecjanie kochają swoje *vaporetto*.
I tak samo jak oni poświęcają im setki książek z mnóstwem
barwnych ilustracji.

Gautier zauważył, że w każdym salonie fryzjerskim wisiał
na ścianie obraz statku, a mój ojciec znał na pamięć nazwy
wszystkich oddanych do użytku od czasów jego dzieciństwa.
Z oddali rozpoznawał ich sylwetki i nawet jeśli zdarzało mu
się zapomnieć ich nazwy, po chwili namysłu wypowiadał
je, co dla mnie brzmiało jak prawdziwa poezja: „İnşirah" 53,
„Kalender" 67, „Tarz-ı Nevin" 47, „Kamer" 59...

Gdy pytałem go, jak to możliwe, że rozpoznaje je, chociaż
są niemal identyczne, cierpliwie wyliczał różniące je cechy.
Czasami opowiadał o nich, kiedy całą rodziną jechaliśmy nad
morze, czasami w naszym mieszkaniu w Beşiktaşu, skąd widać było dokładnie ruch na Bosforze. Ten ma wybrzuszenie,
tamten długi komin, inny haczykowaty dziób albo przechy-

la się na jedną stronę przy silnym prądzie. Mimo to nigdy nie rozróżniałem ich wszystkich. Umiałem rozpoznać tylko trzy: „Fenerbahçe" i „Dolmabahçe" zrobione w Anglii i „Paşabahçe" w Tarencie we Włoszech. „Paşabahçe" uznałem za swój szczęśliwy statek, ponieważ zbudowano go w 1952 roku, a więc wtedy, gdy przyszedłem na świat. Kiedy spacerowałem w zadumie po mieście, wyglądałem przez okno albo stałem na wzgórzu, widziałem, jak nagle wyłania się zza murów jakiegoś domu i czułem ogromną radość, jakbym trafił na swoją szczęśliwą liczbę.

Najważniejszym elementem stambulskich widoków tamtych czasów był dym wydobywający się z kominów promów. Uwielbiałem zaznaczać na swoich rysunkach te czarne kłęby, których kształt zmieniał się zależnie od położenia i rodzaju statku, podwodnych prądów i oczywiście kierunku wiatru. Czekałem, aż prawie ukończony obraz nieco wyschnie, i pędzlem porządnie umaczanym w farbie domalowywałem dym. Czarny obłok był dla mnie jak pieczęć postawiona przez statek w tym pełnym, kompletnym świecie — jak podpis, który za chwilę miałem z powagą umieścić w dolnym prawym rogu swojego dzieła. Kiedy smuga dymu stawała się coraz grubsza i powoli przemieniała w chmurę, miałem wrażenie, że całe moje stambulskie życie robi się ciemne, jakby ktoś nakrył je czarnym woalem.

Lubię obserwować grubą, kłębiącą się smugę dymu, która przepływa nad moją głową, kiedy spaceruję nabrzeżem albo płynę statkiem; lubię czuć, jak rozdmuchany przez wiatr dym muska moją twarz niczym pajęcza sieć; lubię wciągać w nozdrza pachnący spalenizną, jakby metaliczny dym utkany z milionów czarnych punkcików sadzy; lubię patrzeć, jak obłoki wydobywające się z kominów statków przycumowanych w okolicach mostu Galata łączą się i rozchodzą nad całym miastem.

Wiele razy starałem się zatrzymać w pamięci pełne podniecenia ostatnie chwile pracy nad obrazem i kształty, jakie przybierał dym buchający z komina namalowanego statku:

dym, który był ukoronowaniem całego dzieła i zawsze sprawiał mi najwięcej kłopotów (czasem zbyt mocno go szkicowałem, niszcząc cały rysunek). Ale z ostatnim dotknięciem pędzla płótno stojące przede mną nabierało tak silnego realizmu, że niemal zapominałem, co naprawdę widziałem, i jak wygląda prawdziwy dym w swojej naturalnej formie.

Mój ulubiony dym o doskonałym wyglądzie tworzył się przy lekkiej bryzie i unosił pod kątem czterdziestu pięciu stopni w stosunku do wylotu komina, a następnie ciągnął za statkiem, nie zmieniając kształtu, jakby ktoś wyrysował na niebie jego kurs. Wąska, smolista smuga, która w bezwietrzny dzień wydobywała się z komina statku przycumowanego do nabrzeża, miała w sobie ten sam smutek, co nitka wypływająca z komina biednej, zapomnianej chaty. Kiedy wiatr i statek delikatnie zmieniały kierunek, kreska dymu zapętlała się jak arabskie litery. Zawsze, gdy malowałem widok

Bosforu z przecinającym go miejskim promem, umieszcza-
łem na nim dym, aby oddać melancholię tej sceny, więc ra-
dosny, nieokiełznany dym, jaki uwielbiałem, sprawiał mi
kłopoty. W bezwietrzny dzień, kiedy za zawijającym promem od brzegu do brzegu unosiły się potężne kłęby, padał niewątpliwy rekord melancholii. Lubiłem patrzeć, jak
ten czarny dym łączy się z niskimi groźnymi chmurami jak
na obrazach Turnera. Ale sam nie malowałem go z natury,
malowałem go tak, jak widziałem to u Moneta, Sisleya czy
Pissarra: błękitnawą chmurę z *Dworca St. Lazare* Moneta

albo radośnie kuliste obłoki Dufy'ego wyglądające jak gałka lodów.

W pierwszych linijkach *Szkoły serca* Flaubert zamieszcza piękny opis dymu zmieniającego kształty, i to jest właśnie jeden z powodów, dla których go pokochałem... Na tym zakończymy nasz hymn na cześć dymu. Taki sposób wykorzystania frazy jako przejścia do następnego wątku, co za chwilę zrobię, w muzycznej tradycji osmańskiej nazywany był *ara taksim* lub *solo*. Pierwsze z tych określeń oznaczało także podział, rozprowadzanie i rozgałęzienie rzeki, dlatego płaskowyż, z którego Nerval obserwował panoramę Stambułu, jego cmentarze i ulicznych handlarzy, i na którym dziesięć lat wcześniej utworzono bazę dystrybucji wody, ludność określała właśnie tak, Taksim. Miejsce to, wokół którego toczyło się dotychczasowe moje życie, wciąż się tak nazywa. Ale gdy Flaubert i Nerval je odwiedzili, nazywano je inaczej...

31.
Flaubert w Stambule
— Wschód, Zachód i syfilis

Gustaw Flaubert przyjechał do Stambułu siedem lat po Nervalu, w październiku 1850 roku, razem ze swoim przyjacielem pisarzem i fotografikiem Maxime'em Du Campem oraz syfilisem, którym zaraził się wcześniej w Bejrucie. Zabawili

tutaj niecałe pięć tygodni. Już po wyjeździe w liście pisanym z Aten do swego przyjaciela Louisa Bouilleta Flaubert stwierdził, że w Stambule trzeba by spędzić przynajmniej sześć miesięcy, ale jego słów nie można traktować zbyt serio, należał bowiem do ludzi, którzy tęsknili za wszystkim, co zostawiali za sobą. Z korespondecji, jaką wysyłał, rezydując w „Constantinople", łatwo można wywnioskować, że już od pierwszego dnia podróży najbardziej brakowało mu domu w Rouen, pracowni i ukochanej mamusi, która długo płakała po jego wyjeździe, a jego największym pragnieniem był jak najszybszy powrót.

KELESI.   CASERNE SELIMIEH.   HAÏDAR-PACHA.   KADI–KEUY.   ÎLES DES P

GALATA. [FAUBOURG]

Flaubert, podobnie jak Nerval, przed wizytą w Stambule odwiedził najpierw Egipt i Kair, a potem Jerozolimę i Liban. I tak samo jak on, zmęczony widokiem surowego, przerażającego, brzydkiego, mistycznego i egzotycznego Wschodu oraz rzeczywistością bardziej orientalną od własnych wyobrażeń, nie bardzo był już zainteresowany Konstantynopolem. (Początkowo zamierzał zostać tu przez trzy miesiące). Jedną z przyczyn jego obojętności był charakter miasta — okazało się ono dla pisarza niewystarczająco wschodnie. W liście do Louisa Bouilleta wyznaje więc, że podczas podróży po zachodniej Anatolii przypomniał sobie lorda Byrona, które-

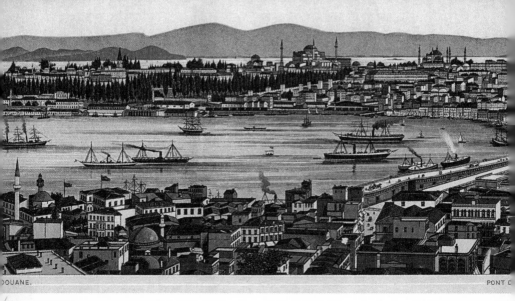

go interesował „turecki Wschód. Wschód kindżałów, albań-skich strojów i okratowanych okien, z których widać błę-kit morza". Flaubert zaś wolał „piekący Wschód Beduinów i pustyni, cynober głębokiej Afryki, krokodyle, wielbłądy i żyrafy".

Dwudziestodziewięcioletni pisarz najpierw dotarł do Egiptu, który na zawsze rozpalił jego wyobraźnię. Z listów do matki i Bouilleta wynika, że po tej wyprawie Flaubert rozmyślał już tylko nad kształtem kolejnej książki. (Właśnie wtedy zrodził się w nim pomysł napisania *Harel Beya* — po-wieści o spotkaniu cywilizowanego człowieka Zachodu ze

„wschodnim barbarzyńcą" i powolnej przemianie ich obu). Natomiast korespondecja z matką jasno dowodzi, że wszystkie przekonania, jakie później stały się podstawą jego legendy — niezgoda na traktowanie serio czegokolwiek poza sztuką, niechęć do burżuazji, małżeństwa i pospolitej pracy — już wtedy były obecne w jego życiu. Czasami zastanawiam się, jak to możliwe, że wersy, które wkrótce zyskały rangę podstawowych założeń moralnych modernistycznej literatury, powstały dwieście lat przed moimi narodzinami właśnie tutaj, w miejscu, gdzie upłynęło dotychczasowe moje życie: „Mam w nosie społeczeństwo, przyszłość, to, co mówią inni, instytucje, a nawet literacką sławę, o której kiedyś marzyłem po nocach. Taki już jestem" (z listu do matki z 15 grudnia 1850 roku).

Dlaczego tak bardzo interesuję się tym, co zachodni podróżnicy mówili o moim mieście, co tu porabiali, o czym myśleli i pisali w listach do swoich matek? Częściowo dlatego, że w jakiś sposób się z nimi identyfikuję (z Nervalem, Flaubertem, De Amicisem). Tak jak kiedyś, malując Stambuł, wyobrażałem sobie, że jestem Utrillem, pisałem zainspirowany ich twórczością, na zmianę zgadzając się albo spierając i tracąc własną tożsamość. A także dlatego, że miejscowi pisarze byli obojętni na swoje miasto.

Jakkolwiek byśmy to zainteresowanie nazwali: fałszywym przekonaniem, fantazją albo, według dawnej nomenklatury, ideologią — każdy z nas ma w głowie częściowo wyraźny, częściowo ukryty tekst, który określa sens wszystkiego, czego w życiu dokonaliśmy. W naszym wypadku duży jego fragment stanowią słowa zachodnich obserwatorów na nasz temat. Dla takich ludzi jak ja, stambulczyków rozdartych między dwoma światami, każdy przybysz z Europy wydaje się niekiedy wytworem wyobraźni, marzeniem albo iluzją, a nie realną osobą. Ponieważ jednak mój umysł nie może polegać tylko na tradycji, podobnie jak mój tekst, jestem wdzięczny za każdego przybysza z zewnątrz, oferującego mi komplementarną wersję: w jakiejkolwiek formie, powieści, obrazu czy filmu. A kiedy czuję niedostatek zachodniego punktu widzenia, próbuję sam stać się przedstawicielem zachodniej cywilizacji.

Stambuł nigdy nie był zależny od Europejczyków, którzy próbowali go opisać, namalować albo sfilmować; dlatego świadomość, że historia tego miasta, będąca także moją historią, była dla przyjezdnych materiałem egzotycznym, nie smuci mnie ani nie niepokoi. W rzeczywistości ich obsesje i strach przede mną i moim światem wydają mi się równie egzotyczne. Najczęściej czytam te teksty nie po to, by się rozerwać albo zobaczyć moje miasto ich oczami, ale by wejść do wyczarowywanego przez nich świata. Do miejsca, które ja nazywam domem, przywiodły ich marzenia, fobie, żądza sławy albo ciekawość własnych ograniczeń. A potem opisali rzeczy, jakie tu zobaczyli, i mój świat przeniknął do ich obrazów oraz słów. Ale kiedy ich czytam, zwłaszcza dziewiętnastowiecznych podróżników — może dlatego, że piszą o rzeczach mi bliskich słowami łatwymi do zrozumienia — nie mogę pozbyć się wrażenia, że opisywane przez nich moje miasto nie jest tak do końca moje. Lubię własne przewrażliwienie i niepewność w tym względzie. Niektórzy zagraniczni malarze byli mi bliscy dlatego, że patrzyli na Stambuł tak, jak ja sam robiłem przez wiele lat: z Cihangiru, gdzie piszę teraz te słowa. W podobny sposób identyfikuję się z rzucającymi się w wir życia, rachującymi, ważącymi, kategoryzującymi i osądzającymi wszystko pisarzami świata zachodniego, uzurpując sobie prawo do ich marzeń i stając się jednocześnie przedmiotem i podmiotem obserwacji. I tak jak raz patrzę na miasto od środka, a raz z zewnątrz, tak spacerując ulicami, daję się porwać strumieniowi sprzecznych myśli i niezupełnie przynależę już do tego miejsca, ale wiem też, że nie jestem obcy. Właśnie tak od stu pięćdziesięciu lat czują się wszyscy mieszkańcy Stambułu.

Chcąc zilustrować swoje słowa, wspomnę o największym zmartwieniu Flauberta podczas jego podróży po Turcji, to jest o jego przyrodzeniu. W liście do Bouilleta, napisanym już drugiego dnia wizyty w Stambule, nasz zatroskany pisarz wyjawia, że z powodu kiły, jaką zaraził się w Bejrucie, na jego członku powstało siedem wrzodów, które następnie połączyły się w jeden. „Każdego ranka wsmarowuję maści w moją biedną męskość!", skarży się i podejrzewa, że zaraziła go jakaś maronitka, a może „mała Turczynka". „Turczynka czy chrześcijanka? — pyta i kontynuuje przewrotnie: — Oto nowa wersja problemu wschodniego, jaka przenigdy nie przyszłaby do głowy redaktorom «Revue des Deux Mondes»". W tym samym czasie w listach do matki pisze, że przenigdy się nie ożeni. Ta decyzja nie ma jednak nic wspólnego z chorobą...

Mimo kłopotów z syfilisem, który dość szybko sprawi, że pisarz kompletnie wyłysieje i przestanie rozpoznawać nawet ukochaną matkę, Flaubert odwiedza w Stambule domy publiczne. Gdy dragoman, odkrywający przed każdym zachodnim podróżnikiem te same turystyczne atrakcje, prowadzi go do obskurnego zamtuza na Galacie, pisarz stwierdza, że kobiety są tu obrzydliwe i chce czym prędzej opuścić to miejsce. I właśnie wtedy — jak twierdzi w listach — *madame*, właścicielka lupanaru, proponuje mu usługi swej szesnastoczy siedemnastoletniej córki. Dziewczyna wpada Francuzowi w oko, ale nie chce iść z nim do pokoju. Matka i koleżanki zmuszają ją jednak (ciekawe, co w tym czasie porabiał Flaubert) i w końcu dziewczę zostaje sam na sam z gościem. Pragnąc jednak upewnić się, czy przypadkiem nie jest on czymś zarażony, łamanym włoskim prosi, by pokazał jej przyrodzenie. „Nie chciałem, aby zobaczyła mój wrzód, dlatego, udając oburzenie, pospiesznie opuściłem tamto miejsce", tłumaczy pisarz.

A przecież już na samym początku podróży w kairskim szpitalu sam z uwagą oglądał wrzody syfilityczne chorych, którzy na polecenie doktora ściągali spodnie przed zagranicznym gościem. Co więcej, wyniki swoich obserwacji zapisał w zeszycie — obok spostrzeżeń na temat fizjonomii i stroju karła stojącego przed pałacem Topkapı — z satysfakcją stwierdzając, że na własne oczy widział kolejną wschodnią osobliwość, kolejny obrzydliwy wschodni zwyczaj.

Oprócz chęci poznania pięknych krajobrazów i zdobycia nowych doświadczeń na Wschód przywiodło Flauberta pragnienie poznania nieznanych chorób i osobliwych praktyk medycznych. Nie miał przy tym zamiaru zdradzać własnych ekstrawagancji i przypadłości. Edward Said w wybitnej książce *Orientalizm* (czytywanej w Stambule niestety głównie w celu utwierdzania się w nacjonalistycznych przekonaniach, że gdyby nie Europejczycy, cały Wschód byłby rajem na ziemi) z dużym zrozumieniem wypowiada się o Nervalu i Flaubercie, robi aluzję do sceny w kairskim szpitalu, ale wydarzenia w stambulskim zamtuzie pomija milczeniem. Być może dlatego, że Stambuł nigdy nie był podległy Zachodowi i nie stanowił jego głównego problemu. Chociaż Turcy twierdzili, że syfilis rozprzestrzenił się na świecie za sprawą

228 Constantinople   Panorama de Galata couverte de neige

Amerykanów, europejscy podróżnicy dziewiętnastego wieku nazywali go *frengi* (albo *French*), uważając, że to Francuzi zarazili nim pozostałe narody. Pół wieku po wyprawie Flauberta do Stambułu Şemsettin Sami, autor pierwszego słownika tureckiego, Albańczyk z pochodzenia, wyjaśnia, że kiła „dotarła do nas z Europy". Flaubert zaś w swoim *Słowniku komunałów* pytanie: „Od kogo się zaraziłem?", które było równie powszechne jak sama choroba, puentuje po latach, pomijając wschodnio-zachodnie dylematy: każdy miał okazję poznać syfilis, jedni lepiej, drudzy gorzej...

Bardzo szczery i otwarty w swoich listach, Flaubert opowiada o fascynacji wszystkim, co dziwne, przerażające, paskudne i odrażające; o „cmentarnych kurwach", które nocami obsługują żołnierzy, o ulicznych tłumach, pustych gniazdach bocianich, miejskim chłodzie i o syberyjskich wiatrach od

Morza Czarnego. Jak większość podróżników jego także fascynowały stambulskie nekropolie. I chyba Flaubert pierwszy zauważył, że płyty nagrobne, które ustawiono w samym środku tętniącego życiem miasta, tak jak powoli zacierające się wspomnienia o zmarłych, kruszeją i zapadają się w ziemię.

32.
Dwaj bracia, dwa światy

Między szóstym a dziesiątym rokiem życia bez przerwy walczyłem ze starszym bratem, a ten bił mnie z coraz większym okrucieństwem. I chociaż dzieliło nas tylko osiemnaście miesięcy, był znacznie większy i silniejszy. W tamtych czasach, a możliwe, że także obecnie, wzajemne potyczki, starcia i boje braci traktowane były w Stambule jako przejaw normalności, a nawet zdrowia. Dlatego nikt nie widział potrzeby, aby nas powstrzymać. Ja zaś każdy cios i każdy policzek uznawałem za osobistą porażkę i dowód słabości. Na początku to ja często w chwili poniżenia czy gniewu wszczynałem bójki, a poza tym miałem dziwne przekonanie, że w rzeczywistości zasłużyłem na porządne lanie. Może dlatego nie przeciwstawiałem się przemocy. Kiedy wybuchała kłótnia, w domu tłukły się szyby i szklanki, moje ciało robiło się fioletowe od sińców albo spływało krwią, ale matka, która zjawiała się na polu walki, wcale nie złościła się o to, że biliśmy się z bratem i jeden z nas — czyli ja — wychodził z tego poturbowany. Z równowagi wyprowadzał ją widok porozrzucanych przedmiotów oraz fakt, że znów nie chcemy się czymś podzielić, albo skargi poirytowanych hałasem sąsiadów.

Po latach przypominałem o tym wszystkim matce i bratu, ale oboje twierdzili, że to się nigdy nie zdarzyło i tylko ja — jak zwykle — wykreowałem te sceny na użytek swojej twórczości, aby udramatyzować i uatrakcyjnić przeszłość. W tym przekonaniu byli tak naturalni i szczerzy, że prędko im uwierzyłem, po raz kolejny dochodząc do wniosku, że nie ukształtowało mnie prawdziwe życie, lecz własna wyobraźnia. Dlatego czytelnicy, którzy mają teraz przed sobą tę książkę, powinni pamiętać, że zawsze miałem skłonność do wyolbrzymiania. Przypominam w tym trochę smutnego paranoika, który nie może się pozbyć wrażenia, że ktoś go obserwuje, chociaż wie dobrze, że tak nie jest. Ale przecież tak samo jak dla artysty malarza nie jest istotna rzeczywistość, tylko kształt przedmiotów, tak dla powieściopisarza nie liczy się kolejność wydarzeń, lecz ich kompozycja, a dla autora wspomnień — ich symetria, nie prawdziwość.

Z tego powodu każdy, kto wcześniej zauważył, że opowiadając o Stambule, mówię o sobie, a opisując siebie, cały czas nawiązuję do Stambułu, z pewnością zdążył się już domyślić, że wspomnienie tych bezlitosnych braterskich walk było zaledwie wstępem do innej opowieści. Poza tym dzieci mają „naturalną" inklinację do wyrażania się poprzez przemoc, chłopcy zawsze będą chłopcami.

Razem z bratem stworzyliśmy zamknięty dla innych świat, w którym żyliśmy wspólnie do dziesiątego–dwunastego roku życia. Oprócz zajęć w szkole nie mieliśmy zbyt wiele okazji do spotkań z rówieśnikami. Najczęściej wymyślaliśmy zabawy, których reguły ustalaliśmy sami albo je na mój sposób modyfikowaliśmy. W naszym mrocznym domu bawiliśmy się więc w strachy, chowanego, przechwytywanie chusteczki, węża, rybaka i kapitana, graliśmy w klasy, w statki, państwa-miasta, pikuty, warcaby i szachy; przy specjalnym rozkładanym stoliku aranżowaliśmy mecze piłkarskie, a na wielkim stole w salonie — ping-ponga... Kłótnie wybuchały najczęściej pod nieobecność matki, gdy zwijaliśmy w kulkę gazetę i — zlani potem — rozgrywaliśmy mecz piłki nożnej w każdym pomieszczeniu domu.

Ileż to lat spędziliśmy na grze w kulki, która była odzwierciedleniem męskiego świata piłki nożnej i społecznych zależności! Sprawiała nam ona wiele przyjemności, ponieważ z jednej strony wymagała zdolności taktycznych, inteligencji oraz sprawności manualnej, zdobywanej z czasem, a z drugiej — doskonale naśladowała reguły obrony i ataku. Ustawialiśmy nasze drużyny złożone z jedenastu pionków od *tavli* (albo szklanych kulek) na dywanie, udającym boisko, i próbowaliśmy trafić w bramkę przeciwnika, wykonaną specjalnie przez stolarza. Po setkach awantur, jakie towarzyszyły ustalaniu reguł tych rozgrywek, udawało się nam osiągnąć kompromis tylko dlatego, że w obu zwyciężała w końcu potrzeba zaprowadzenia porządku. Każda z kulek miała swoje imię nadane na cześć jednego z popularnych wówczas piłkarzy i wszystkie rozpoznawaliśmy na pierwszy rzut oka jak miłośnicy burych kocurów, które dla innych zawsze pozosta-

ją jednakowe. Mój brat na żywo relacjonował przebieg meczu wyimaginowanym słuchaczom, naśladując ówczesnego spikera Halita Kıvança, a kiedy piłka wpadała do bramki, reprezentując zgromadzonych na trybunach widzów, wrzeszczał wniebogłosy „gooooool!!!", po czym w imieniu drużyny przeciwnika wydawał z siebie pomruk niezadowolenia. W czasie rozgrywek wcielaliśmy się w postacie członków federacji piłkarskiej, piłkarzy, dziennikarzy i kibiców (tylko rola sędziego zawsze sprawiała nam kłopot) i tak jak ci ostatni wyjmują noże i chcą zadźgać rywali, my też zapominaliśmy, że piłka nożna to tylko sport, i urządzaliśmy prawdziwe kłótnie i bójki. Zazwyczaj to ja padałem pod gradem ciosów.

Najważniejszym elementem wyróżniającym te walki, których punktem zapalnym była zazwyczaj porażka, zazdrość, naruszenie zasad albo przesadne naśmiewanie się z przeciwnika, było oczywiście pragnienie rywalizacji. I nie chodziło o to, kto ma rację, ale kto jest silniejszy, zręczniejszy, mądrzejszy i sprytniejszy. Wynikała ona głównie z pragnienia jak najszybszego zrozumienia zasad rządzących grą, a więc także i światem, oraz udowodnienia swojej zwinności i lotności umysłu. Nosiła też ślady przyzwyczajeń, jakich nabraliśmy dzięki lekturom w rodzaju *Encyklopedia odkryć i wynalazków*, szkolnym podręcznikom, w których ze szczegółami opowiadano o wielkich zwycięstwach osmańskiej i tureckiej armii, a także matematycznym zagadkom wuja i dyskusjom o piłce nożnej, toczącym się nieustannie w naszym domu, gdyż każde jego piętro kibicowało innej drużynie.

Moja matka też nie była bez winy. Zapewne pragnąc ułatwić sobie życie, niemal wszystko zmieniała w zawody: „Kto pierwszy włoży piżamę i wskoczy do łóżka, ten dostanie buziaka", „Kto się nie przeziębi i nie zachoruje tej zimy, dostanie prezent", „Kto pierwszy zje obiad, nie brudząc obrusu, tego będę mocniej kochała". Te matczyne prowokacje miały nas uczynić bardziej „prawymi", „posłusznymi" i „układnymi".

A przecież w naszych awanturach kryła się przemożna chęć zwyciężania i przywództwa — byliśmy jak spragnieni sukcesów, głoszący szczytne idee i wciąż rywalizujący bohaterowie. Tak samo jak podczas lekcji zgłaszaliśmy się do odpowiedzi, sądząc, że w ten sposób manifestujemy swą mądrość i odrębność od reszty; za wszelką cenę chcieliśmy pokonać i zmiażdżyć przeciwnika, by odeprzeć strach czający się w najmroczniejszym kącie naszej duszy — smutek i przygnębienie z powodu losu, jaki został pisany Stambułowi, a więc także i nam.

Każdy dorosły mieszkaniec Stambułu w pewnym momencie swojego życia dostrzega, że jego przeznaczenie zaczyna się splatać z losem miasta, i nagle zdaje sobie sprawę, że czeka na smutek, który przyjdzie do niego w przebraniu skromności, wrażliwości albo innej namiastki szczęścia. Jeśli nie wypowiedzą mu wojny.

Mój brat zawsze uczył się lepiej ode mnie. Poza tym znał na pamięć wszystkie adresy, ważne liczby i numery telefonów; przechowywał je w pamięci jak tajemne magiczne formuły (kiedy szliśmy gdzieś razem, ja zawsze wpatrywałem się w niebo i sklepowe wystawy, a on zapamiętywał numery domów i nazwy ulic). Zasady rozgrywek piłkarskich, wyniki meczy, nazwy stolic, marki samochodów i sportowe statystyki przywoływał z pamięci z takim samym podnieceniem, z jakim po latach wymieniał braki swoich kolegów profesorów, będących jego rywalami, albo dowodził, jak niewiele miejsca zajmują ich nazwiska w indeksie cytowań. Moje nadzwyczajne skupienie się na rysowaniu oraz potrzeba pozostawania sam na sam z papierem i ołówkiem wynikała po części z tego, że mój starszy brat nigdy się tym nie interesował.

Ale kiedy po wielogodzinnej pracy nad jakimś rysunkiem nie udawało mi się zaznać oczekiwanej radości, a mroczne mieszkanie pełne starych przedmiotów zaczynało zarażać mnie smutkiem, jak wszyscy stambulczycy szukałem łatwego zwycięstwa albo rozrywki, która mogłaby je zastąpić. Wtedy szedłem do brata i naciągałem go na zabawę w coś, co akurat wtedy nas interesowało — na mecz kulkami, szachy albo łamigłówki.

Brat unosił wzrok znad książki i pytał: „Znowu się prosisz?", sugerując w ten sposób, że to on zawsze był górą i ostrzegając przed kolejnymi sińcami. „Przegranemu zapaśnikowi nigdy dość walki", mówił, przypominając, że w ostatnim starciu to on zwyciężył, a potem dodawał tylko: „Popracuję jeszcze godzinę, a potem się tobą zajmę". I wracał do lektury.

Jego biurko zawsze było uporządkowane i czyste, moje wyglądało tak, jakby przed chwilą nawiedziło je trzęsienie ziemi.

Pierwsze kłótnie, tak samo jak pierwsze zabawy, nauczyły nas przestrzegania reguł obowiązujących w życiu. Później jednak przemoc, zebrane wcześniej ciosy i strach przed porażką pozostawiły w naszych duszach ślad, i wtedy zrozumiałem, że to reguły zaczęły rządzić nami. Początkowo byliśmy tylko braćmi solidaryzującymi się wobec nakazów, zakazów i dyscypliny wprowadzonej przez matkę, próbującą wypełnić pustkę po znikającym ojcu i nie zauważać smutku, jaki prędzej czy później musiał wtargnąć do naszego domu. Ale potem zaczęliśmy się zmieniać w dwóch pewnych siebie, dojrzewających mężczyzn, zdecydowanych wywalczyć sobie własne królestwo. Zasady, które przez lata wypracowywaliśmy, by uniknąć kłótni (kto gdzie usiądzie pierwszy, która część szafy do kogo należy, która książka jest czyja, ile minut można siedzieć w samochodzie obok ojca, kto i z jakich powodów wieczorem, już po położeniu się spać, zamknie drzwi naszej sypialni albo wyłączy światło w kuchni czy kto pierwszy będzie mógł przeczytać magazyn „Historia"), nagle stały się zarzewiem kolejnych konfliktów. Pojedyncze dokuczliwe napomnienia typu: „Nie dotykaj, to moje" i „Ostrzegam cię, będziesz żałował", prowadziły do utarczek słownych, wykręcania rąk, ciosów pięścią, kopniaków i innych manifestacji siły. W samoobronie niczym miecza używałem drewnianych wieszaków, szczypców do węgla albo kija od szczotki.

Co gorsza, awantury, które do tej pory wybuchały tylko podczas zabaw naśladujących rzeczywistość, teraz zaczęły dotyczyć prawdziwego życia, dumy i honoru. Doskonale znaliśmy swoje słabości i w okrutny sposób je wykorzystywaliśmy. Robiliśmy to już nie w nagłym wybuchu złości, ale z zaplanowanym i pełnym wyrachowania okrucieństwem.

Pewnego razu udało mi się silnie zranić brata, a on powiedział tylko: „Kiedy rodzice pójdą wieczorem do kina, spiorę cię na kwaśne jabłko". Przy kolacji prosiłem matkę i ojca, żeby nie wychodzili, i powtórzyłem im groźbę. Oni jednak, wierząc, że ich autorytet zdoła zapobiec nadchodzącej bójce, spokojnie zostawili mnie samego.

Gdy w trakcie naszych krwawych walk ktoś nagle dzwonił do drzwi, jak małżonkowie przyłapani na sprzeczce w jednej chwili doprowadzaliśmy się do porządku, grzecznie witaliśmy nieoczekiwanego gościa albo natrętnego sąsiada, zapraszaliśmy go do środka i, mrugając do siebie znacząco, informowaliśmy, że mama powinna zaraz wrócić. W przeciwieństwie jednak do skłóconych małżonków, którzy nie potrafią utrzymać zawieszenia broni, kiedy znów zostają sami, my, zadowoleni i nieco zdekoncentrowani, spokojnie wracaliśmy do codziennych obowiązków. Zdarzało się, że po bójce, zapłakany, zasypiałem na dywanie, wyobrażając sobie własny pogrzeb. Wtedy mój brat, którego dobre serce i ludzkie odruchy były dla mnie zawsze czymś oczywistym, krzątał się przez chwilę przy biurku, a potem litował się nade mną, budził i prosił, abym włożył piżamę i poszedł spać. Ja jednak najbardziej lubiłem wskakiwać do łóżka w ubraniu, podczas gdy on odrabiał jeszcze swoje lekcje. Odkrywałem wtedy, że w mojej duszy istnieje ciemny punkt, w którym łączy się zamiłowanie do smutku i rozczulania nad sobą.

Smutek, o który „się prosiłem" i który w końcu otrzymywałem — w zestawie z przegraną, poniżeniem i poczuciem własnej słabości — był chwilą wytchnienia od wszystkich reguł, jakich musiałem się nauczyć, od zadań matematycznych, jakie powinienem rozwiązać, od postanowień traktatu w Karłowicach, których powinienem się nauczyć na pamięć. Bycie bitym i poniżanym sprawiało, że czułem się wolny. Wbrew sobie więc prowokowałem bójki, co mój brat trafnie nazywał „proszeniem się". Czasami wzbudzałem w nim takie reakcje właśnie dlatego, że to rozumiał, że miał nade mną władzę, był mądrzejszy i sprytniejszy. I znów dostawałem lanie...

Po każdym biciu, kiedy leżałem w łóżku, ogarniały mnie czarne myśli: potępiałem siebie za niezdarność i lenistwo i czułem głęboką winę. „No i co z tego?", pytał głos w moim wnętrzu. „Jestem zły", odpowiadałem, a ta odpowiedź sprawiała, że stawałem się wolny; otwierała przede mną zupełnie nowe światy. I gdy już zgodziłem się z tym, że jestem złym człowiekiem, zaczynałem czerpać radość z myśli, iż mogę malować, kiedy chcę, nie chodzić do szkoły i kłaść się spać w ubraniu. Czułem wtedy zadowolenie, chociaż byłem przegrany, poniżony, z posiniaczonymi rękami i nogami, czasem rozbitą wargą i wymiętym ubraniem. Moje ciało dowodziło, że nie potrafiłem walczyć odpowiednio dobrze, więc zasługiwałem na to poniżenie, upodlenie i sponiewieranie. Może już wtedy porywało mnie żywe i rzeczywiste pragnienie dokonania w przyszłości czegoś wielkiego? Przemoc miała w sobie siłę i dynamikę, których w żaden sposób nie dawało się połączyć z czymś takim jak duma czy moralność. Ukazywał się przede mną drugi świat, obiecujący prawdziwe szczęście i nowe życie, karmiący się przemocą, a dzięki niej był atrakcyjniejszy i bardziej żywy niż szara codzienność. W takich chwilach, głównie dzięki przypadkowi i podświadomości, odkrywałem w sobie smutek tego miasta, *hüzün*, brałem do ręki kartkę i ołówek i zaczynałem rysować. To właśnie wtedy najbardziej podobały mi się moje dzieła, a ciemna strona tego uczucia powoli oddalała się, zastąpiona przez przyjemność, jaką dawało mi zapomnienie o całym świecie.

33.
Obca szkoła, obcy w szkole

W stambulskim Robert College'u uczyłem się cztery lata
— łącznie z rocznym przygotowaniem w języku angielskim.
Moje dzieciństwo dobiegało końca, a ja zrozumiałem, że prawdziwy świat jest boleśnie nieograniczony, bardziej skomplikowany, niż sądziłem, i trudno za nim nadążyć. Całe moje
dzieciństwo upłynęło w otoczeniu matki, ojca, brata, w domu, na naszej ulicy, w dzielnicy — w jednym miejscu, które
było dla mnie centrum świata. Moja wcześniejsza edukacja
utwierdziła mnie tylko w przekonaniu, że panujące tu zasady
obowiązują w pozostałej części uniwersum. W liceum z bólem uświadomiłem sobie, że to miejsce nie jest ani centrum
kosmosu, ani — co gorsza — nie ma dla niego żadnego znaczenia. Odkrywszy kruchość własnego życia i ogrom otacza-
jącego mnie świata oraz zrozumiawszy ograniczenia własnej
wiedzy (lubiłem godzinami szperać w książkach i wędrować
po pachnących zleżałym papierem niskich korytarzach biblioteki założonej przez naszych niewierzących amerykańskich wykładowców), poczułem się tak samotny i bezsilny
jak nigdy wcześniej.

Samotność po części związana była z nieobecnością brata. Chociaż bez przerwy kłóciliśmy się ze sobą, pomagał mi
zrozumieć, uporządkować, ocenić i w jakiś sposób ułożyć
w głowie wiele spraw. Łączy mnie z nim silniejsza więź niż
z matką czy ojcem. Kiedy miałem szesnaście lat, wyjechał
na studia do Yale. Ponieważ rozstanie to uwolniło mnie od

poniżenia, bólu i rywalizacji, a także pozwoliło rozwinąć się mojej wyobraźni i sprzyjało wolności, nie skarżyłem się zbytnio. Ale w chwilach smutku tęskniłem za jego wsparciem i obecnością.

Wydawało mi się, iż rozpadło się centrum mojego osobistego świata, chociaż nie wiedziałem dokładnie, jak ono wyglądało. I chyba właśnie z tego powodu nie potrafiłem całkowicie poświęcić się lekcjom, pracy i innym sprawom. Czasami było mi przykro na myśl, że nie jestem już prymusem. Nie wkładałem w naukę żadnego dodatkowego wysiłku, tak jak to było wcześniej, ale jednocześnie miałem wrażenie, że tak naprawdę nie potrafię smucić się ani cieszyć czymkolwiek. W dzieciństwie, które w końcu uznałem za szczęśliwe, życie było miękkie jak aksamit; było ciekawą i radosną opowieścią podobną do baśni. Kiedy skończyłem trzynaście, a może czternaście lat, ta opowieść zaczęła blaknąć i rozpadać się na wiele drobnych fragmentów. Czasami pragnąłem wierzyć w ten zlepek historii i postanawiałem, że pozostanę wierny jednej z nich, doprowadzając ją do szczęśliwego końca, dokładnie tak samo, jak na początku każdego semestru przyrzekałem sobie, że będę najlepszym uczniem, i nigdy nie dotrzymywałem słowa. Chwilami wydawało mi się, że świat się ode mnie oddala. Co gorsza, zdarzało się to dokładnie wtedy, gdy ja otwierałem się na niego całym swoim umysłem i wszystkimi zmysłami.

Ciągle powracające erotyczne fantazje pozwalały mi wierzyć, że w całym tym zamęcie istnieje przychylny mi świat, w którym mogę się ukryć. Seks nie był dla mnie przeżyciem wspólnym, ale osobistym marzeniem... Tak jak wtedy, kiedy nauczyłem się pisać i czytać, a w mojej głowie zagościła maszyna nieustannie przetwarzająca litery na dźwięki, tak teraz zaczęło działać we mnie podobne urządzenie, które z zadziwiającą niezawodnością w każdej chwili gotowe było tworzyć bez wyraźnego powodu erotyczne skojarzenia i układać je w szokująco wyraźny, podniecający spektakl rozgrywający się w mojej głowie w technikolorze. Nie zważając na żadne świętości, niezwykłym erotycznym transformacjom poddawałem wszystkich otaczających mnie ludzi oraz postaci z gazet i filmów. Zamykałem się wtedy w swoim pokoju.

Przypominam sobie rozmowę, jaką pewnego dnia odbyłem z dwoma szkolnymi kolegami — jąkałą i grubasem — a która potem wpędzała mnie w wielkie poczucie winy: „Czy ty t o robisz?", zapytał jąkała z wyraźnym wahaniem. Owszem, robiłem t o już w gimnazjum, ale ze wstydu nie byłem w stanie wydusić z siebie żadnej konkretnej odpowiedzi. „Nigdy t e g o nie rób!", poradził mi, jąkając się i czerwieniąc jeszcze bardziej niż zwykle na myśl o tym, że ktoś tak zdolny i posłuszny jak ja mógł robić takie straszne rzeczy. „Onanizowanie się to okropne przyzwyczajenie. Jak już raz zaczniesz, nigdy nie skończysz!" Po tych słowach grubas popatrzył na nas wzrokiem, który za każdym razem, gdy przypominam sobie tę historię, wydaje mi się coraz smutniejszy. Kiedy jąkała szeptem wygłaszał zakazy dotyczące masturbacji, na twarzy grubasa pojawił się wyraz oznaczający uzależnienie od narkotyku, jakby zaprzepaścił swoje życie i z pokorą zaakceptował ów przerażający fakt, tak samo jak własną otyłość.

Kolejną rzeczą, którą w poczuciu wyobcowania i winy robiłem w liceum, a także potem, studiując na Politechnice Stambulskiej, były ucieczki ze szkoły. Ale wagarowanie zdarzało mi się już w szkole podstawowej.

Na początku uciekałem ze szkoły z nudów, ze wstydu przed jakimś zaniedbaniem, którego nikt inny nie dostrzegł, albo ze strachu przed szczepieniem. Ale uciekałem też z innych powodów, nie związanych z nauką: przez kłótnię rodziców, zwyczajne lenistwo, nieodpowiedzialność albo przerwę spowodowaną długą chorobą, w czasie której troszczono się o mnie tak, że zapominałem o szkolnej rutynie. Wagarowałem z powodu wiersza, którego powinienem był się nauczyć na pamięć, w gimnazjum przez kolegę, który mnie dręczył, a w liceum i na studiach dlatego, że dopadała mnie melancholia, smutek albo kryzys egzystencjalny. Czasami unikałem szkoły, ponieważ czułem się jak kot, który nie chce wychylić nosa poza próg bezpiecznego domu. Pod nieobecność brata miałem matkę wyłącznie dla siebie, a w naszym pokoju mogłem robić w samotności wszystko, na co miałem ochotę; nie musiałem się starać, bowiem dawno już zrozumiałem, że nigdy nie będę tak dobrym uczniem jak on. Podstawowa przyczyna moich ucieczek leżała jednak gdzie indziej: blisko źródła mojej melancholii.

Gdy ojciec stracił wszystkie pieniądze ze spadku po dziadku, znalazł pracę w Genewie, dokąd wyjechał razem z matką. Tamtej zimy opiekę nade mną i bratem przejęła babka. Jej autorytet nie wystarczył jednak, by powstrzymać mnie przed wagarami. Każdego ranka, kiedy do drzwi naszego mieszkania dzwonił dozorca Ismail, mój brat stawał gotów do drogi, z tornistrem w ręku, ja zaś — wówczas ośmiolatek — mamrocząc jakieś wymówki, zaczynałem kręcić się po domu. A to nie dokończyłem pakowania, a to przypominałem sobie o czymś w ostatniej chwili, a to pytałem, czy babcia nie dałaby mi jednej liry... Skarżyłem się na ból brzucha, przemoczone buty, koszulę, którą należało natychmiast zmienić... Brat, który dawno przejrzał moje zamiary i nie miał ochoty spóźnić się przeze mnie do szkoły, mówił tylko: „Chodźmy lepiej, Ismail. Potem wrócisz po Orhana".

Szkoła była oddalona od naszego domu o cztery minuty spaceru. Kiedy więc Ismail wracał po mnie, lekcje właśnie

się zaczynały. Obserwowany przez czekającego w drzwiach dozorcę, obwiniałem innych za moje spóźnienie, udawałem, że czegoś szukam albo że boli mnie brzuch i nie słyszę dobiegającego nas dźwięku dzwonka. Ponieważ jednak poranne przedstawienia kosztowały mnie dużo nerwów, a na dodatek czułem w gardle okropny smak gorącego mleka, które codziennie piłem z obrzydzeniem, ból brzucha szybko stawał się prawdziwy. Kilka chwil później mojej babce miękło serce: „Dobrze, Ismail. Zrobiło się późno, lekcje już dawno się zaczęły, niech on już dzisiaj nie idzie — mówiła i odwracała się do mnie z nasrożonymi brwiami. — Ale jutro idziesz, zrozumiano? Bo jak nie, to wezwę policję. A do rodziców napiszę list".

Później, w liceum, najprzyjemniejszą stroną wagarów było to, że nikt o nich nie wiedział. Poczucie winy sprawiało, że każdy mój krok był na wagę złota. A ponieważ nie kierował mną żaden cel oprócz chęci ucieczki ze szkoły, zajmowałem się rzeczami godnymi prawdziwego włóczęgi: kapeluszem z wielkim rondem na głowie jakiejś kobiety; spaloną przez słońce twarzą żebraka, mijanego każdego dnia; fryzjerami i ich uczniami zajętymi lekturą gazet w swoich maleńkich zakładach; dziewczyną z reklamy konserw wiszącej na elewacji budynku; naprawianym właśnie zegarem na placu Taksim, którego przypominające skarbonkę wnętrzności może zobaczyć tylko licealista, pod warunkiem, że ucieknie ze szkoły w odpowiednim czasie; zakładami ślusarskimi; sprzedawcami starzyzny i punktami renowacji mebli w bocznych uliczkach Beyoğlu; sklepikami ze znaczkami; instrumentami muzycznymi, starymi książkami; stemplami i maszynami do pisania na zboczu Yüksek Kaldırım. Wszystko tu wydawało się o wiele ciekawsze, prawdziwsze i piękniejsze niż kiedy indziej — na przykład kiedy przychodziłem tu w dzieciństwie z matką albo później z kolegami. Od ulicznych sprzedawców kupowałem obwarzanki, smażone ostrygi, pilaw, kasztany, kotleciki, kanapki z rybą, ciastka, *ayran**, sorbet i wszystko, na co akurat miałem ochotę. Przeżywałem chwile szczęścia, kiedy z butelką lemoniady stałem na jakimś rogu, obserwując chłopców grających w piłkę (czy oni także uciekli ze szkoły, czy też w ogóle do niej nie chodzili?) albo idąc w dół jakąś stromą, nieznaną mi ulicą. I momenty smutku, w których przytłoczony poczuciem winy, patrząc na zegarek, zastanawiałem się, co teraz robią koledzy z klasy.

W czasach liceum dzięki wagarom odkryłem Bebek, zaułki na Ortaköy, wzgórza Rumeli Hisarı, twierdzę w dużej

---

*   *Ayran* — orzeźwiający napój z rozcieńczonego jogurtu, przyprawionego solą i oregano lub liśćmi mięty.

części otwartą wtedy dla zwiedzających, Emirgân, przystań w Istinye i otaczające ją rybackie knajpki; miejsca, w których wyciągano łodzie na ląd, i te, do których dotrzeć można było tylko statkiem; poznałem przyjemności podróżowania promem po Bosforze, nabrzeżne wsie i stare kobiety drzemiące w otwartych oknach chat; szczęśliwe koty, wąskie uliczki i greckie domy niezamykane przez właścicieli idących rano do pracy.

Podjąłem też wiele decyzji, które po tych wszystkich grzechach powinny były mi pozwolić wyjść na prostą: miałem stać się lepszym uczniem, więcej malować, wyjechać do Stanów Zjednoczonych, by studiować rysunek, porzucić nawyki irytujące moich amerykańskich nauczycieli, których karykaturalna wyrozumiałość zawsze mnie śmieszyła, oraz tureckich wykładowców, którzy nie potrafili obudzić w uczniach niczego więcej prócz rezygnacji, znużenia i wyrachowania. Miałem zrobić wszystko, by nie wyrzucono mnie z klasy. Dzięki poczuciu winy w krótkim czasie stałem się ambitnym „idealistą". Dlatego bezustannie osądzałem wszystkich kłamliwych, leniwych, manipulujących innymi i dwulicowych przedstawicieli dorosłego świata.

W tamtym czasie największym i niewybaczalnym grzechem dorosłych według mnie było to, że okazywali się niewystarczająco uczciwi, szczerzy, nietuzinkowi i prawdziwi. Ich dwulicowość, jaką dostrzegałem na każdym kroku

— kiedy rozmawiali ze sobą, dręczyli biednych uczniów, robili zakupy na targu i wygłaszali polityczne przemówienia — kazała mi mniemać, że to, co nazywa się doświadczeniem życiowym, jest w rzeczywistości zdolnością do wykonywania różnych kombinacji i sztuczek oraz posługiwania się kłamstwem bez najmniejszego problemu, a potem — kiedy kłamstwo wyjdzie na jaw — zachowywania się tak, jakby nic się nie stało. Żeby jednak uniknąć nieporozumienia, dodam, że ja także intrygowałem, kłamałem i udawałem na potęgę. Wyrzuty sumienia i strach przed ujawnieniem prawdy dręczyły mnie tak bardzo, że czułem się jak ktoś nienormalny i niezrównoważony, co potęgowało jeszcze ciężar winy. Próbowałem unikać kłamstw nie dlatego, że nie pozwalało mi na to sumienie, ale przez ową udrękę, która po pewnym czasie stawała się nie do zniesienia.

Poczucie winy w miarę upływu czasu rosło i stawało się coraz większe; co gorsza, dopadało mnie nie tylko po jakimś niecnym postępku albo godnym dorosłego kłamstwie, ale bez powodu, w każdej chwili życia: kiedy wygłupiałem się z kolegą, stałem samotnie w kolejce po bilet przed kinem w Beyoğlu albo trzymałem za rękę nowo poznaną, piękną dziewczynę. Miałem wrażenie, że z mego ciała wynurza się oko, które niczym wszystkowidząca kamera pozostaje zawieszone w powietrzu, uważnie obserwuje każdy mój ruch (podaję pieniądze bileterce albo ściskam dłoń dziewczyny, bezskutecznie próbując powiedzieć coś rozsądnego) i przysłuchuje się moim banalnym wypowiedziom („Jeden bilet na *Rosyjskich kochanków* w środkowym rzędzie proszę", „Czy pani też pierwszy raz na takiej prywatce?"). W jednej chwili stawałem się jednocześnie reżyserem i aktorem swojego filmu; żyłem w środku sceny i byłem jej obserwatorem. Tylko przez kilkanaście sekund potrafiłem zachować pozory normalności, a potem nagle ogarniała mnie pełna przerażenia, wstydu, obawy i wyobcowania udręka. Jakby każdy fragment mojego ciała i duszy nagle zaczął się kołysać i kurczyć, podobnie jak bez końca składana kartka papieru.

Wiedziałem, że w takich sytuacjach jedyną radą była izolacja, ucieczka od reszty świata w cztery ściany mojego pokoju. W samotności ponownie rozmyślałem nad własną udręką, analizowałem moment, w którym mnie ogarnęła, odtwarzałem go w myślach i powtarzałem własne, boleśnie banalne słowa. A potem zaczynałem rysować i kreślić, co pomagało mi wrócić do normalności i znów wyjść między ludzi.

Czasami, nawet jeśli nie zrobiłem niczego trywialnego ani fałszywego, sam sobie wydawałem się nagle sztuczny. Kiedy spacerując ulicami, w którejś z witryn przypadkowo zauważałem swoje odbicie żyjące odrębnym życiem albo po sobotnim kinowym seansie w Beyoğlu na którymś ze stoisk z hamburgerami i kebabem jadłem hot-doga i popijałem go *ayranem* i nagle dostrzegałem swoją twarz w lustrze, wydawała mi się przesadnie prawdziwa, ordynarna i przez to nieznośna. W takich chwilach chciałem umrzeć, ale z masochistyczną przyjemnością wpatrywałem się w nią, pogryzając bułkę i stwierdzając, że przypominam olbrzyma z obrazu Goi, który pożerał własnego syna. Odbicie przypominało mi własne winy i grzechy i potwierdzało, jak wstrętnym jestem stworzeniem. Podobne uczucie ogarniało mnie niemal w każdym lokalu w Beyoğlu — nie tylko z powodu porozwieszanych wszędzie luster, ale głównie przez świecące u sufitu gołe żarówki, brudne ściany, mdły kolor bufetu, powszechną nijakość, zaniedbanie i brzydotę... Jakby wszystko wkoło mówiło mi, że nie mam co liczyć na szczęśliwe i radosne życie, bo zamiast pasma zwycięstw czeka mnie nic nie znaczący, długi odcinek czasu, nad którym nie należało się przesadnie zastanawiać. Czułem, że właśnie zabijam ten czas, bo i tak nie zasługiwał na nic lepszego.

Piękne i sensowne życie, które przed chwilą oglądałem w hollywoodzkim filmie, zarezerwowane było dla szczęśliwych mieszkańców Europy i Ameryki; pozostali ludzie, włącznie ze mną, skazani byli na wtórną, nieistotną dla nikogo egzystencję w nędznych, rozpadających się, pozbawionych wyrazu, odrapanych z farby, zdezelowanych i tanich miejscach. Sam powoli przyzwyczajałem się do myśli, że jest to przeznaczone również dla mnie. Wzorowane na zachodnim, życie stambulskich bogaczy było dla mnie nieznośnie sztuczne i bezduszne, dlatego coraz chętniej odwiedzałem smutne i biedne miejsca, a piątkowe i sobotnie wieczory spędzałem samotnie, spacerując po zaułkach albo przesiadując w kinie.

Nie dzieliłem się z nikim czytanymi wówczas książkami, malowanymi obrazami ani żadną częścią swojego życia, w którym próbowałem odkryć drugą twarz miasta. Nie mieli o tym pojęcia także moi nowi podejrzani znajomi. W owym czasie zostałem członkiem paczki składającej się z synów właścicieli fabryk, firm tekstylnych i energetycznych. Koledzy ci, górujący nade mną wyłącznie wiekiem, przyjeżdżali do Robert College'u mercedesami rodziców, a wieczorami jeździli za spacerującymi po Şişli i Bebeku pięknymi dziewczętami, wołając je, zapraszając do auta i marząc o erotycznych przeżyciach, jakich doświadczą, jeśli tylko któraś przyjmie propozycję (taką zabawę nazywano wówczas *kepçe*). W weekendy znów jeździli jak opętani w okolicach Maçki, Nişantaşı, Taksimu czy Harbiye, z nadzieją na poznanie dziewcząt chodzących do obcojęzycznych szkół, każdej zimy spędzających dziesięć dni na nartach w Uludağu, a latem odpoczywających w Suadiye i Erenköyu. Czasami brałem udział w owych *kep-*

çe i nigdy nie mogłem się nadziwić, jakim sposobem dziewczyny te natychmiast pojmowały, że jesteśmy tylko grupą nieszkodliwych i niewinnych chłopaków, i bez cienia strachu wsiadały do naszego samochodu.

Pewnego wieczoru nasze zaproszenie przyjęły dwie koleżanki, które zaczęły z nami gawędzić tak, jakby wsiadanie do pierwszego lepszego luksusowego auta było najbardziej naturalną czynnością na świecie. Pojechaliśmy razem do jakiegoś klubu, wypiliśmy lemoniadę i coca-colę, a następnie grzecznie rozeszliśmy się do domów. Z kolegami, mieszkającymi tak jak ja w Nişantaşı, często grywałem w pokera, ale miałem i takich, z którymi od czasu do czasu grałem w szachy i ping-ponga albo rozmawiałem o malarstwie i sztuce. Nigdy jednak nie zrobiłem niczego, aby poznać ze sobą te dwa światy.

W każdym z nich byłem innym człowiekiem: miałem inną osobowość i moralność, inaczej żartowałem i mówiłem. Ale ta twarz kameleona nie była efektem wyrachowania. Osobowości zmieniałem niejako automatycznie, w chwili uniesienia, podczas rozmowy z kolegą. Łatwość, z jaką stawałem się dobrym wśród dobrych, złym wśród złych i dziwnym wśród dziwnych, miała uchronić mnie przed losem większości kolegów, którzy po ukończeniu dwudziestego roku życia zmieniali się w cynicznych prześmiewców. Wierzyłem we wszystko, co mnie interesowało, i oddawałem się temu bez reszty.

Szczere zainteresowanie nie powstrzymywało mnie jednak od wyśmiewania wszystkiego i wszystkich. Zdarzało się, że wygłupy albo żarty z kogoś prowokowały mnie do trudnego do opanowania chichotu. Jakby nagle w mojej głowie obluzowała się jakaś śrubka. Kiedy w szkole koledzy zdradzali większe zainteresowanie opowiadanym przeze mnie szeptem pieprznym kawałem niż słowami wykładowcy, czułem pokusę, aby pokazać wszystkim, jak dobrym jestem gawędziarzem. Obiektem moich żartów czyniłem nudnych tureckich nauczycieli. Niektórzy z nich przeżywali ciągły niepokój o pracę w amerykańskiej szkole i obawiali się „szpiegów" ukrywających się wśród uczniów i donoszących na nich Amerykanom. Inni wygłaszali pełne żaru nacjonalistyczne przemówienia na cześć narodu tureckiego, a ponieważ w porównaniu z nauczycielami amerykańskimi wyglądali na apatycznych, zmęczonych, starych i zrezygnowanych, czuliśmy, że nie za bardzo lubią nas, swoje życie i nawet samych siebie. W przeciwieństwie do Amerykanów, którzy dobrodusznie próbowali się z nami zaprzyjaźnić, wprowadzali dyscyplinę, stosując kary, i wymagali uczenia się wszystkiego na pamięć. Szczerze nienawidziliśmy ich za biurokratyczne dusze.

Wykładowcy amerykańscy, na ogół młodsi od tureckich, tak mocno starali się przybliżyć nam — uczniom, których

mieli za znacznie bardziej prostodusznych i szczerych, niż byliśmy w rzeczywistości — cuda zachodniej cywilizacji, że ich pedagogiczny zapał nabierał niemal religijnego wymiaru. W obliczu tego ognia nie mogliśmy się zdecydować, czy powinniśmy się z nich śmiać, czy może im współczuć. Większość stanowili urodzeni w latach czterdziestych wykładowcy o lewicowych poglądach; niektórzy przyjechali do Turcji jako wolontariusze, gotowi kształcić prymitywne dzieci w kraju Trzeciego Świata. Kazali nam czytać Brechta, zgodnie z lewicowymi przekonaniami interpretować Szekspira, a w czasie zajęć z literatury dawali do zrozumienia, że źródło wszelkiego nieszczęścia leży w „niewłaściwie funkcjonującym" społeczeństwie stworzonym przez dobrych ludzi, którzy wybrali złą drogę. Kiedy podczas interpretacji jakiegoś dzieła literackiego pewien nieszczęsny nauczyciel próbował wytłumaczyć nam, że jednostki nie poddające się regułom społecznym są wypychane na zewnątrz, i często używał przy tym określenia „*you are pushed*", klasowi prześmiewcy wtórowali mu, powtarzając jeden przez drugiego: „*Yes, sir, you are pushed*". Nie wiedział, że w tureckim istnieje podobne słowo do *pushed*, oznaczające „pedziowaty". Cała klasa się śmiała. Nie chcieliśmy go obrazić, ale wyrażaliśmy w ten sposób ukrytą złość, jaką wobec przyjezdnych wykładowców czuła całkiem spora grupa uczniów.

Nasza nieśmiała wrogość wobec Amerykanów doskonale komponowała się z ówczesną lewicowo-nacjonalistyczną atmosferą panującą w Turcji i przede wszystkim zaprzątała głowy zdolnych uczniów, którzy przyjechali tu z samego środka Anatolii i mieszkali w internacie. Ci naprawdę utalentowani i pracowici chłopcy pochodzili ze wsi i musieli zdać trudne egzaminy, aby dostać się do prestiżowej amerykańskiej szkoły. Teraz zaś żyli rozdarci między gniewem na amerykań-

skie społeczeństwo za wojnę w Wietnamie a porywającą ideą wolności, magią amerykańskiej kultury, a przede wszystkim marzeniami o wyjeździe na studia do Nowego Świata i może nawet osiedleniu się tam. Natomiast dzieci stambulskich bogaczy, przedstawicieli klasy średniej czy moi koledzy pochodzący z zamożnych rodzin w ogóle nie zajmowali się tymi sprawami. Dla nich nauka w Robert College'u była tylko pierwszym krokiem do zawodowej kariery, przygotowaniem do zarządzania wielkim koncernem albo otwarcia tureckiego przedstawicielstwa jednej z zagranicznych firm.

Ja natomiast nie do końca wiedziałem, kim chcę zostać, ale kiedy mnie o to pytano, odpowiadałem, że na pewno nie opuszczę Stambułu i będę studiował architekturę. W kwestii studiów decyzja została podjęta jednogłośnie przez całą moją rodzinę. Byłem inteligentny tak samo jak dziadek, ojciec i wuj, a więc naturalną koleją rzeczy musiałem trafić na inżynierię na Politechnikę Stambulską. A skoro już tak bardzo chciałem rysować, nic nie stało na przeszkodzie, bym na tej samej uczelni podjął studia architektoniczne. Nie pamiętam, kto pierwszy znalazł ten prosty sposób, by przesądzić o mojej przyszłości, ale już w czasach licealnych szybko go podchwyciłem i uznałem za własny. Rozstanie ze Stambułem byłoby dla mnie nie do zaakceptowania; wcale nie z powodu świadomej czy przesadnej miłości do tego miasta, tylko niechęci do zmiany nawyków, otoczenia i domu. Byłem zbyt leniwy na to, by spróbować czegoś zupełnie nowego. Już wtedy zacząłem odkrywać w sobie osobnika, który bez cienia nudy może chodzić wciąż w tych samych ubraniach i jeść te same potrawy, żywiąc się własną dziką wyobraźnią.

O mojej przyszłości, sensie życia i tym, jak powinno ono wyglądać, dyskutowałem z ojcem podczas naszych niedzielnych samochodowych wypraw. Nad ranem ojciec wsadzał mnie do wozu (ford taurus rocznik 1966) i pod różnymi pretekstami wiózł w okolice Büyükçekmece, do Ambarlı, na budowę magazynów i pompowni firmy Aygaz, której był dyrektorem, albo ot tak sobie, nad Bosfor, żeby pojeździć bez celu, kupić coś albo odwiedzić babcię. Włączał radio i wciskał pedał gazu.

Na przełomie lat sześćdziesiątych i siedemdziesiątych główne ulice Stambułu w niedzielne poranki były niemal puste. Jeździliśmy po obcych nam dzielnicach, słuchaliśmy „lekkiej” zachodniej muzyki (Beatlesów, Sylvie Vartan i Toma

Jonesa), a ojciec mówił mi, że najważniejsze jest to, by żyć w zgodzie z sobą, i pieniądze nie powinny być nigdy celem, ale jeśli umożliwiają bycie szczęśliwym, należy się o nie postarać. Opowiadał mi też o tym, jak pisał wiersze w hotelowym pokoju, kiedy, opuściwszy nas, wyjechał do Paryża; jak tłumaczył na turecki poezję Valéry'ego i jak wiele lat później, podczas podróży do Ameryki, skradziono mu walizkę z tymi przekładami i wierszami.

Wiedziałem, że nie zapomnę żadnej z tych historii, opowiadanych w rytmie płynącej z głośników muzyki, zgodnie z harmonią miejskich ulic: o tym, jak często w latach pięćdziesiątych spotykał w Paryżu Sartre'a, o budowie kamienicy Pamuków w Nişantaşı, o pierwszych bankructwach. Od czasu do czasu przerywał i przez chwilę podziwiał krajobraz albo urodę mijającej nas kobiety, a ja, zasłuchany w życiowe

rady, udzielane mi w te ołowiane, zimowe niedzielne poranki ze zrozumieniem i bez cienia patosu, przyglądałem się scenom przesuwającym się przed przednią szybą naszego auta. Patrzyłem na samochody jadące mostem Galata, przedmieścia z trzymającymi jeszcze pion drewnianymi chałupami, wąziutkie ulice, tłumy zdążające na mecz piłki nożnej albo statek z wąskim kominem ciągnący po Bosforze łodzie pełne drewna — i słuchałem ojca, który mówił, jak ważne jest, aby człowiek kierował się instynktem i pasją, że życie mija zbyt szybko i dobrze jest wiedzieć, co chce się robić w przyszłości, że pisząc albo malując, można znaleźć w swoim życiu jakąś głębię. Wydawało mi się, że słowa te zlewają się z obrazami migającymi za szybą.

Po jakimś czasie muzyka, widoki Stambułu i duszna atmosfera brukowanych uliczek (w które ojciec wjeżdżał, pytając

z uśmiechem: „Skręcamy tu?") łączyły się, a ja czułem, że nigdy nie uda mi się znaleźć odpowiedzi na żadne z tych fundamentalnych pytań. Ale wiedziałem, że dobrze jest je sobie zadawać, że sens i prawdziwe szczęście ukryte są tam, gdzie ich nie szukamy albo nie chcemy ich w ogóle szukać; że inną, nie mniej ważną sprawą niż te wszystkie problemy są obrazy, jakie widzimy z okien naszych domów, samochodów i statków właśnie wtedy, gdy się zamartwiamy albo tracimy oddech w pogoni za namiętnością... Czułem, że z czasem życie — tak samo jak melodia, obraz czy opowieść — po kilku upadkach i wzlotach się skończy, ale nawet po latach ciągle będzie obecne w widokach miasta, które migają nam przed oczami jak wspomnienia powracające ciągle w snach. Nawet jeśli będą tylko podobnym do snu wspomnieniem.

34.

Nieszczęście to nienawiść do siebie
i swojego miasta

Czasami moje miasto wygląda jak obce miejsce. Ulice, które sprawiają, że człowiek czuje się tutaj jak w domu, nagle zmieniają kolory. Patrzę na mijające mnie w zniecierpliwieniu tajemnicze tłumy i uświadamiam sobie, że ludzie ci byli tu od setek lat. Całe to miasto — z błotnistymi parkami i opustoszałymi przestrzeniami, placami i betonowymi monstrami upstrzonymi słupami elektrycznymi i reklamami — jak moja dusza szybko staje się pustym, b a r d z o pustym miejscem. Brud i kurz zaułków, smród wydobywający się z otwartych kubłów na śmieci, wciąż nowe dziury, wybrzuszenia i ubytki w chodnikach — cały ten nieład i zamęt, które tworzą Stambuł, sprawiają, że moja dusza i moje życie wydają mi się mierne, niewiele warte, ułomne... Jakby Stambuł był karą, na którą zasłużyłem, a ja — kolejnym odpadem na jego ulicy. Kiedy tak wymieniamy się smutkiem — ja z miastem i miasto ze mną — dochodzę do wniosku, że nic nie mogę zrobić. Jak ono jestem żywym trupem, ciałem, które ciągle oddycha, nieszczęśnikiem skazanym na chodzenie po tych ulicach nieustannie przypominających mi o moim brudzie i porażkach. W takich chwilach nie przynosi mi ukojenia nawet widok Bosforu — drżącego jedwabnego szala unoszonego na wietrze pomiędzy ohydnymi betonowymi blokami, z których każdy zapada w moją duszę niemożliwym do udźwignięcia ciężarem. Wtedy z najdalszych, niewidocznych uliczek napada na mnie najciemniejsza, najbardziej zabójcza i najprawdziwsza odmiana melancholii. I tak jak doświadczony stambulczyk po zapachu wodorostów i morza, delikatnie przenikającym każdy zakątek miasta, rozpoznaje, że zbliża się burza wywołana przez *lodos*, albo jak ludzie, którzy we własnym domu szukają schronienia przed sztormem, trzęsieniem ziemi albo śmiercią, ja także czym prędzej chcę wrócić do siebie.

Ale gdy czuję, że ciemność nieszczęścia i smutku jest coraz bliżej, mój pogrążony w półmroku zaciszny własny kąt nagle oddala się ode mnie. Żałosne, wstrętne ulice i chaotyczne, męczące chodniki nie mają końca albo mnożą się w przerażający sposób jak ludzie, którzy w jednej chwili stają się podobni do siebie i zachowują się tak, jakby odkryli mój upadek i za wszelką cenę pragnęli mnie przygarnąć.

Nie lubię wiosennych popołudni, kiedy słońce zaczyna nagle świecić pełnym blaskiem i bezlitośnie odsłania największą biedę, zaniedbanie i niepowodzenia tego miasta. Nie znoszę alei Halaskârgazi, ciągnącej się od Taksimu przez Harbiye i Şişli aż po Mecidiyeköy. Moja matka, która spędziła w tych stronach dzieciństwo, opowiadała mi o rosnących tu kiedyś morwowych gajach, wyciętych w latach sześćdziesiątych i siedemdziesiątych pod bloki w „międzynarodowym stylu", z gigantycznymi oknami i elewacjami z paskudnej mozaiki. Niektóre boczne uliczki Şişli (Pangaltı), Nişantaşı (Topağacı) czy Taksimu (Talimhane) sprawiają, że mam ochotę uciekać stamtąd czym prędzej. To miejsca bez odrobiny zieleni, z których nie widać nawet skrawka Bosforu, wzniesienia i zapadliska pokryte dziwacznymi blokami, wybudowanymi na skrawkach działek, które podzieliły rodzinne waśnie albo nagłe pragnienia postawienia własnego domu. Wszystkie te przestrzenie wydają mi się duszne i przygnębiające i gdy wędruję po nich w różne strony, czuję, że wychylone przez okna stare, złośliwe kobiety czy wąsaci mężczyźni nienawidzą mnie i, co gorsza, mają rację.

Nie znoszę ulic zaanektowanych przez małe fabryki, których hałas terroryzuje całą okolicę, wiecznie zatarasowanych przez taksówki i ciężarówki. Producenci konfekcji upatrzyli sobie uliczki między Nişantaşı i Şişli, okolice Tepebaşı i Galata stały się enklawą sprzedawców lamp i żyrandoli, wokół meczetu Sulejmana Wspaniałego wciąż rozbrzmiewają uderzenia młotka i łoskot prasy, a na Taksimie i Talimhane nadal działają sklepy z częściami samochodowymi. Mój wuj i ojciec w najbardziej szalonym okresie swojego życia, to jest w latach, kiedy bawiąc się i próbując kolejnych inwestycji, wydali cały spadek po dziadku, w tym właśnie miejscu — obok innej należącej do nich firmy — otworzyli sklep z sokiem pomidorowym. Tego rodzaju mikstury, wyciskające ludziom łzy z oczu z powodu dużej ilości pieprzu, podawali potem do picia nieszczęsnym robotnikom.

Gdy patrzyłem na te fabryczki, a zwłaszcza na tablice z jaskrawymi literami różnych rozmiarów i kształtów, wywieszone przez jaśnie panów, którzy musieli zapoznać stambulczyków ze swoimi imionami, zawodami, biznesami i sukcesami, rosła we mnie nienawiść do miasta i samego siebie. Wszyscy ci profesorowie, doktorzy, operatorzy, doradcy finansowi, prawnicy, sprzedawcy artykułów kolonialnych i handlarze wyrobami spożywczymi znad Morza Czarnego; wszystkie te banki, zakłady ubezpieczeniowe, gazety i fabryki proszku do prania oraz naklejone na murach kinowe afisze i kolorowe zdjęcia papierosów, dżinsów i oranżady, obwieszczenia totalizatora sportowego, loterii narodowej, informacje z dumą zamieszczane w witrynach sklepów handlujących wodą i propanem butanem — wszystko to przypominało mi, że pozostała część Stambułu jest nieszczęśliwa i skonsternowana, tak samo jak ja; że powinienem natychmiast wrócić do swojego ciemnego kąta, zanim zduszą mnie miejski gwar i wszechobecne litery...

Ale jest już na to za późno. Zanim uda mi się uciec do chłodnego mieszkania, chaos liter wypisanych na szyldach, afiszach i murach, które sprawiają, że to miasto staje się miejscem klaustrofobicznym i dusznym, już dawno uruchomił tkwiącą w mojej głowie maszynkę:

AKBANKDONERKEBABSABAHMEBLEUBEZPIECZENIE-KAŻDEGODNIAMYDŁABIŻUTERIAULKERZEGARKINARA-TYADWOKATNURIBAYAR.

Kiedy już uwolnię się od męczących ulicznych tłumów, niekończącego się pośpiechu i popołudniowego słońca, w chwilach największego zmęczenia owa czytająca maszyna powtarza wszystko jeszcze raz, jakby odśpiewywała w mojej głowie smutną melodię:

WIOSENNEPRZECENYBARSELAMITELEFONPUBLICZ-NYSTARNOTARIUSZBEYOGLUMAKARONPIYALEBAZA-RANKARSKIFRYZJERSHOWKAMIENICAZDROWIERADIA-ITRANZYSTORY.

W takich chwilach myślę, że to właśnie tłok, zaniedbanie i brud Stambułu sprawiają, iż czuję się nieszczęśliwy. Przyzwyczajenie do odkładania wszystkiego na później uczyniło z tego miasta miejsce niekompletne. Nigdy nie stanie się ono europejskie mimo afiszy, zagranicznych magazynów, firm i sklepów, w większości noszących angielskie albo francuskie nazwy. Ale też nigdy nie będzie żyło w zgodzie z tradycją, co mylnie sugerować może wszechobecność meczetów i minaretów albo odgłosy ezanu.

NOŻYKIDOGOLENIAPRZERWAPOPOŁUDNIOWA PRZEDSTAWICIELSTWOFIRMYPHILIPSDOKTORMAGAZYNHALILARIKPORCELANAADWOKATFAHIR

Chcąc uciec od tej piekielnej mieszaniny liter, usiłuję wyobrazić sobie dawne czasy, ów złoty wiek, w którym miasto żyło „w zgodzie ze sobą", tworząc „harmonijne piękno". Z żalem jednak uświadamiam sobie, jak obcy mojej duszy i umysłowi jest malowany przez Mellinga, opisywany przez Nervala, Gautiera czy Amicisa Stambuł końca osiemnastego i początku dziewiętnastego wieku. Co gorsza, mój umysł, który zaczyna pracować w domowym zaciszu, przypomina mi, że kocham to miasto nie za jego czystość, ale za to, że jest chaotycznym zlepkiem zrujnowanych i niedokończonych budowli. Wewnętrzny pragmatyk, który wybacza mi moje wady, podpowiada, że muszę się uwolnić od smutku, którym zaraził mnie Stambuł. A uliczna wrzawa wciąż nie daje mi spokoju...

ULICAWASZEPIENIĄDZEWASZAPRZYSZŁOŚĆUBEZPIECZENIASŁOŃCEBARDZWONIĆDZWONKIEMZEGARKINOVACZĘŚCIZAMIENNENORKIRAJSTOPY

Może czuję wyrzuty sumienia, bo nigdy do końca nie utożsamiałem się z tym miastem? Kiedy cała rodzina, popijając likier i piwo po świątecznym obiedzie, zabawiała się u mojej babki, albo kiedy zimowego dnia z moimi bogatymi, zgrywającymi się na playboyów kolegami z liceum jeździłem po mieście samochodem ojca któregoś z nich, czułem to samo, co czuję teraz, gdy w wiosenne popołudnie wędruję tymi ulicami. W mojej głowie zaczynała się rodzić myśl, że nie jestem nic wart i nigdzie nie przynależę, dlatego — niczym zwierzę kierujące się instynktem — muszę się oddalić i ukryć gdzieś czym prędzej. Ale to pragnienie ucieczki z prawdziwej wspólnoty wyciągającej do mnie ręce, a także przed uważnym spojrzeniem wszechwiedzącego i wspaniałomyślnego Boga, pogłębiało moje poczucie winny.

Na początku liceum samotność wydawała mi się stanem przejściowym — nie byłem jeszcze na tyle dojrzały, by dostrzec w niej swoje przeznaczenie. Wyobrażałem sobie (nadzieja jest dziecinnym sprzeciwem wyobraźni wobec rzeczywistości), że kiedyś znajdę przyjaciela, z którym będę mógł chodzić do kina (oszczędzającego mi przykrości, że w trakcie przerwy stoję sam). Marzyłem, że pewnego dnia poznam ludzi, z którymi będę mógł szczerze i z prawdziwą radością porozmawiać o przeczytanych książkach albo namalowanych przeze mnie obrazach; że kiedyś odnajdę dziewczynę, z którą podzielę się moimi zakazanymi przyjemnościami. Byłem już na to wszystko wystarczająco dorosły, ale moją duszę paraliżowały jeszcze strach i wstyd przed spełnieniem tych pragnień.

W tamtym czasie sądziłem, że człowiek jest nieszczęśliwy, gdy nie czuje przynależności do miejsca — domu, rodziny, miasta. Ale to w pewien sposób ja sam wykluczyłem siebie z tej wielkiej społeczności, w której obcy ludzie zwracają się do ciebie, jakbyś był ich starszym bratem, mówią „my" i oglądają te same mecze piłki nożnej. Świadomość całkowitego różnienia się od innych powodowała, iż wpadałem w popłoch na myśl o nadchodzącej samotności. Bojąc się, że ciemność, która mnie ogarnia, stanie się moim stylem życia, postanawiałem być taki jak inni. Między szesnastym i osiemnastym rokiem życia udawało mi się zachować pozory normalności: byłem dowcipny, koleżeński, roześmiany, a nawet odrobinę trzpiotowaty. Chcąc ukryć nadchodzące szaleństwo, jak człowiek ze strachu gwiżdżący w ciemnościach, bez przerwy się wygłupiałem, żartowałem, naśladowałem nauczycieli, rozśmieszając tym innych do łez, a moje dowcipy opowiadane podczas rodzinnych spotkań stały się legendą. Czasami zdarzało mi się przesadzić z tą mistyfikacją i wtedy zmieniałem się w sprawnego dyplomatę, który próbuje ukryć brudną stronę reprezentowanego przezeń świata. A kiedy wszystko się kończyło i zostawałem sam w swoim pokoju, jedyną drogą ucieczki od dwulicowości świata i mojej hipokryzji była masturbacja.

Dlaczego budowanie przyjaźni było dla mnie trudniejsze niż dla innych? Dlaczego musiałem zmuszać się do zwykłej uprzejmości, a gdy próbowałem zacieśniać znajomości, miałem wrażenie, że gram jakąś rolę? Czasami utożsamiałem się z nią z maniakalną wręcz ekscytacją, kompletnie zapominając o tym, że to tylko przedstawienie, i pławiłem się w przyjemności bycia takim jak wszyscy, a jednocześnie bardziej zabawnym niż inni. Kiedy byłem już niemal pewien, że ostatecznie uwolniłem się od cierpienia wynikającego z własnej dwulicowości, nagle nie wiadomo skąd nadciągał wiatr melancholii i uderzał we mnie, jeszcze rozradowanego zabawą, i poniewierał mną tak okrutnie, że miałem już tylko ochotę uciec do domu i ukryć się w swoim pokoju, we własnych, dobrze mi znanych ciemnościach. Na początku nienawidziłem siebie za to, że przebywam w towarzystwie tamtych ludzi i tak bardzo się staram niczym od nich nie różnić. Ale im bardziej drwiłem z siebie, tym częściej cierpieli rodzice i brat — których coraz trudniej było mi nazwać rodziną — szkolni koledzy, znajomi, miasto.

Czułem, że wszystkiemu winny jest Stambuł. Oczywiście nie moje ukochane meczety, mury, placyki, Bosfor, statki ani noce, zawsze znajome tak samo jak światła i miejskie tłumy, ale to coś, co jednoczyło ludzi, ułatwiając im porozumienie, wspólne życie, robienie interesów — coś, do czego ja nie umiałem się dostosować. Nie potrafiłem b y ć   s o b ą w tym n a s z y m   ś w i e c i e, gdzie wszyscy znają swoje zalety i ograniczenia, mają wspólną tożsamość, szanują skromność, tradycję, ludzi starszych, przodków, historię i ludowe opowieści. Gdy nie mogłem się ograniczyć do obserwacji i musiałem coś odgrywać, czułem się obco. Podczas przyjęć urodzinowych na przykład przez chwilę krążyłem wśród gości, uśmiechałem się dobrotliwie i, poklepując ich po plecach, zagadywałem: „Co słychać, bracie?", ale zaraz potem zaczynałem przyglądać się sobie badawczo, z zewnątrz, jak to się dzieje w snach, i wzdrygałem się na widok pretensjonalnego idioty, jakim byłem.

Potem wracałem do swojego pokoju (matka zaczęła pytać, dlaczego zamykam drzwi na klucz), gdzie po kilku minutach dochodziłem do wniosku, że ta duchowa ułomność, ten ta-

lent do mistyfikacji nie jest wyłącznie moją cechą, ale wynika z charakteru społeczeństwa kreującego takie relacje. Jest zawarta w owym „my" — i tylko człowiek na tyle szalony, aby spojrzeć na wszystko z zewnątrz, może dostrzec tę całą „miejską ideologię".

Wszystko to są jednak słowa pięćdziesięcioletniego pisarza, który po latach próbuje nadać kształt chaotycznym myślom nastolatka, jakim był dawno temu, i stworzyć z nich wesołą opowieść. Kontynuujmy więc.

Między szesnastym i osiemnastym rokiem życia nie pogardzałem jednak tak po prostu sobą, ale moją rodziną, kolegami, ich kulturą, oficjalną i nieoficjalną polityką rządu, która miała tłumaczyć otaczającą nas rzeczywistość, nagłówkami w gazetach, naszymi próbami oszukiwania się, że wyglądamy inaczej niż w rzeczywistości, chociaż wcale nie rozumieliśmy samych siebie. Być może problem polegał

na tym, że po ukończeniu piętnastego roku życia nigdy już nie wróciłem do mojego drugiego świata, który barwił moje dzieciństwo szczęściem i nadawał wszystkiemu prawdziwą głębię? W głowie pulsowały mi litery z ulicznych szyldów i plakatów. Chciałem malować, chciałem żyć jak francuscy artyści, o których czytałem w książkach, ale ani ja nie miałem wystarczająco dużo siły, by stworzyć w Stambule świat podobny do ich świata, ani Stambuł nie pozwalał się z tym światem utożsamić. Nawet najgorsze obrazy tureckich impresjonistów, ukazujące Bosfor, drewniane domy albo pokryte śniegiem ulice, zawsze sprawiały mi przyjemność. Nie jako dzieła sztuki, ale jako przedstawienia miasta. Jeśli obraz prezentował prawdziwy Stambuł, to nie było to dobre płótno; a jeśli dzieło było udane, miasto przestawało być podobne do siebie... Być może powinienem był zrezygnować z patrzenia na Stambuł jak na obraz albo widok?

Między szesnastym i osiemnastym rokiem życia niczym radykalny zwolennik Zachodu pragnąłem, aby moje miasto — i przy okazji ja sam — stało się całkowicie europejskie. Chciałem jednak również przynależeć do starego Stambułu, który kochałem instynktownie, z przyzwyczajenia i dzięki wspomnieniom. Jako dziecko umiałem pielęgnować w sobie oba te pragnienia (tylko dziecko potrafi marzyć o tym, by zostać wagabundą i wielkim naukowcem jednocześnie), ale w miarę upływu lat traciłem tę umiejętność i do mojej duszy zaczął przenikać *hüzün*, przyjmowany przez wszystkich mieszkańców tego miasta z rezygnacją i dumą zarazem.

A może źródłem mojego smutku nie była ani nędza Stambułu, ani wszechobecne przygnębienie? Może potrzeba schowania w jakimś kącie, jak robią to umierające zwierzęta, która z biegiem lat stawała się coraz częstsza, przychodziła nie z zewnątrz, ale wypływała z samego środka mnie? Jaki brak wywoływał we mnie tak wielki smutek? Czego i kogo mi brakowało, że byłem tak nieszczęśliwy?

35.

Pierwsza miłość

Ponieważ jest to książka wspomnieniowa, muszę ukryć jej imię... Ale jeśli wzorem poetów dywanowych zasugeruję, jak się nazywała moja tajemnicza ukochana, powinienem jednocześnie dać do zrozumienia, że ta wskazówka, podobnie jak reszta miłosnej historii, również może być zwodnicza. Jej imię oznaczało po persku czarną różę, ale miałem wrażenie, że nikt — ani na brzegu, z którego roześmiana skakała do morza, ani we francuskim liceum, do którego chodziła — nie zdawał sobie z tego sprawy. Może dlatego, że jej długie, lśniące włosy nie były wcale czarne, tylko kasztanowe, a oczy raptem o ton od nich ciemniejsze? Kiedy zarozumiale powiedziałem jej o tym, nasrożyła brwi, wydęła lekko wargi koloru czereśni — jak zwykle wtedy, gdy nagle poważniała — i wyjaśniła, że oczywiście wie, co znaczy jej imię, bo odziedziczyła je po babce pochodzącej z Albanii.

Z opowieści mojej matki wynikało, że matka Czarnej Róży (moja matka mówiła o niej „ta kobieta") musiała bardzo wcześnie wyjść za mąż, ponieważ kiedy ja miałem trzy lata, a mój brat pięć i mama zabierała nas w zimowe przedpołudnia do parku Maçka w Nişantaşı, tamta, wyglądająca jak młoda dziewczyna, spacerowała po alejkach z wielkim wózkiem, w którym usiłowała uśpić moją przyszłą ukochaną. Kiedyś moja matka napomknęła, że wspomniana babka Albanka przebywała w haremie jakiegoś paszy, który dopuścił się niecnych czynów podczas zajęcia Stambułu i zhańbił się sprzeciwem wobec Atatürka, ale w tamtym okresie nie w głowie mi były opowieści o dawnych stambulskich rodach i bogatych rezydencjach, które płonęły w tamtych latach, dlatego niewiele z tego zapamiętałem. Natomiast mój ojciec przy jakiejś okazji powiedział mi, że ojciec Czarnej Róży po drugiej wojnie światowej dzięki koneksjom w rządzie zdobył prawo do reprezentowania kilku amerykańskich i holenderskich firm, co pozwoliło mu się szybko wzbogacić, ale nic w jego tonie nie sugerowało dezaprobaty.

Osiem lat po tamtym pierwszym spotkaniu zacząłem ją widywać w parku przy Bayramoğlu, letnim kurorcie leżącym na wschód od centrum miasta, bardzo modnym wśród zamożnych rodzin w latach sześćdziesiątych i siedemdziesiątych, gdzie również my kupiliśmy dom. Jeździła na rowerze.

W owym dobrym dla wszystkich czasie, kiedy miasto było jeszcze małe i prawie puste, w wolnych chwilach pływałem w morzu, grałem w piłkę albo łowiłem na wędkę makrele i ostroboki, a gdy skończyłem szesnaście lat, wieczorami zacząłem chodzić na tańce. Później, kiedy rozpocząłem studia architektoniczne, najczęściej siedziałem na parterze naszego domu i malowałem albo czytałem książki. Ile w tym zachowaniu było chęci odcięcia się od bogatych kolegów, którzy każdego, kto czytał coś innego niż szkolny podręcznik, uważali za intelektualistę, a więc jednostkę podejrzaną i zakompleksioną? Tej ostatniej obelgi używali w różnym znaczeniu — zarówno w odniesieniu do osób z psychologicznymi problemami, jak i martwiących się o pieniądze. Kiedyś, poirytowany etykietką intelektualisty, którą przykleili mi dawno temu, i aby im udowodnić, że nie jestem snobem, powiedziałem, że czytam Woolf, Freuda, Sartre'a, Manna i Faulknera wyłącznie dla przyjemności. Wtedy zapytali, dlaczego w takim razie podczas lektury podkreślam wybrane fragmenty.

I to właśnie moja zła reputacja przyciągnęła pod koniec pewnego lata uwagę Czarnej Róży. Wcześniej jakoś nie zwróciliśmy na siebie uwagi. Oboje mieliśmy inne zajęcia: mnie interesowało głównie ściganie się aleją Bağdat mercedesami, mustangami i bmw moich kolegów (a czasami ich rozbijanie) do oddalonego o pół godziny Stambułu; chodzenie wesołą grupą do dyskotek w środku nocy; wypływanie motorówkami na opuszczone nabrzeża, ustawianie tam butelek po winie i oranżadzie i strzelanie do nich z szykownej broni rodziców; straszenie dziewcząt, a potem ich uspokajanie oraz słuchanie piosenek Dylana i Beatlesów podczas gry w pokera i monopol.

Pod koniec tego pamiętnego lata rozwrzeszczane gromady młodzieży rozjechały się do domów, ucichły sztormy, każdego września niszczące kilka łódek, jachtów i motorówek, a siedemnastoletnia Czarna Róża zaczęła odwiedzać moją pracownię na parterze domu, którą z przesadą nazywałem studiem. Nie było w tym nic nadzwyczajnego, ponieważ wszyscy moi znajomi wpadali tu od czasu do czasu, żeby pobazgrać pędzlami albo podejrzliwie poprzeglądać niektóre książki. Poza tym jak większość biednych i bogatych Turków w tym wieku dziewczyna czuła potrzebę rozmowy z kimś choćby dla zabicia czasu.

Na początku podsumowywaliśmy minione lato, plotkowaliśmy o tym, kto się w kim podkochiwał i kto był o kogo zazdrosny. Czasami, kiedy miałem brudne ręce, pomagała mi otworzyć tubkę z farbą albo zrobić herbatę, a potem znów wracała na swoje miejsce, zdejmowała buty i wyciągała się na sofie, podkładając jedną rękę pod głowę. Pewnego dnia, nie mówiąc jej o tym, naszkicowałem ją w tej pozycji. Zobaczywszy, że sprawiło jej to radość, podczas następnej wizyty narysowałem kolejny obrazek. A gdy kilka dni później powiedziałem, że chciałbym ją namalować, zapytała, w jaki sposób powinna usiąść — jak kandydatka na filmową gwiazdę, która po raz pierwszy występuje przed kamerą i czuje zarówno radość, jak i rozterkę, bo nie ma pojęcia, jak ułożyć ręce i nogi.

Miała długi, wąski nos, małe usta, których kąciki, gdy dokładniej jej się przyjrzeć, unosiły się lekko, jakby w nieznacznym uśmiechu, szerokie czoło, smukłą sylwetkę i opalone nogi. Ale podczas wizyt w mojej pracowni nosiła długą szykowną spódnicę po babci, dlatego widziałem tylko jej drobne, ładne stopy. Kiedy malując ją, przyglądałem się kształtowi drobnych piersi i niezwykłej bieli smukłej szyi, na jej twarzy widać było zawstydzenie.

Na początku dużo rozmawialiśmy, chociaż to głównie ona opowiadała. Kiedy zauważałem cień w jej spojrzeniu i grymasie ust, napominałem ją: „Nie bądź taka smutna!". Z niespodziewaną szczerością opowiadała mi o kłótniach rodziców, niekończących się wojnach czterech młodszych braci, o tym, jak chroniła ich przed ojcowskimi karami (aresztem domowym, zakazem jeżdżenia motorówką, biciem), i o sposobach pocieszania matki, przygnębionej licznymi romansami ojca. Patrząc mi głęboko w oczy, dodawała, że wie, iż mój ojciec postępuje podobnie, ponieważ nasze matki grywają razem w brydża...

Powoli jednak zaczynała ogarniać nas cisza. Czarna Róża jak zwykle mościła się w swoim kącie i pozowała do obrazu, który malowałem pod wpływem Bonnarda, albo brała do ręki jedną z książek leżących w pracowni i czytała kilka razy ten sam wiersz, przybierając różne pozy. Niebawem, niezależnie od tego, czy malowałem ją, czy nie, wpadała do mnie niezapowiedziana i nie mówiąc zbyt wiele, siadała na sofie, pozowała, czytała książki albo — leżąc — przyglądała mi się, gdy ją szkicowałem. A ja każdego ranka czekałem, aż przyjdzie i z przepraszającym uśmiechem zajmie swoje miejsce.

Jednym z tematów naszych coraz rzadszych już rozmów była nasza przyszłość. Według niej byłem bardzo pracowity i utalentowany i dlatego uważała, że w przyszłości zostanę znanym na całym świecie malarzem — a może powiedziała: „znanym tureckim malarzem"? I pewnego dnia ona przyjdzie razem ze swoimi francuskimi przyjaciółmi na otwarcie mojej wystawy w Paryżu i będzie się puszyć, że autor obrazów jest jej kolegą z dzieciństwa...

Któregoś wieczoru pod pretekstem podziwiania kryształowo czystych widoków po niedawnym deszczu i widocznej z końca półwyspu tęczy wyszliśmy na pierwszy długi spacer po naszej dzielnicy. Pamiętam, jak szliśmy w milczeniu pustymi ulicami, martwiąc się, że zostaniemy rozpoznani przez mijających nas znajomych i przypadkiem możemy nawet spotkać moją lub jej matkę. Ale nie to ani nawet nie tęcza, która znikła, zanim doszliśmy do półwyspu, było przyczyną porażki, jaką zakończyła się nasza pierwsza przechadzka. Panowało między nami nieznośne napięcie. Właśnie podczas tego spaceru po raz pierwszy zauważyłem, jak naprawdę długa była jej szyja i jak cudownie się poruszała.

Ostatniego sobotniego wieczoru kończących się wakacji postanowiliśmy pójść gdzieś razem, nie mówiąc kolegom, którzy tak jak my też kończyli wakacje. Pożyczyłem od ojca samochód; byłem bardzo spięty. Ona zrobiła makijaż, włożyła króciutką spódniczkę i skropiła się perfumami, których cudowny zapach długo jeszcze unosił się wewnątrz wozu. Ale zanim dotarliśmy na miejsce, poczuliśmy, że znów wkradł się między nas ów duch, który zniszczył naszą pierwszą przechadzkę. Weszliśmy do pustawej dyskoteki i w potwornym hałasie próbowaliśmy naśladować to wszystko, co wcześniej działo się między nami w mojej pracowni — dopiero teraz zdałem sobie sprawę, jak głębokie łączyły nas relacje.

Tańczyliśmy w rytmie wolnej piosenki. Najpierw objąłem ją tak, jak robili to inni ze swoimi dziewczynami, a potem przytuliłem mocno i poczułem, że jej włosy pachną migdałami.

Lubiłem patrzeć na jej drobne usta, poruszające się, kiedy jadła, i jak w chwili zaskoczenia jej twarz nagle zaczynała przypominać pyszczek wiewiórki.

Gdy odwoziłem ją do domu, w końcu przerwałem milczenie, pytając: „Masz ochotę trochę pomalować?". Zgodziła się bez entuzjazmu, ale kiedy trzymając się za ręce, szliśmy przez ciemny ogród, na widok zapalonych świateł w mojej pracowni (czy ktoś był w środku?) nagle zmieniła zdanie.

Przychodziła do mnie przez kolejne trzy dni i w milczeniu patrzyła, jak maluję, przeglądała książki i obserwowała spienione morze za oknem. A potem opuszczała mnie dyskretnie, tak jak się pojawiała.

W październiku prawie o niej zapomniałem. W moim studenckim świecie, pełnym czytanych w szaleńczym tempie książek, namiętnie malowanych obrazów, zaangażowanych w radykalną politykę kolegów, policjantów, marksistów i nacjonalistów, zabijających się wzajemnie na uniwersyteckich korytarzach, nie było miejsca na letnie znajomości, których się teraz wstydziłem — oraz wszystkiego, co wiązało się z tamtą bogatą, otoczoną barykadą i pilnowaną przez strażników dzielnicą.

Ale pewnego listopadowego wieczoru, kiedy zaczęły już grzać kaloryfery, zatelefonowałem do Czarnej Róży. Odebrała jej matka, a ja odłożyłem słuchawkę, udając, że nic się nie wydarzyło. Następnego dnia pytałem sam siebie, dlaczego tak głupio się zachowałem. Wtedy jeszcze nie wiedziałem, że byłem zakochany, i nie miałem pojęcia, że w sprawach miłości jestem szczególnie zawzięty. Podczas następnych miłosnych przygód cecha ta sprawiała, że doprowadzałem się do stanu godnego pożałowania.

Tydzień później, w kolejny ciemny wieczór ponownie zadzwoniłem. Tym razem to ona podniosła słuchawkę. Wyrecytowałem wszystkie obmyślone wcześniej słowa, z czego nawet za bardzo nie zdawałem sobie sprawy: portret, który malowałem pod koniec lata, teraz miałem zamiar dokończyć, czy w związku z tym zgodziłaby się pozować mi któregoś popołudnia? „W tym samym stroju?", zapytała. Wcześniej się nad tym nie zastanawiałem. „W tym samym", odparłem.

Następnej środy czekałem na nią przed bramą liceum żeńskiego Dame de Sion, do którego kiedyś chodziła moja matka. Stanąłem z dala od kłębiącego się przy drzwiach tłumu rodziców, guwernantek i służby, woląc jak inni młodzi mężczyźni ukryć się za drzewami albo w pobliskiej bramie. Kiedy zobaczyłem ją wśród setki dziewcząt, ubranych jednakowo — w granatowe spódnice i białe bluzki — miałem wrażenie, że jest niższa, niż wcześniej ją zapamiętałem. Włosy miała związane, niosła książki i siatkę ze strojem do pozowania.

Gdy nie zaprosiłem jej do domu, gdzie moja mama pewnie podałaby nam herbatę i ciastka, ale do pełnego staroci mieszkania w Cihangirze, które zmieniłem w swoje atelier, zaniepokoiła się. Ale kiedy zapaliłem piecyk i zwinąłem dywan, jak było w naszym letnim domku, przekonała się, że naprawdę chcę malować. Zrelaksowana, zmieniła sukienkę i wyciągnęła się na sofie.

W taki właśnie sposób związek dziewiętnastoletniego malarza i młodszej od niego modelki rozpoczął się na nowo i rozwijał, nie przybierając miłosnych tonów, według własnej melodii, której nut my sami nie umieliśmy rozpoznać.

Na początku przychodziła do mnie co dwa tygodnie, potem — raz w tygodniu. Zacząłem malować nowe jej portrety w podobnych pozach (dziewczyna leżąca na sofie). Mówiliśmy jeszcze mniej niż w ostatnich dniach lata. Bałem się, że słowami zepsuję prostotę tego drugiego życia, które nagle otworzyło się przede mną w codzienności wypełnionej studiami, książkami i artystycznymi planami. Nie rozmawiałem więc z moją smutną, piękną modelką o żadnych zmartwieniach ani troskach. Nie, nie z obawy, że mnie nie zrozumie. Nie chciałem mieszać tych dwóch, jakże różnych światów. Straciłem zainteresowanie wakacyjnymi znajomościami i kolegami z liceum, którzy teraz szykowali się do objęcia posad w fabrykach swoich ojców. Spotkania z Czarną Różą dawały mi prawdziwe szczęście i już potrafiłem się do tego przyznać.

W deszczowe dni słuchaliśmy, jak stare amerykańskie samochody i ciężarówki ślizgają się na mokrym bruku, podjeżdżając pod górę ulicą Tavuk Uçmaz Yokuşu (to samo robiłem w dzieciństwie, nocując tutaj u ciotki). W przedłużającej się ciszy, która wcale mnie nie deprymowała, nasze spojrzenia niespodziewanie się spotykały. Uśmiechała się wtedy, bo miała jeszcze w sobie coś z dziecka, dla którego takie sytuacje były powodem do radości, a zaraz potem — obawiając się, że zmieniła pozę — poważniała, układała wargi w zwykły sposób i znów wpatrywała się we mnie ogromnymi brązowymi oczami. Po długich minutach dziwnego milczenia, gdy studiowałem rysy jej twarzy, w kącikach jej ust znów pojawiał się uśmiech, a ja czułem, że moje uważne spojrzenie głęboko ją porusza. Pewnego razu, widząc jej wesoły i trochę zamyślony uśmiech, sam lekko uniosłem kąciki ust (niezdecydowanie wodząc pędzlem po płótnie), a moja piękna modelka najwyraźniej poczuła się w obowiązku wyjaśnić powód swojej radości, ponieważ przepraszającym tonem powiedziała: „Lubię, kiedy tak na mnie patrzysz".

To zdanie tak naprawdę wyjaśniało nie tylko przyczynę jej uśmiechu, ale także powód, dla którego odwiedzała mnie w zakurzonej pracowni w Cihangirze. Kilka tygodni później, gdy na jej twarzy zobaczyłem znów ten sam uśmieszek, porzuciłem farby i pędzle, wstałem, podszedłem do niej i usiadłem na sofie. A potem pocałowałem ją odważnie, o czym marzyłem przez ostatnie miesiące.

Zapadający wieczór i otaczający nas mrok dopomogły spóźnionej burzy, a ona porwała nas, nie bacząc na nic. Z sofy, na której leżeliśmy, widać było, jak reflektory statków pływających po Bosforze penetrowały wodę i ściany pokoju.

Spotykaliśmy się nadal, nie zmieniając rytmu schadzek. Byłem z nią szczęśliwy, ale z jakichś powodów skąpiłem jej słodkich miłosnych wyznań, scen zazdrości, podniecenia i niezdarności oraz innych miłosnych gestów, które w nadmiarze serwowałem kolejnym ukochanym. Nie dlatego, że nie miałem na to ochoty. Może po prostu relacja artysta–modelka — jaka nas coraz silniej wiązała — wymagała ciszy? A może zachowałem powściągliwość, ponieważ dziecinnie i z zawstydzeniem myślałem, że jeśli kiedyś się z nią ożenię, będę musiał zostać właścicielem fabryki, a nie artystą?

Po dziewięciu cudownych środach malowania i kochania się w milczeniu między szczęśliwego artystę i jego modelkę wdarła się najbardziej banalna z trosk. Matka, która stale kontrolowała poczynania moje i brata, pod jakimś pretekstem odwiedziła mieszkanie w Cihangirze i ślepa na wpływy Bonnarda w moich dziełach odkryła istnienie urodziwej dziewczyny. Za każdym razem, gdy kończyłem malować, moja brązowowłosa modelka łamała mi serce, pytając, czy podobna jest do postaci z obrazu („To nieważne", odpowiadał doświadczony malarz). Może więc oboje powinniśmy być zadowoleni, że matka na widok płócien nie miała wątpliwości, o kogo chodzi? (Raz na zawsze rozwiała w ten sposób wszelką niepewność.) Ale na myśl o tym, że może zatelefonować do rodziców mojej modelki i z radością opowiedzieć o łączącej nas zażyłości, oboje poczuliśmy strach. Matka Czarnej Róży była bowiem przekonana, że jej córka spędza środowe popołudnia na zajęciach teatralnych organizowanych przez konsulat francuski. O srogim ojcu nawet nie wspomnę...

Natychmiast zawiesiliśmy nasze środowe spotkania. Niebawem zaczęliśmy się widywać w inne dni: popołudniami, kiedy kończyła wcześniej zajęcia, albo rano, gdy ja opuszczałem wykłady. Ale z powodu stałej czujności mojej matki i przeprowadzanych przez nią inspekcji nie mieliśmy wystarczająco dużo czasu, by milczeć po dwu stronach sztalug, i nigdy już nie poszliśmy do mieszkania w Cihangirze. Poza tym pozwoliłem tam nocować pewnemu koledze, który uparcie twierdził, że jest poszukiwany przez policję za niepoprawne politycznie wybryki. Spacerowaliśmy więc po ulicach Stambułu, trzymając się z dala od Nişantaşı, Beyoğlu i Taksimu, gdzie bywali nasi znajomi. Spotykaliśmy się na Taksimie — w miejscu oddalonym od mojej uczelni na Taşkışli i jej liceum na Harbiye o jakieś cztery minuty drogi — wsiadaliśmy do autobusu i jechaliśmy do odległych zakątków miasta.

Najpierw pokazałem jej plac Beyazıta; kawiarnię „Pod Platanem", która wtedy miała jeszcze wyjątkowy klimat (na widok politycznych starć przed bramą Uniwersytetu Stambulskiego młody kelner nawet nie mrugnął powieką); Bibliotekę Narodową Beyazıta, w której — jak objaśniałem z dumą — znajdował się egzemplarz każdej wydanej w Turcji książki; zatopiony w mroku targ antykwariuszy; starych księgarzy, w zimowe dni siedzących coraz bliżej gazowych albo elektrycznych piecyków; uliczki na Vezneciler, otoczone odrapanymi z farby drewnianymi domami, figowcami i ruinami z czasów Bizancjum; sklep z bozą* na Vefie, dokąd wuj woził nas wszystkich czasami w zimowe wieczory, i szklankę, z której pił Atatürk. Nie uraziło mnie nawet to, że moja piękna modelka, pochodząca przecież z zamożnego „europejskiego" domu, znająca wszystkie modne sklepy i restauracje w Bebeku i Taksimie, zobaczyła tyle rzeczy na drugim brzegu Złotego Rogu, a najbardziej zainteresowała się tym, że użytą przez Atatürka szklankę po bozie przechowywano na półce niemytą przez trzydzieści pięć lat. Byłem zadowolony ze swojej towarzyszki, która tak jak ja lubiła pospiesznie maszerować przed siebie z rękami w kieszeniach i z taką samą uwagą jak ja dwa, trzy lata wcześniej poznawała te miejsca. A to sprawiało, że przywiązywałem się do niej coraz mocniej i często pojawiał się u mnie ból żołądka, kolejny symptom zakochania, z czego wtedy również jeszcze nie zdawałem sobie sprawy.

Tak jak ja początkowo czuła strach na widok odrapanych i nędznych wiekowych drewnianych domów na Süleymaniye i Zeyreku, wyglądających tak, jakby miały się zawalić przy najmniejszym wstrząsie. Oczarowało ją puste Muzeum Malarstwa i Rzeźby, odległe zaledwie o pięć minut spacerem od przystanku dolmuszów, znajdującego się na wprost jej szkoły. Widok wyschniętych studni na przedmieściach; białobrodych staruszków w takke bezczynnie obserwujących świat znad kawiarnianych stolików; kobiet lustrujących z okien każdego przechodnia, jakby był towarem na targu niewolników; miejscowych, którzy głośno wygłaszali komentarze na nasz temat („Co to za jedni?", „Pewnie rodzeństwo!", „Chyba zabłądzili"), budziły w niej doskonale mi znany smu-

---

* *Boza* — napój ze sfermentowanego prosa, jęczmnienia, ryżu lub pszenicy.

tek i wstyd. Tak jak ja nigdy nie złościła się na dzieci, które chciały sprzedać nam upominek albo po prostu porozmawiać („*Turist, turist, what's your name?*"), i tylko pytała, dlaczego uważają nas za obcokrajowców. Mimo wszystko jednak trzymaliśmy się z dala od bazarów Kapalıçarşı i Nuruosmaniye.

Kiedy erotyczne przyciąganie między nami stawało się nie do zniesienia — a ona wciąż nie chciała pójść do pracowni w Cihangirze — wsiadaliśmy na pierwszy lepszy statek do Beşiktaşu (na przykład „Inşirah" 54), które często odwiedzaliśmy ze względu na Muzeum Malarstwa i Rzeźby, i jeśli tylko pozwalał nam na to czas, patrzyliśmy na zagajniki, z każdym dniem jesieni okrywane coraz grubszą warstwą liści, morze dygoczące w rytmie podmuchów *poyrazu*, wodę, która zmieniała kolor pod wpływem przesuwanych przez wiatr chmur i porośnięte sosnami ogrody nadmorskich rezydencji.

Wiele lat później zastanawiałem się, dlaczego podczas tych wędrówek i morskich przejażdżek nigdy nie trzymaliśmy się za ręce, i znalazłem cztery odpowiedzi zasłaniające prawdziwą przyczynę, którą było moje wewnętrzne zahamowanie: 1. Chodziliśmy po Stambule, by ukryć naszą płochliwą młodzieńczą miłość, a nie dlatego, że chcieliśmy się z nią afiszować. 2. Za ręce trzymali się szczęśliwi zakochani, którzy chcieli obwieścić światu swoją radość, ja zaś bałem się myśli, że nasze uczucie może być tak prozaiczne jak uczucia innych ludzi. 3. Jakikolwiek gest szczęścia znaczyłby, że spacerujemy po tej biednej i smutnej okolicy jak rozradowani turyści, nie wkładając w to serca. 4. Już dawno zaraziliśmy się smutkiem przedmieść biednego, zniszczonego Stambułu.

Czasami ten smutek stawał się bardziej dojmujący niż zwykle i wtedy chciałem biec do atelier w Cihangirze i malować to, co przed chwilą zobaczyłem, nie mając pojęcia, jaki osiągnę efekt. Moja towarzyszka zaś miała zupełnie inne lekarstwo na smutek i gdy je poznałem, doznałem pierwszego rozczarowania. „Mam dziś fatalny nastrój", powiedziała pewnego dnia, kiedy spotkaliśmy się na Taksimie. „Czy możemy iść na herbatę do «Hiltona»? Wszystkie te nędzne widoki przygnębią mnie dziś jeszcze bardziej. A poza tym i tak mamy mało czasu".

Próbowałem wykręcić się, tłumacząc, że nie wpuszczą mnie do hotelu nieogolonego i w wojskowej parce, jaką nosili lewicujący studenci, a poza tym pewnie zabraknie mi pieniędzy na herbatę, ale w końcu mnie przekonała. W holu spotkaliśmy kolegę mojego ojca z dzieciństwa — tego samego, który twierdził, że popijając każdego popołudnia herbatę w „Hiltonie", czuje się, jakby mieszkał w Europie. Rozpoznał nas, szarmancko uścisnął dłoń mojej smutnej ukochanej, a mnie szepnął do ucha, że *mademoiselle* jest wyjątkowo ładna. Ale nasze myśli krążyły gdzie indziej. „Mój ojciec chce mnie zabrać ze szkoły i już teraz wysłać do Szwajcarii", powiedziała, a z jej wielkich oczu do filiżanki z herbatą spłynęły dwie łzy. „Dlaczego?!" „Przejrzeli nas".

Czy zapytałem wtedy, co tak naprawdę oznaczało to „nas"? Czy gniewny i zazdrosny ojciec Czarnej Róży równie poważnie traktował poprzednich admiratorów swojej córki? Co czyniło mnie ważniejszym od reszty? Nie pamiętam nawet, czy zadałem jej wtedy te pytania. W tamtej chwili coś na wpół egoistycznego i na wpół tchórzliwego oślepiło moje serce i w okrutny sposób sprawiło, że skupiłem się wyłącznie na sobie. Bałem się, że ją stracę — a wtedy nie miałem jeszcze pojęcia, jak wielkie czeka mnie cierpienie — ale jednocześnie czułem do niej żal, że własne obawy nie pozwalają jej już pozować mi i kochać się ze mną jak dawniej. „Porozmawiamy o tym dokładnie we czwartek w Cihangirze — powiedziałem. — Nuri się wyprowadził i mieszkanie jest puste".

Ale nasze następne spotkanie znów odbyło się w Muzeum Malarstwa i Rzeźby. Przyzwyczailiśmy się do tego wyludnionego, pełnego obrazów miejsca, do którego tak łatwo było dotrzeć *dolmuszem* i gdzie mogliśmy się całować bez skrępowania. Poza tym chroniło nas ono przed smutkiem i coraz bardziej dojmującym chłodem. Cóż z tego, skoro po jakimś czasie nawet muzeum i zgromadzone w nim, w większości marne, obrazy zaczęły w nas budzić jeszcze bardziej przejmującą melancholię niż miasto... Rozpoznawali nas już też strażnicy i zaczęli chodzić za nami krok w krok, a spięcia między mną i ukochaną były coraz częstsze, dlatego również pocałunki wkrótce należały do przeszłości.

To właśnie w muzeum nabraliśmy przyzwyczajeń, z których nie potrafiliśmy zrezygnować nawet w najbardziej przykrym dla nas okresie. Najpierw, nie proszeni, pokazywaliśmy legitymacje dwóm zgorzkniałym strażnikom, którzy jak wszyscy pracownicy nielicznych stambulskich przybytków tego typu patrzyli na nas, jakby chcieli zapytać: „Co wy tu właściwie robicie?". A my z udawaną wesołością za każdym razem pytaliśmy ich o zdrowie, po czym przechodziliśmy do sal, w których wisiały pojedyncze płótna Bonnarda i Matisse'a. Tam z euforią szeptaliśmy imiona obydwu mistrzów i szybko mijaliśmy godne pożałowania dzieła tureckich akademików, naśladujących wybitnych europejskich twórców, których nazwiska pospiesznie wyliczaliśmy: Cézanne, Léger, Picasso... Najbardziej rozczarowywali nie tym, że pokończyli wojskowe szkoły i studiowali na Zachodzie, ale tym, że ich płótna powstały pod tak silnym wpływem sztuki europejskiej i tak mało miały w sobie z atmosfery, ducha i charakteru miasta, które my przemierzaliśmy zziębnięci i zakochani...

Ale do tych muzealnych sal, które kiedyś były własnością następców sułtana i częścią pałacu Dolmabahçe (świadomość, że całowaliśmy się dwa kroki od pokoju, w którym umarł Atatürk, wywoływała w nas dreszcz przerażenia), nie wracaliśmy tylko z powodu pustki tych przestrzeni i wygody, nie dla osmańskiego przepychu wysokich sal, cudownych kutych żelaznych balkonów, jakże przyjemnych dla oka po nędzy stambulskich ulic, i nie dla widoku na Bosfor, znacznie piękniejszego niż niejeden wystawiony tu obraz. Przychodziliśmy tu z powodu jednego dzieła.

Była nim *Leżąca kobieta* pędzla Halila Paszy. Podczas kolejnego naszego spotkania, po rozmowie w hotelu „Hilton", czym prędzej przeszliśmy do sali, w której wisiał obraz. Przedstawiał młodą kobietę leżącą na błękitnej sofie — ku naszemu zdumieniu — boso, tak jak robiła to moja ukochana, z ręką pod głową, jak poduszką, i patrzącą smutno na artystę (swojego męża?). Ale nie tylko to dziwne podobieństwo przyciągało mnie do tego obrazu. Czuliśmy się przywiązani do niego z dwóch powodów: po pierwsze, malarza i model-

kę musiała łączyć dziwna więź, podobna do naszej; po drugie — narożna sala, w której wisiał, była świadkiem naszych pocałunków podczas pierwszych wizyt w muzeum. Zaalarmowani skrzypieniem podłogi pod stopami nadchodzącego strażnika przerywaliśmy pieszczoty, siadaliśmy prosto i rozpoczynaliśmy poważną dyskusję dotyczącą tego płótna. W krótkim czasie dokładnie poznaliśmy niemal każdy jego szczegół. Później nasza wiedza wzbogaciła się o to, co przeczytałem w encyklopedii na temat Halila Paszy.

„Kiedy robi się zimno, mam wrażenie, że tej dziewczynie marzną stopy", powiedziałem pewnego dnia. „Mam złe wiadomości", odparła Czarna Róża, która z każdym spojrzeniem na obraz wydawała mi się coraz bardziej podobna do modelki Paszy. „Matka chce, żebym poszła do swatki". „Pójdziesz?" „To śmieszne... Jest podobno jakiś chłopak... Studiował w Ameryce i jest synem...", ironicznym tonem wyszeptała nazwisko zamożnej rodziny. „Twój ojciec jest od nich dziesięć razy bogatszy". „Czy ty nic nie rozumiesz? Oni chcą mnie odsunąć od ciebie". „Pójdziesz do swatki i będziesz tamtego częstować kawą?" „To nieważne... Ale nie chcę kłopotów w domu". „Pojedźmy na Cihangir. Chcę znów namalować taki obraz jak *Leżąca kobieta*. Chcę cię całować w nieskończoność".

Moja ukochana, która odkryła już moje fobie i, co gorsza, powoli zaczynała się ich bać, pominęła milczeniem moją ostatnią prośbę i odpowiedziała na podstawowe pytanie, które trapiło nas oboje: „Mój ojciec się wściekł, kiedy usłyszał, że chcesz zostać malarzem. Twierdzi, że skończysz jako biedny artysta alkoholik, a ja będę pozować ci nago... Okropnie się tego boi".

Bezskutecznie próbowała się uśmiechnąć. Skrzypienie desek oznajmiło nam nadejście strażnika, dlatego — choć wcale się nie całowaliśmy — odruchowo zaczęliśmy dyskusję o obrazie. Tak bardzo chciałem wtedy zapytać, czy jej ojciec naprawdę musiał wiedzieć, czym się zajmował każdy chłopak, z którym c h o d z i ł a jego córka (w tamtym czasie określenie to było całkiem nowe), i kiedy miał zamiar się z nią ożenić. (Chociaż w tej kwestii nie różniłem się zbytnio od kolegów zakochujących się w dziewczynach podczas pierwszego tańca — ja także zacząłem marzyć o małżeństwie). Chciałem rozkazać jej: „Powiedz mu, że studiuję architekturę!", ale to oznaczałoby podjęcie dyskusji z jej ojcem i jednoczesne przyznanie się do faktu bycia „weekendowym malarzem". Zawsze, kiedy odmawiała wyprawy na Cihangir (od ostatniej naszej tam wizyty minęły tygodnie!), przestawałem logicznie myśleć i ślepo dążąc do kłótni, niemal prowokowałem: „A co jest złego w byciu malarzem?". Ale pustka panująca w tych przepięknych, wystawnych pomieszczeniach Muzeum Malarstwa i Rzeźby oraz budzące litość płótna na ścianach sprawiły, że milczałem; były wyczerpującą odpowiedzią. Poza tym wiedziałem już wtedy, że Halil Pasza był żołnierzem, który nie sprzedał ani jednego swojego płótna i razem ze smutną żoną, pozującą mu do obrazów, na starość żywił się suchym chlebem w wojskowych kantynach.

Następnym razem tak bardzo chciałem ją rozśmieszyć, że pokazałem jej śmiertelnie poważne płótna następcy tronu Abdülmecita *Goethe w haremie* i *Beethoven w haremie*. „Pójdziemy na Cihangir?", zapytałem po chwili, chociaż wcześniej przyrzekłem sobie, że już nigdy tego nie zrobię. Długo milczeliśmy, trzymając się za ręce. „Czy mam cię porwać?", dodałem tonem, który oboje znaliśmy z filmów.

Gdy podczas kolejnego spotkania, które bardzo trudno było zaaranżować z powodu ograniczenia rozmów telefonicznych Czarnej Róży, siedzieliśmy przed naszym obrazem w muzeum, moja piękna i smutna modelka ze łzami w oczach opowiadała o ojcu, który bezlitośnie bił jej braci, a ją kochał miłością patologiczną, zaborczą i przerażającą jednocześnie. Ale ona też bardzo go kochała. Uświadomiła sobie jednak, że jeszcze bardziej kocha mnie — chłopaka, którego teraz całowała jak nigdy wcześniej, namiętnie i rozpaczliwie, przez całych siedem sekund, jakie zajęło strażnikowi dojście pod drzwi sali. Całując się, trzymaliśmy w dłoniach swoje twarze, jakby były kruchymi przedmiotami z porcelany. Żona Halila Paszy spoglądała na nas ze smutkiem ze środka bogato złoconej ramy, a gdy strażnik zniknął w drzwiach, moja ukochana powiedziała: „Porwij mnie". „Dobrze".

Miałem wtedy własne konto bankowe, na które wpłacałem dawane mi przez babkę pieniądze. Poza tym po jednej kłótni rodzice zapisali mi jedną czwartą udziałów w sklepie przy alei Rumeli oraz różne papiery wartościowe, ale nie miałem pojęcia, gdzie się znajdowały. Obliczyłem, że jeśli w dwa tygodnie przełożyłbym jedną ze starych powieści Grahama Greene'a, a potem sprzedałbym tłumaczenie znajomemu wydawcy Nuriego (który już nie ukrywał się przed policją), mógłbym na dwa miesiące wynająć dla siebie i ukochanej mieszkanko podobne do pracowni w Cihangirze. A może, gdybym rzeczywiście ją porwał — zastanawiałem się — moja matka, która z troską pytała o powody mojego smutku, zgodziłaby się na to, byśmy oboje zamieszkali właśnie w Cihangirze?

Po tygodniu rozmyślań — a moje plany były tylko odrobinę bardziej realistyczne od dziecięcego marzenia, by zostać strażakiem — umówiłem się z Czarną Różą na placu Taksim, ale nie przyszła. Czekałem na nią w chłodzie półtorej godziny. Wieczorem, wiedząc, że oszaleję, jeśli natychmiast z kimś nie porozmawiam, zatelefonowałem do dawno nie widzianych kolegów z college'u. Przywitali mnie ciepło w jednej z tawern w Beyoğlu, zadowoleni, że jestem zakochany, bezsilny i sponiewierany. Z uśmiechem też przyjęli mój stan alkoholowego upojenia i przypomnieli, że nie tylko zamieszkanie z niepełnoletnią dziewczyną bez zgody jej ojca, ale nawet ślub z nią grozi kryminałem. Nie zasmucając mnie zbytnio, zapytali, kiedy mam zamiar malować, skoro chcę porzucić szkołę i zarabiać na nasze utrzymanie, a na koniec — jak przystało na prawdziwych przyjaciół — wetknęli mi do ręki klucz do mieszkania, w którym mogłem się spotykać z „leżącą dziewczyną", kiedy tylko chciałem.

Dwa razy czekałem ukryty w kącie przed zatłoczoną bramą liceum Dame de Sion. Za trzecim razem, pewnego śnieżnego popołudnia, udało mi się w końcu porwać moją ukochaną licealistkę. Przekonałem ją, aby poszła ze mną do mieszkania, które wcześniej próbowałem doprowadzić do porządku, ale musiałem przysiąc, że nikt tam nie będzie nam przeszkadzał. Niestety garsoniera, do której dał mi klucze dobroduszny kolega i która — jak się później dowiedziałem — była wykorzystywana także przez jego ojca, okazała się miejscem wyjątkowo odstręczającym. Czarna Róża natychmiast dała mi odczuć, iż jakikolwiek wysiłek związany z malowaniem lub stwarzaniem pozorów malowania skończy się fiaskiem. Trzy razy kochaliśmy się na wielkim łożu stojącym w tym dziwacznym mieszkaniu, gdzie na ścianie wisiał kalendarz jakiegoś banku, a na półce, między dwoma butelkami Johnny Walkera, stały pięćdziesiąt dwa tomy *Encyclopaedii Britanniki*. Ogarniał nas jednak coraz większy smutek... Kiedy zorientowałem się, że dziewczyna kocha mnie o wiele mocniej, niż przypuszczałem, kiedy zobaczyłem, jak drży w moich objęciach, jak łatwo i często tonie we łzach, w moim żołądku zaczął narastać uścisk, wobec którego byłem zupełnie bezbronny. Przy każdym spotkaniu uparcie opowiadała mi, że w czasie zimowych ferii ojciec pod pretekstem wyjazdu na narty zawie-

zie ją do Szwajcarii i umieści w tamtejszej szkole, do której
uczęszczały dzieci bogatych Arabów i głupich Amerykanów,
a panika przebijająca z jej tonu sprawiała, że wierzyłem we
wszystko, co mówiła. Chcąc ją pocieszyć, jak bohaterowie tureckich filmów obiecywałem jej, że ją porwę, a widok szczęścia w jej oczach sprawiał, iż sam zaczynałem to wierzyć.

Na początku lutego, tuż przed przerwą zimową, postanowiliśmy odwiedzić kolegę, który użyczył nam garsoniery
— chcieliśmy mu podziękować i zapomnieć o nadciągającej katastrofie. Wtedy właśnie moi szkolni znajomi pierwszy
raz zobaczyli moją ukochaną, a ja przekonałem się, że miałem rację, nie przedstawiając sobie kolegów z różnych światów, bowiem każdy z nich znał całkiem inną stronę mojej
osobowości. Od pierwszej chwili między Czarną Różą a moimi licealnymi przyjaciółmi wszystko ułożyło się źle. Kiedy
tamci, chcąc nawiązać z nią nić porozumienia, zaczęli się
naigrawać ze mnie, moja ukochana, która w innych, bardziej
sprzyjających okolicznościach (na przykład w te dni, gdy ze
śmiechem skakała z brzegu do morza) przyłączyłaby się do
tej niewinnej zabawy, teraz postanowiła wziąć mnie w obro-
nę. A kiedy zaczęli wypytywać ją o rodziców i o to, czym się
zajmują oraz gdzie mieszkają, ucięła rozmowę, wyraźnie dając im do zrozumienia, że nie podoba jej się takie śledztwo.
Pozostała część spotkania upłynęła nam na oglądaniu Bosforu przez okna restauracji w Bebeku oraz pijackiej paplaninie
o piłce nożnej i samochodach. Jedyną przyjemnością tego
wieczoru był dla niej przystanek w drodze powrotnej, jaki
urządziliśmy w najwęższym miejscu cieśniny, na Aşiyane,
aby popatrzeć na kolejny pożar drewnianej rezydencji wzno-
szącej się na przeciwnym brzegu.

Było to najpiękniejsze nadbosforskie *yalı*, w Kandilli,
dlatego żeby lepiej widzieć płomienie, wysiadłem z samochodu. W dłoni poczułem dłoń dziewczyny, coraz bardziej

znudzonej towarzystwem moich zafascynowanych widowiskiem kolegów. Oboje poszliśmy przed siebie, wzdłuż murów twierdzy, byle dalej od tłumu ludzi wpatrzonych w łunę i popijających herbatę. Opowiadałem jej, jak w liceum uciekałem ze szkoły, płynąłem promem na tamten brzeg i wędrowałem po nieznanych mi ulicach.

W ciemnościach, jakich użyczył nam maleńki cmentarz położony tuż obok, moja piękna modelka wyznała mi miłość, a ja, czując, jak przeszywa mnie ciemna siła bosforskich prądów, przysiągłem, że zrobię dla niej wszystko, i przytuliłem ją z całej siły. Pocałowaliśmy się, a kiedy w pewnej chwili otworzyłem oczy, na jej aksamitnej skórze zobaczyłem pomarańczowe światło łuny.

W drodze powrotnej, siedząc z tyłu w samochodzie, trzymaliśmy się w milczeniu za ręce. Kiedy zatrzymaliśmy się przed jej domem, wbiegła do środka jak dziecko. Nigdy więcej jej nie zobaczyłem. Nie przyszła na następne spotkanie.

Trzy tygodnie później skończyły się ferie, a ja zacząłem chodzić pod żeńskie liceum, gdzie czekałem w bezpiecznej odległości, wypatrując ukochanej wśród wychodzących dziewcząt. Po dziesięciu dniach zrozumiałem, że to na nic, ale chociaż wiele razy powtarzałem sobie, że nie ma sensu tam chodzić, każdego popołudnia nogi same niosły mnie pod bramę Dame de Sion, gdzie tkwiłem, aż tłum wychodzących się rozchodził. Pewnego dnia pod szkołą pojawił się najstarszy i najsympatyczniejszy z braci Czarnej Róży. Podał mi kopertę, mówiąc, że jego siostra przesyła mi gorące pozdrowienia ze Szwajcarii. W liście, który przeczytałem, paląc papierosa w jakiejś cukierni, pisała, że jest bardzo zadowolona z nowej szkoły, ale bardzo tęskni za mną i Stambułem.

Napisałem do niej dziewięć długich listów, siedem z nich włożyłem do kopert, z czego wysłałem pięć. Nigdy nie otrzymałem odpowiedzi.

36.
Statkiem po Złotym Rogu

W lutym 1972 roku, kiedy byłem na drugim roku architektury, coraz rzadziej zaglądałem na uczelnię. Jaki wpływ miały
na to smutek i uczucie samotności po stracie pięknej modelki? Czasami w ogóle nie wychodziłem z domu i całymi dniami czytałem. Innym razem brałem ze sobą jakieś opasłe dzieło (*Biesy*, *Wojnę i pokój*, *Buddenbrooków*) i czytałem w trakcie
wykładów. Wraz z Czarną Różą w zadziwiający sposób opuściło mnie też pragnienie malowania. Kiedy wodziłem pędz-

lem po płótnie albo rysowałem coś na kartce, nie czułem już tego samego co dawniej.

Nie miałem pojęcia, dlaczego przestałem czerpać przyjemność z malowania, które od dzieciństwa było dla mnie źródłem prawdziwej radości. Co gorsza, nie wiedziałem, co mógłbym robić w zamian. Egzystencja bez malowania, umożliwiającego ucieczkę od realnego świata, który inni nazywają życiem, zmieniła się w więzienie nie do zniesienia. Kiedy to wrażenie mnie ogarniało, a zwłaszcza gdy wypaliłem wcześniej papierosa, zaczynałem mieć trudności z oddychaniem. Kłopoty z zaczerpnięciem powietrza i ciężar prozy życia sprawiały, że czułem się, jakbym tonął. Pojawiało się wtedy we mnie pragnienie, by zadać sobie cierpienie, a jeśli i to nie wystarczyło — uciekałem z zajęć.

Ale od czasu do czasu nadal przychodziłem do pracowni, gdzie malowałem jak w transie, chcąc zapomnieć o pachnącej migdałami modelce albo przeciwnie — by jak najdłużej zachować ją w pamięci. Moje obrazy były jednak niekompletne. A może po prostu okłamywałem siebie samego? Przecież dzieciństwo dawno się skończyło, a ja wciąż chciałem czerpać z malowania dziecięcą radość. Porzucałem pracę w jakimś momencie, wiedząc już, jak będzie wyglądało moje dzieło, że nie będzie wystarczająco dobre. Te rozterki uzmysłowiły mi, iż przyjemność w obcowaniu ze sztuką dawał mi tylko nowy obraz i powinienem go obmyślić, zanim jeszcze wezmę pędzel do ręki. Przecież tak właśnie robiłem na początku i sprawiało mi to olbrzymią radość. Ale nie miałem pojęcia, jak można było myśleć o malowaniu w ten sposób. Do tej pory malowanie mnie uszczęśliwiało, dlatego nie mogłem zrozumieć, że czasami twórca potrzebuje cierpienia, a ból dodaje sztuce głębi.

Dodatkowo przerażała mnie świadomość, iż ten twórczy niepokój może być zaraźliwy. Po latach twierdzenia, że architektura również jest sztuką, w końcu zrozumiałem — nie ma dla mnie takiego znaczenia jak malarstwo. Moje jedyne zabawy z dzieciństwa związane z projektowaniem polegały na budowaniu domków z kostek cukru czy drewnianych klocków. A ponieważ pospolici, obdarzeni inżynierską duszą wykładowcy Politechniki Stambulskiej nie grzeszyli ani lekkim, ani twórczym podejściem do swojego przedmiotu, powoli zaczynałem czuć, że nieodwołalnie coś tracę i omija mnie prawdziwe życie. W takich chwilach wszystko nagle wydawało mi się nudne: toczące się wokół rozmowy, dzwonek, na który tak bardzo czekałem, słowa wykładowcy i żarty krążące podczas przerwy na papierosa — a ja nienawidziłem się za to, że nie potrafiłem uciec od tego bezcelowego, obcego i przykrego świata, i czułem, że znów zaczynam się dusić. Miałem wrażenie, że ucieka przeznaczony mi czas, a cel podróży coraz bardziej się oddala, jak to się często dzieje w snach. Walcząc z tym koszmarem, zaczynałem w zeszycie rysować wykładowców i siedzących przede mną pilnych kolegów, a także pisać parodie, pastisze i proste rymowanki na temat tego, co się działo w sali. Wkrótce miałem już niewielką grupę wiernych czytelników, niecierpliwie czekających na kolejną serię anegdot. Mimo to poczucie uciekającego czasu i bezsensowności mojego życia niekiedy stawało się tak nieznośne, że wybiegałem z uczelni godzinę po przyjściu (nie bacząc nawet na to, iż nadeptuję na linie między płytami chodnikowymi), chociaż miałem zamiar słuchać wykładów cały dzień.

Spacerowałem bocznymi uliczkami Taksimu i Tepebaşı albo wśród nie istniejących już kamienic w Perze, wzniesionych w dziewiętnastym wieku przez ormiańskich mistrzów. Czasami biegłem na Taksim, wskakiwałem do pierw-

szego lepszego autobusu, wysiadałem w dowolnym miejscu
i szedłem, gdzie mnie oczy poniosą. Wędrowałem bez celu
wąskimi, biednymi uliczkami Kasımpaşy; patrzyłem na stare domy Balatu, które, widziane po raz pierwszy, wydawały mi się podobne do tanich dekoracji teatralnych; na stare
greckie i żydowskie dzielnice, zmienione nie do poznania
pod wpływem nowych osadników i biedy; na słoneczne ulice Üsküdaru, gdzie jeszcze w latach osiemdziesiątych peł-
no było drewnianych domów i prawdziwie muzułmańskich
osiedli; na wyjątkowo stare ulice Kocamustafapaşy, zniszczone przez pospiesznie stawiane, złowieszcze betonowe bloki, i na cudowny dziedziniec meczetu Mehmeta Zdobywcy,
którego widok nigdy nie przestał mnie poruszać. Włóczyłem
się po Balıklı i okolicach, po coraz biedniejszych i starszych
rejonach Kurtuluşu i Feriköyu, sprawiających wrażenie, jakby klasa średnia zamieszkująca te okolice od tysięcy lat, tak

jak tego wymagała oparta na ucisku władza, zmieniła nagle język, pochodzenie i religię.

Na początku odwiedzałem te miejsca wiedziony pragnieniem ucieczki od szkoły, zajęć i świata, gdzie każdy ma swoją pracę, biurko, firmę. Ale wkrótce wyprawy — podczas których szukałem nie wiadomo czego, zafascynowany własną bezczynnością i bezcelowością działań, przeczuwając, że pewnego dnia coś połączy mnie z tym miastem, odkrywanym dom po domu i ulica po ulicy — zaczęły budzić we mnie mnóstwo emocji. Kiedy wiele lat później docierałem w te same miejsca z o wiele bardziej prozaicznych powodów i w mniej podniosłym nastroju, początkowo nie zdawałem sobie sprawy, że mam przed sobą smutne pomniki tamtych zdarzeń; dopiero na widok zrujnowanej studni, zniszczonej ściany bizantyjskiego kościoła, teraz jeszcze bardziej nadgryzionego zębem czasu (Pantokrator, Mała Hagia Sophia),

lub też skrawka Złotego Rogu, widocznego między mecze-
tem i pokrytą mozaiką ścianą paskudnego betonowego bloku,
przypominałem sobie, że doskonale znam tę okolicę. A także
jak wzburzony byłem wtedy, gdy patrzyłem na nią pierwszy
raz z tego samego miejsca. I zastanawiałem się, jak to możliwe, że ten widok tak bardzo się zmienił. Nie, to nie moja
pamięć szwankuje. Chodzi tu o zmienność uczuć. Krajobraz
był burzliwy, ponieważ ja byłem poruszony. Obserwowanie

miejskich widoków to umiejętność łączenia obrazów z uczuciami. Robienie tego z wprawą i szczerością oznacza angażowanie wszystkich uczuć: smutku, żalu, melancholii, ale również szczęścia, radości życia i optymizmu.

Jeśli nauczyliśmy się tak właśnie patrzeć na miasto i żyliśmy w nim dość długo, by wzbogacić jego perspektywę o nasze najprawdziwsze i najgłębsze uczucia, po jakimś czasie — jak piosenka przypominająca o utraconej miłości — poszczególne ulice, obrazy i widoki będą nam przywoływać na myśl różne stany duszy. Kto wie, może Stambuł wydaje mi się tak smutnym miejscem dlatego, że większość jego dzielnic, bocznych uliczek i ten szczególny widok, który zobaczyć można tylko ze szczytu jednego wzgórza, poznałem właśnie wtedy, gdy utraciłem pachnącą migdałami ukochaną?

Kiedy zrozumiałem, że nie ma już żadnej modelki, za którą chciałbym pobiec i którą chciałbym malować, poczułem coś, co później wiele razy miało mnie nawiedzać w snach. Któregoś przedpołudnia w marcu 1972 roku na placu Taksim wsiadłem do *dolmusza* (tak jak kiedyś robiliśmy z Czarną Różą) i kazałem kierowcy zatrzymać się na moście Galata. Nade mną wisiało mętne, szarosine niebo. Zanosiło się na śnieg, a chodnik był prawie pusty. Zobaczyłem drewniane schody od strony Złotego Rogu i zszedłem nimi na przystań.

Zwróciłem uwagę na maleńki prom, który właśnie miał odpłynąć. Kapitan, maszynista i pomocnicy niczym załoga liniowca oceanicznego zebrali się przy wejściu na jednostkę, jakby witali pojedynczych gości i, gawędząc, palili papierosy. Spodobała mi się ta atmosfera, dlatego wchodząc na pokład, pozdrowiłem ich, i kiedy siedziałem pośród ludzi w wyblakłych paltach, *takke*, chustkach na głowach i z siatkami w rękach, czekających, aż odbijemy od brzegu, wydawało mi się, iż tak wygląda moja codzienność; że każdego dnia razem

437

z nimi płynę tym promem do pracy. A kiedy prom wreszcie bezszelestnie ruszył, ogarnęło mnie bardzo silne poczucie przynależności, wrażenie — oto znalazłem się w sercu miasta. Doznanie było tak dojmujące, że poczułem coś jeszcze. Nad nami, na moście, gdzie wisiały kolorowe reklamy i przewody trakcyjne trolejbusów, których rogi widziałem ze swojego miejsca, i na głównych ulicach Stambułu trwało marcowe przedpołudnie 1972 roku. Ale tu, w dole, utknęliśmy w starszym i dużo pojemniejszym fragmencie czasu, rozciągającym się daleko w przeszłość. Jakby dostrzeżone przeze mnie przypadkowo drewniane schody, wiodące z mostu na przystań, cofnęły mnie niespodziewanie o trzydzieści lat: do chwil, kiedy Stambuł był jeszcze bardziej oderwany od reszty świata, smutniejszy i biedniejszy niż obecnie.

Za drżącą szybą ostatniej kajuty na piętrze tego stateczku zaczęły powoli przepływać pomosty na Złotym Rogu, pokry-

te drewnianymi domami wzgórza starego Stambułu i porośnięte cyprysami cmentarze. Setki fabryczek, sklepów, zakła-
dów produkcyjnych, kominów, magazynów tytoniu, ruiny
bizantyjskich kościołów, najbardziej mroczne i wąskie uliczki
i najbardziej efektowne osmańskie meczety, ciemne wzgórza,
stocznie, strawione przez korozję truchła statków i biedne
dzielnice... Widoczne za drżącą szybą kontury Pantokratora
na Zeyreku, wielkich magazynów tytoniu w Cibali, a nawet
cień stojącego w oddali meczetu Mehmeta Zdobywcy przypominały kadry ze starych stambulskich filmów i w samym
środku dnia sprawiały wrażenie zanurzonych w nocy.

Kiedy podpływaliśmy do jakiegoś pomostu, silnik, którego
warkot przypominał maszynę do szycia mojej matki, milkł,
szyby przestawały drżeć, a spokojne wody Złotego Rogu, ko-
bieciny wsiadające przy Fenerze z koszami pełnymi drobiu
na cumujący obok nas statek, wąziutkie uliczki dawnej dziel-

439

nicy greckiej, sterty starych opon, magazyny i stosy beczek, a także jeżdżące jeszcze wtedy po mieście furmanki stawały się wyraźne i czarno-białe, jakby ktoś wyciął je ze stuletnich pocztówek. Kiedy prom znów ruszał i obierał kierunek na pokryty cmentarzami przeciwległy brzeg, okna ponownie zaczynały dygotać, a rozmyty krajobraz, przesłonięty kłębami ciemnego dymu wydobywającego się z komina, stawał się jeszcze smutniejszy. Tu i ówdzie niebo robiło się prawie czarne i nagle w rogu kadru pojawiał się biały płatek śniegu, sprawiający, że obraz zaczynał przypominać roztapiającą się w ogniu filmową taśmę.

Czy tajemnica Stambułu polega na tym, że imponująca przeszłość współistnieje tu ze współczesną nędzą i obok wielkiej otwartości na obce wpływy niczym wielkiej tajemnicy strzeże się niedostępnego życia maleńkich społeczności? I że za ostentacyjną urodą pomników skrzętnie skrywane są rozsypujące się życie codzienne i kruche relacje z innymi

ludźmi? Wszystkie słowa wypowiedziane przez nas na temat naszego miasta, jego duszy i racji istnienia, będą w istocie opowieścią o naszym życiu. Jedynym centrum miasta jesteśmy bowiem my sami.

Dlaczego tak silny związek z mieszkańcami Stambułu poczułem właśnie wtedy, w marcu 1972 roku, kiedy uciekłem ze szkoły i wsiadłem na stary statek płynący po Złotym Rogu w stronę Eyüpu? Może chciałem przekonać samego siebie, że moje złamane serce i utrata malarskiej pasji — pasji, której planowałem poświęcić resztę życia — były nieistotne w porównaniu ze smutkiem mojego miasta? Patrząc na przegrany, stłamszony i przygnębiony Stambuł, próbowałem zapomnieć o własnym bólu. Ale w przeciwieństwie do bohaterów tureckich melodramatów, którzy melancholię wyssali z mlekiem matki i byli niejako zaprogramowani na porażkę „w miłości i w życiu", nie próbowałem smutkiem miasta tłumaczyć smutku własnego. Nie miałem ochoty zwierzać

się komukolwiek ze swego cierpienia. Niezwykłość mojej
sytuacji polegała na tym, że ani rodzina, ani nikt z mojego
bliskiego otoczenia nie traktował poważnie moich poetyc-
ko-malarskich planów. Lokalni poeci i malarze byli tak zapatrzeni w Zachód, że w ogóle nie dostrzegali Stambułu.
Robili wszystko, aby stać się częścią nowoczesnego świata, świata trolejbusów i kolorowych reklam z mostu Galata.
Wtedy jeszcze nie byłem przyzwyczajony do smutku, jakim
musiałem okupić oglądanie miasta; z powodu szczęśliwego i chętnego do zabawy dzieciaka, który krył się we mnie,
żyłem dosyć daleko od stambulskiego *hüzün*. Nie chciałem
się na niego zgodzić. Ale, poczuwszy ten smutek w sercu,
pobiegłem inną drogą — chciałem widzieć wyłącznie to, co
piękne.

Lecz kto powiedział, że uroda, bogata przeszłość albo tajemniczość miejsca ma być lekarstwem dla cierpiącej duszy? Może kochamy swoje miasta tak, jak kocha się rodzinę — ponieważ nie ma innego wyjścia? Musimy jednak zrozumieć, co i z jakiego powodu porusza nas w nich najbardziej.

Gdy prom, którym płynąłem, dobijał do Hasköy, doszedłem do smutnego wniosku, że moje pragnienie poczucia głębszego związku ze Stambułem wynika z tego, iż miasto nauczyło mnie więcej niż wszystkie szkoły razem wzięte. Za drżącymi szybami promu widać było jego sylwetkę, złożoną ze wzgórz, meczetów i kościołów, meczetu Sulejmana Wspaniałego i pałacu Topkapı, który pod ciemnymi chmurami wyglądał jeszcze bardziej tajemniczo niż zwykle; ale dostrzegałem też zniszczone drewniane domy i dzielnice greckie na Fenerze,

opuszczone z powodu niesłabnących nacisków władz. Odległe zakątki miasta i pozostałości jego dawnej tkanki, miejsca, w których historia przechodzi w zgliszcza, ruiny — w codzienne życie, a życie znów miesza się z historią, wyglądały
jak „drugi świat", mogący zastąpić moją wygasającą radość
malowania. Chciałem znaleźć się w samym środku tego poe-
tyckiego chaosu. Jeśli w dzieciństwie, w domu babki albo
w szkole uciekałem przed nudą w świat iluzji, tak teraz,
znudzony wykładami, chowałem się przed nią w samym
środku Stambułu. I właśnie tak ostatecznie pogodziłem się
z melancholią tego miasta, będącą źródłem jego dostojnego
piękna, melancholią, która była też jego przeznaczeniem.

Z moich wypraw rzadko wracałem do realnego świata,
czyli do domu, z pustymi rękami: stary żeton telefoniczny

z ząbkowanymi brzegami; kawałek cegły, który odpadł od tysiącletniego muru; nieokreślony przedmiot, wyglądający jak łyżka do butów i otwieracz do butelki w jednym; carskie banknoty obecne w tamtych czasach w każdym stambulskim sklepiku ze starociami; stempel firmy, która splajtowała trzydzieści lat wcześniej; ciężarki od wagi z ulicznego stoiska; stare, tanie książki kupione w antykwariacie, do którego niosły mnie nogi pod koniec prawie każdej z wypraw... Szukałem czasopism i książek o Stambule, wszelkich materiałów drukowanych, jak programy, rozkłady jazdy i bilety — były mi cennym źródłem informacji. Zacząłem je zbierać. Wiedziałem jednak, że wszystkich tych pamiątek nie będę przechowywał do końca życia — pozachwycam się nimi przez jakiś czas, a potem prędko o nich zapomnę — że poza tym nigdy nie stanę się obsesyjnym zbieraczem przedmiotów, ani nawet nienasyconym kolekcjonerem wiedzy jak Koçu. Ale kiedy obiekty te trafiały w moje ręce, mówiłem sobie, że są zaczątkiem czegoś wielkiego — imponującego obrazu, serii płócien, powieści w stylu Dostojewskiego, Tołstoja czy Manna, które akurat czytałem, albo innego projektu, którego formy nie byłem sobie w stanie wyobrazić. Kiedy docierało do mnie poetyckie, pełne smutku piękno Stambułu, a składały się nań wszystkie jego dziwactwa, starość, imperialny przepych i ruiny historii, miałem wrażenie, że tylko ja znam jego tajemnicę i tylko ja dostrzegam ukrytą w nim liryczność. Doznanie to nasilało się zwłaszcza wtedy, gdy patrzyłem przez okno na promy kursujące po Złotym Rogu — uznawałem to miasto za własne i tylko ja je widziałem w ten sposób.

Próbując zapanować nad nowym poetyckim spojrzeniem, z niekontrolowanym zapałem uganiałem się za wszystkim, co wiązało się ze Stambułem. To, czego dotknąłem, zdawało się przeistaczać w dzieło sztuki — każda informacja czy eksponat. Z ekscytacją, jaką odczuwałem w takich chwilach, chciałbym opowiedzieć o statku z drżącymi szybami.

Nazywał się „Kocataş". Razem ze swoim bratem o nazwie „Sarıyer" został skonstruowany w 1937 roku w stoczni Hasköy na Złotym Rogu. W obydwu statkach zamontowano wyprodukowane w 1913 roku silniki, wyjęte z jachtu „Nimetullah", należącego do Abbasa Hilmiego Paszy. Można się domyślać, że przyczyną drżenia szyb było niedopasowanie motoru do reszty konstrukcji. Lubiłem się zastanawiać nad podobnymi szczegółami i dzięki temu czułem się jak prawdziwy stambulczyk, a mój smutek i strach przed życiem nabierały głębi i prawdy. Mały „Kocataş" przeszedł na emeryturę w 1984 roku, dwanaście lat po odwiezieniu mnie na przystań przy Eyüpie.

Przedmioty, jakie przynosiłem do domu ze swoich wędrówek: kilka książek, wizytówka, stara widokówka albo dziwny tekst o Stambule — były dla mnie dowodami na to, że każda z wypraw naprawdę się odbyła. Wydawało mi się, że moje marzenia ziszczą się właśnie dzięki tym pozornie nieprzydatnym obiektom. Jak bohater Coleridge'a, który budzi się nad ranem z różą ze snu w dłoni, wiedziałem, że te wszystkie przedmioty nie pochodzą z drugiego świata, który mnie uszczęśliwiał w dzieciństwie, ale ze świata realnego, pasującego do moich wspomnień.

Mój problem związany z Eyüpem, dokąd zawiózł mnie prom „Kocataş", polega na tym, iż owa maleńka i cudowna wioska na samym końcu Złotego Rogu nie wygląda na rzeczywistą. Pogrążony w sobie, tajemniczy, religijny, malowniczy i mistyczny Eyüp jest miejscem tak doskonałym, że wciąż nie mogę pozbyć się wrażenia, iż to wytwór wyobraźni, idealny obraz Wschodu, turecko-muzułmański Disneyland zbudowany na obrzeżach miasta... Czy dzięki temu, że znalazł się poza dawnymi miejskimi murami i nie dotarły tu bizantyjskie wpływy ani powszechny w innych miejscach chaos? A może dlatego, że domy stoją tu wśród drzew i pięknych cmentarzy? Albo z powodu okolicznych wzgórz, na których szybciej niż gdzie indziej zapada wieczór? Z powodu religijnej i mistycznej pokory, która uchroniła to miejsce przed stambulską gigantomanią, naporem energii chaosu i ogarniającą siłą brudu, rdzy, dymu, zniszczenia, rozpadu i brudu? Eyüp jest uosobieniem zachodnich marzeń o „romantycznym" Wschodzie, dzięki czemu wszyscy go kochają — wciąż się europeizuje, zmienia, poświęca albo odnawia, pozostając z daleka od biurokracji, urzędów i centrum Stambułu. Ten sen o Wschodzie, nieskalany ideał, który Pierre Loti pokochał tak bardzo, że na stałe zamieszkał w tych stronach, ja uznałem za miejsce irytujące.

Kiedy tamtego dnia dotarłem na Eyüp, moja wspaniała melancholia, której źródłem były widoki Złotego Rogu, jego ruin i historia, ulotniła się w przejrzystym powietrzu. Powoli zaczynałem rozumieć, że kocham Stambuł właśnie za jego przygnębienie i za wszystko, co kiedyś utracił. A potem, aby się rozchmurzyć, oddaliłem się z Eyüpu w poszukiwaniu kolejnych ruin.

37.
Rozmowa z matką:
cierpliwość, ostrożność i sztuka

Przez długie lata moja matka przesiadywała wieczorami samotnie w salonie, czekając na ojca. On zaś spędzał czas w klubach brydżowych, a potem innych miejscach, i wracał do domu tak późno, że matka najczęściej już spała. Po kolacji, którą jedliśmy we dwoje (ojciec dzwonił, by poinformować, że jest bardzo zajęty i żeby na niego nie czekać), rozkładała na stole kremowy obrus, a na nim karty do pasjansa. Ten obrządek układania dwóch stosików, po pięćdziesiąt dwie karty każdy, odwracania po kolei kart i rozkładania ich według przypisanych im wartości, cyfr i kolorów był raczej szansą ćwiczenia cierpliwości niż źródłem przyjemności płynącej z rozpoznawania znaków i wymyślania na podstawie ich znaczeń własnej przyszłości. Dlatego kiedy pytałem, czy wróżba się udała, matka zawsze odpowiadała tak samo: „Nie wróżę, kochanie. Układam karty dla zabicia czasu. Która to godzina? Ułożę jeszcze jednego pasjansa i kładę się spać". A potem zerkała w stronę ekranu naszego czarno-białego telewizora na jakiś stary film albo debatę na temat dawnych obchodów ramazanu (w tamtym czasie istniał tylko jeden państwowy kanał), i mówiła: „Nie oglądam. Wyłącz, jeśli chcesz".

Ale wtedy ja zaczynałem oglądać znane mi z dzieciństwa czarno-białe ulice albo mecz piłki nożnej. Nie interesowało mnie jednak telewizyjne widowisko — szukałem jedynie wytchnienia od wrzawy panującej w moim wnętrzu i ucieczki od mojego pokoju, w którym samotnie przeżywałem niekończące się chwile myślowego zamętu. Dlatego każdego wieczoru przychodziłem do salonu, by trochę porozmawiać albo podyskutować z matką.

Niektóre z dyskusji zmieniały się w bolesne dla nas kłótnie. Zamykałem się wtedy w swoim pokoju i, żałując wypowiedzianych słów, czytałem do rana. Czasami wychodziłem w zimną stambulską noc i, paląc papierosa za papierosem, spacerowałem bez celu ciemnymi, złowrogimi ulicami Beyoğlu i Taksimu. Wracałem do domu zziębnięty, kiedy matka, tak samo jak całe miasto, dawno już spała. To wtedy wyrobiłem w sobie nawyk, któremu poddałem się przez następnych dwadzieścia lat: zasypiałem około czwartej nad ranem i budziłem się dopiero w południe.

Wszystkie rozmowy i spory prowadzone z matką w tamtym czasie, w sposób mniej lub bardziej otwarty, dotyczyły jednego: mojej przyszłości. Zimą 1972 roku, w połowie drugiego roku studiów na wydziale architektury, nagle przestałem chodzić na wykłady. Z wyjątkiem kilku zajęć, których opuszczenie oznaczałoby skreślenie mnie z listy studentów, prawie w ogóle nie pokazywałem się w Taşkışli.

Czasami przewrotnie pocieszałem się, że nawet jeśli nie zostanę architektem, będę miał w kieszeni uniwersytecki dyplom. To samo powtarzał mój ojciec i koledzy, co utwierdzało mnie w słuszności decyzji. W oczach matki moja sytuacja była niejasna. Radość, jaką kiedyś dawało mi malowanie, umarła, pozostawiając wyjątkowo bolesną ranę. Wiedziałem też już wtedy, że nigdy nie będę projektować, tak jak wiedziałem, iż nie mogę w nieskończoność czytać do świtu i wędrować po nocach ulicami Beyoğlu i Beşiktaşu. Dlatego moja niepewność zmieniała się czasem w paniczny strach, który podrywał mnie na równe nogi i kazał tłumaczyć matce, jak skomplikowany jest ten problem. A ponieważ nie miałem pojęcia ani po co to robię, ani też do czego tak bardzo chciałbym ją przekonać, nasze rozmowy szybko zmieniały się w walkę na oślep.

„W młodości byłam identyczna — twierdziła matka, a mnie wydawało się, że mówi tak, by zrobić mi na złość. — Tak samo jak ty uciekałam przed życiem. Twoje ciotki studiowały, obracały się wśród intelektualistów, bawiły na prywatkach i balach, a ja tak jak ty zostawałam w domu i godzinami jak głupia gapiłam się w stare egzemplarze «Illustration» dziadka". Zaciągając się papierosem, sprawdzała, czy jej słowa wywarły na mnie jakieś wrażenie. „Byłam nieśmiała i bałam się życia".

Gdy to mówiła, wiedziałem, że chciała dodać „jak ty", więc próbowałem powstrzymać buzujący we mnie gniew, powtarzając sobie, iż mówi to „dla mojego dobra". Ale za jej słowami kryło się głębsze, łamiące mi serce przeświadczenie, z którym miałem zamiar walczyć do upadłego. Odwracając spojrzenie od telewizora w kierunku świateł statków pełzających po wodach Bosforu, zastanawiałem się, co złościło mnie najbardziej.

Wiedziałem, że chodzi jej o to — choć matka nigdy tego głośno nie powiedziała — co leniwi stambulscy burżuje oraz podobnie myślący felietoniści w swoich pesymistycznych i pełnych impertynencji wspomnieniach określali następująco: „Tutaj nic dobrego nie może się wydarzyć".

Czarnowidztwo było ściśle związane ze stambulskim smutkiem, który łamał silną wolę mieszkańców miasta. Skoro jednak *hüzün* wynikał głównie z biedy, to dlaczego pesymizm manifestowali również ci, którym całkiem nieźle się powodziło? Może dlatego, że do bogactwa doszli drogą przypadku? A może, pragnąc ukryć tę przypadkowość, woleli zrzucić całą winę na kulturę smutku i pesymizmu? Byli jej częścią, ale nie potrafili stworzyć niczego, co równałoby się z wybitnymi dziełami świata zachodniego, który tak bardzo chcieli naśladować.

Ale pesymizm mojej matki, który zawsze był dla mnie symboliczny dla destrukcyjnego i ostrożnego życia klasy średniej, wynikał z czegoś więcej. Tuż po ślubie i narodzinach moich i brata ojciec okrutnie zaczął ranić jej serce. Czułem, że te jego zniknięcia i plajty, których nie przewidziała przed ślubem, zmusiły ją do przyjęcia postawy obronnej wobec życia. Kiedy w dzieciństwie zabierała mnie z bratem na targ w Beyoğlu, do kina albo parku, w odpowiedzi na spojrzenia mężczyzn przyjmowała skrajnie ostrożną postawę, jakby chciała ochronić siebie i rodzinę przed światem zewnętrznym. A kiedy zaczynaliśmy się z bratem kłócić i przepychać na ulicy, na jej twarzy pojawiały się jednocześnie złość i cierpienie, ale także pragnienie chronienia nas.

Ostrożność mojej matki przejawiała się w radach. Mówiła nam: „Bądźcie zwyczajni, normalni, tacy jak inni", „Nie zwracajcie na siebie uwagi". Takie spojrzenie na życie wynikało z tradycyjnej moralności i muzułmańskiego mistycyzmu, określającego całą tutejszą kulturę, i nakazywało skromność oraz umiarkowanie. Człowiek wyznający podobny światopogląd nie mógł zrozumieć, że można porzucić studia dla innej sprawy. Nie powinienem wyolbrzymiać własnego „ja", pielęgnować swoich moralnych i intelektualnych obsesji, a jeśli już miałbym sobie pozwolić na jakąś namiętność, to powinna być nią pasja do rozwijania cech pracowitości, szczerości i uczciwości. Być takim jak inni — oto pragnienia mojej matki. Sztuka, malarstwo czy kreacja — na taki komfort mogli pozwolić sobie wyłącznie Europejczycy. My zaś, mieszkańcy Stambułu drugiej połowy dwudziestego wieku, straciliśmy dawne bogactwo, siłę, hart ducha i chęci do robienia czegokolwiek. Dlatego, aby uniknąć niepotrzebnych rozczarowań, nigdy nie powinienem był zapominać, że „tutaj nic dobrego nie może się wydarzyć".

Chcąc dodać wagi temu twierdzeniu, matka czasami powtarzała, że wybrała dla mnie imię sułtana Orhana, ponieważ właśnie jego lubiła najbardziej ze wszystkich władców osmańskich. Jej sympatię zaskarbił sobie tym, że nigdy nie dążył do celów przesadnie wielkich, nie poświęcał sobie zbyt wiele uwagi, żył najzwyczajniej, bez ekscesów, dlatego w książkach historycznych mówi się o nim z szacunkiem, a także oszczędnie. Matka opowiadała mi o tym z uśmiechem, miała nadzieję, że kiedyś zrozumiem, dlaczego przywiązywała do tych cech taką wagę.

Za każdym razem, kiedy wychodziłem z pokoju i sprzeczałem się z matką, byłem świadomy tego, że w istocie buntuję się przeciwko byle jakiemu, smutnemu i skromnemu życiu, jakie oferował mi Stambuł, oraz banalnej przyszłości, jakiej pragnęła dla mnie matka. Czasami pytałem sam siebie, po co to robię, po co kłócę się z nią za każdym razem o to samo, ale nie potrafiłem znaleźć prawdziwej ani zadowalającej odpowiedzi.

„Kiedyś też wagarowałeś — gderała matka, sprawnie rozkładając karty. — Mówiłeś: «Jestem chory, boli mnie brzuch, mam gorączkę» i inne takie... Kiedy mieszkaliśmy w Cihangirze, na dobre weszło ci to w krew. I gdy któregoś ranka znów zacząłeś narzekać, że masz gorączkę, wrzasnęłam: «Dość już tego!!! Wszystko jedno, czy jesteś chory, czy nie, marsz do szkoły! Nie chcę cię widzieć w domu!»". Dobrze wiedziała, jak złościły mnie te jej opowieści, i może właśnie dlatego co jakiś czas zawieszała głos, najpierw śmiała się, potem milczała przez chwilę, zaciągając się papierosem, a na koniec, nie patrząc na mnie, dodawała z zadowoleniem: „A potem

już nigdy nie powiedziałeś, że jesteś chory i nie pójdziesz do szkoły". „Wobec tego mówię to teraz! — rzuciłem któregoś wieczoru rozwścieczony. — Już nigdy nie pójdę na wydział architektury!" „To co masz zamiar robić? Będziesz siedział w domu tak jak ja?"

Powoli rosło we mnie pragnienie, by trzasnąć drzwiami i wyjść z domu, zanurzyć się w bocznych uliczkach Beyoğlu, wędrować bez celu na wpół pijany i na wpół szalony, paląc papierosy, jak ktoś, ktoś nienawidzi wszystkiego i wszystkich. A kiedy już znalazłem się na ulicy, patrzyłem na witryny, restauracje, zanurzone w półmroku kawiarenki, mosty, wejścia do kin, ogłoszenia, litery, brud, błoto, krople deszczu wpadające do czarnych kałuż na chodnikach, światła neonów, samochodowe reflektory i psie wataby, przewracające kubły na śmieci w poszukiwaniu pożywienia, nagle w jakimś najmroczniejszym zakątku Stambułu ogarniało mnie prag-

nienie, by biec do domu i napisać coś, w czym zawarłyby się wszystkie te widoki, mroczna dusza miasta i jego chaotyczna, udręczona i tajemnicza postać. Dokładnie to samo czułem kiedyś w chwilach szczęścia, radości i namiętności, kiedy budziło się we mnie nieodparte pragnienie malowania. Teraz jednak nie wiedziałem, co mam robić.

„Jedzie winda?", pytała matka. Oboje nasłuchiwaliśmy z uwagą, ale nie dobiegł nas żaden dźwięk przypominający odgłos windy. Ojciec nie przychodził. Ze zdumieniem spoglądałem na matkę, która znowu koncentrowała się na kartach i z jeszcze większym zaangażowaniem zaczynała układać kolejnego pasjansa. W jej dłoniach i gestach wciąż była ta sama troska, działająca na mnie kojąco w dzieciństwie, która tak mocno przywiązywała mnie do niej i której brak tak bardzo mnie ranił. Nie wiedziałem już jednak, czym dokładnie były te gesty. Tkwiłem w zawieszeniu między wściekłością i bezbrzeżną miłością. Cztery miesiące wcześniej, po długim śledztwie, matka odkryła garsonierę na Mecidiyeköy, w której ojciec spotykał się ze swoją kochanką. Sprytnie wyłudziła klucz od dozorcy, weszła do tego mieszkania, a to, co tam zobaczyła, opisała mi później bez większych emocji. Na łóżku leżała piżama ojca, identyczna jak ta, której używał w domu, a przy łóżku, na komodzie — sterta książek o brydżu, jakie wtedy czytał.

Przez długi czas nikomu o tym nie wspomniała. Dopiero po kilku miesiącach, kiedy po raz kolejny cierpliwie układała pasjansa, zerkając kątem oka na telewizor, a ja jak zwykle wyszedłem z pokoju, żeby z nią porozmawiać, nagle wyznała mi to wszystko... Widząc moje cierpienie, skróciła opowieść. Nie mogę nic na to poradzić — ale owa historia o drugim domu, w którym ojciec spędzał codziennie kilka godzin, zawsze budzi we mnie metafizyczny dreszcz. Jakby ojciec dokonał tego, czego ja nie potrafiłem: odnalazł w środku miasta wierną kopię siebie i to z nią, a nie ze swoją sekretną kochanką spotykał się każdego dnia. Ta iluzja budziła we mnie poczucie, że w moim życiu, w mojej duszy, czegoś zabrakło.

„W końcu będziesz musiał skończyć jakieś studia — powiedziała matka znad kart. — Z malowania się nie utrzymasz, będziesz musiał iść do pracy. Nie jesteśmy już tak bogaci jak kiedyś". „Nieprawda", odparłem, bo już dawno obliczyłem, że nawet gdybym nic nie robił, majątek rodziców wystarczyłby mi do końca życia. „Myślisz, że się utrzymasz z malowania?" Gest, z jakim nerwowo zgasiła papierosa, ironiczny i protekcjonalny ton oraz obojętne przekładanie kart w chwili, kiedy ja odpowiadałem, wskazywały na to, że oboje szybko i z sukcesem zmierzamy do kolejnej wieczornej awantury. „To jest Stambuł, nie Paryż — powiedziała, a w jej głosie zabrzmiała niemal radość. — Nawet gdybyś był najlepszym malarzem na świecie, nikt na ciebie nie zwróci uwagi. Będziesz sam jak palec. Nikt nie zrozumie, dlaczego chcesz porzucić wszystko, żeby zostać artystą. Gdybyśmy chociaż żyli wśród ludzi, dla których liczy się sztuka i obrazy! Ale nawet w Europie każdy wie, że van Gogh i Gauguin nie byli całkiem normalni".

Oczywiście była wierną słuchaczką opowieści ojca o legendach literatury egzystencjalnej, tak chętnie czytywanej w latach pięćdziesiątych.

W naszym domu znajdowała się encyklopedia — z pożółkłymi już stronami i sfatygowaną okładką — w której matka zawsze sprawdzała różne fakty. To encyklopedia podsunęła mi sarkastyczną ripostę: „Twój *Petite Larousse* mówi, że wszyscy artyści to wariaci?". „Nie wiem, synu. Jeśli człowiek ma talent i szczęście, a do tego jest pracowity, być może ma szanse na popularność w Europie. Ale w Turcji na pewno zostanie uznany za szaleńca. Nie zrozum mnie źle i nie obrażaj się. Mówię to tylko po to, żeby ci oszczędzić kłopotów".

Ale to właśnie te słowa, wypowiedziane od niechcenia znad ułożonych na stole kart, doprowadzały mnie zawsze do szewskiej pasji. „A za co niby miałbym się obrażać?", zapytałem, jakbym prosił o kolejny cios. „Nie chcę, żeby ktokolwiek myślał o tobie jak o człowieku, który ma problemy emocjonalne — odpowiedziała. — Dlatego nie mówię znajomym, że nie chodzisz do szkoły. Bo nie byliby w stanie zrozumieć, że chcesz rzucić studia dla malarstwa. Pomyśleliby, że zwariowałeś. Zaczęłyby się plotki..." „Możesz im wszystko powiedzieć — stwierdziłem. — Chcę zostawić szkołę właśnie po to, żeby nie być takim głupcem jak oni". „Nie zrobisz tego. Kiedy byłeś mały, też w końcu brałeś tornister i posłusznie maszerowałeś do szkoły". „Już wiem, że nie chcę być architektem". „Postudiuj jeszcze dwa lata. Dostaniesz dyplom, a potem będziesz tym, kim zechcesz: architektem albo malarzem". „Nie". „A wiesz, co mówi o twoim pomyśle Nurcihan? — zapytała matka z doskonale wyczuwalną chęcią zranienia mnie. — Nurcihan uważa, że twoja agresja jest wynikiem naszych kłótni z ojcem, a do szkoły nie chodzisz z powodu jego kochanek". „Mam w nosie, co myślą o mnie twoje głupie przyjaciółeczki z towarzystwa!", powiedziałem, czując, jak zalewa mnie krew. Chociaż wiedziałem, że wyprowadzanie mnie z równowagi sprawia jej przyjemność, za każdym razem połykałem przynętę i zatracałem się we wściekłości. „Strasznie jesteś dumny, synu. Ale to mi się podoba. Bo najważniejsza w życiu nie jest jakaś tam sztuka, ale właśnie duma. Wielu ludzi w Europie zostaje artystami dlatego, że są dumni i hardzi. Bo tam artystów nie traktuje się jak hydraulików czy majstrów, ale jak ludzi wybitnych. Czy tutaj jednak będziesz umiał być malarzem i jednocześnie zachować tę dumę? Żeby przekonać do swoich obrazów ludzi, którzy nie mają o sztuce zielonego pojęcia, będziesz musiał kajać się przed każdym urzędnikiem, bogaczem, a nawet zwykłym dziennikarzyną. Czy będziesz potrafił to robić?"

W tamtej chwili w samym środku złości poczułem przypływ niesamowitej energii, która niemal wypchnęła mnie na zewnątrz ciała. Ta furia, której siła mnie zaskoczyła, spowodowała, iż chciałem już tylko pędzić bez tchu ulicami. Ale zostałem, wiedząc, że jeśli wplączę się w kolejną kłótnię z matką, wiedziony pragnieniem niszczenia, buntu z całych sił, zadawania i odczuwania bólu, po kilku przesadnie ostrych słowach trzasnę drzwiami, wyjdę w ciemną, brudną noc i pobiegnę przed siebie wąskimi uliczkami. Nogi będą mnie niosły w górę i w dół nierównymi chodnikami, obok zgasłych albo ledwo świecących latarni, gdzie ulice pokryte są brukiem. Marząc o tym, że pewnego dnia dokonam czegoś wielkiego, będę długo spacerował, z perwersyjnym zadowoleniem, że jestem częścią tego przygnębiającego, odrażającego i nędznego świata. I jak żałosny, lecz pełen pasji człowiek z radością zacznę się wpatrywać we własne iluzje, marzenia i obrazy, migające mi przed oczami niczym sceny teatralnej sztuki.

„Flaubert też przez całe życie mieszkał z matką — ciągnęła, uważnie rozkładając karty, z troską, ale lekceważącym tonem, który jeszcze bardziej wytrącał mnie z równowagi. — Ale ja nie chcę, żebyśmy całe życie obijali się o siebie w jednym domu. On mieszkał we Francji. Tam każdy kłania się artystom w pas. A tutaj na malarza, który rzucił szkołę dla sztuki i całe życie mieszkał z matką, czeka albo dom wariatów,

albo knajpa. Wiesz dobrze, że nie znajdziesz szczęścia, jeżeli twoim jedynym celem będzie zostać malarzem. Jeśli zdobędziesz zawód i pracę, która da ci bezpieczeństwo i pieniądze, wierz mi, więcej przyjemności znajdziesz w malowaniu".

Dlaczego w takich chwilach smutku, złości i przygnębienia znajdowałem przyjemność w nocnych spacerach po mieście, w których za jedynego towarzysza służyły mi moje sny? Dlaczego nie lubiłem słonecznych, pięknych miejsc, które uwielbiali turyści i producenci pocztówek, a wolałem wyludnione, mroczne zakątki, wieczory, lodowate zimowe noce, ledwo widoczne w bladym świetle lamp ludzkie cienie i brukowane uliczki, o których wszyscy już zapomnieli?

„Jeśli nie zostaniesz architektem albo nie zaczniesz zarabiać w inny sposób, będziesz zależny od tych, którzy są bogatsi i silniejsi od ciebie. Staniesz się zakompleksiony i niespokojny jak reszta biednych tureckich artystów. Rozumiesz mnie, synu? Wiesz dobrze, że nikt w tym kraju nie wyżyje ze sprzedawania obrazów, które namalował. Czeka cię nędza, szykany i poniżenie, całe twoje życie zmieni się w pasmo niepokoju i przewrażliwienia. Czy nie szkoda na to wszystko kogoś tak mądrego, dobrego i pełnego życia jak ty? Naprawdę tego chcesz?"

„Wysiądę na Beşiktaşu, ale nie zatrzymam *dolmusza*, tylko pójdę wzdłuż muru pałacu Dolmabahçe aż pod sam stadion", planowałem w myślach. Lubiłem wędrować obok tego wysokiego na dwadzieścia metrów muru i patrzeć na jego pociemniałe, porośnięte mchem kamienie. A jeśli na Dolmabahçe znów poczuję tę rozpierającą energię, która rośnie we mnie czasem jak pulsująca gniewem żyła na moim czole, wtedy w dwanaście minut wejdę pod górę na Taksim.

„Nawet w najgorszym dla nas czasie byłeś wiecznie zadowolonym, radosnym, miłym i słodziutkim dzieckiem. Każdy uśmiechał się na twój widok. Nie tylko dlatego, że byłeś sympatyczny — po prostu nie wiedziałeś, czym jest smutek. Nie nudziłeś się nigdy i w najgorszych chwilach potrafiłeś pocieszać się marzeniami. Nawet gdybym nie była twoją matką, nie pozwoliłabym, aby ktoś taki stał się zatroskanym i nieszczęśliwym artystą uzależnionym od kaprysów innych. Dlatego chciałabym, abyś wysłuchał mnie uważnie i nie gniewał się".

A kiedy już będę wspinał się w stronę Taksimu, zerknę na ciemny krajobraz rozjaśniony nielicznymi światłami Galaty, dotrę na Beyoğlu, kilka minut spędzę przy stoliku sprzedawców książek w alei İstiklal, a potem będę ćmił papierosa i popijał piwo z wódką w piwiarni pękającej od harmideru ludzi i włączonego telewizora (zerkając, czy przypadkiem nie ma gdzieś blisko jakiegoś znanego poety, pisarza czy artysty), aż

do chwili, gdy poczuję na sobie zaciekawione spojrzenia, co ten człowiek (o dziecięcej twarzy) robi samotnie w tłumie nieogolonych mężczyzn.

I znów zanurzę się w noc. Przejdę główną aleją, a potem zacznę obserwować światła latarni i telewizorów, odbijające się w mokrych chodnikach Beyoğlu, Çukurcumy, Galaty i Cihangiru. Przystanę, wpatrzony w wystawę sklepu ze starociami, sklepiku spożywczego z lodówką na froncie albo apteki, gdzie wciąż jeszcze wisi plakat z modelką z mojego dzieciństwa. I zrozumiem, jak bardzo jestem szczęśliwy. Oślepiający gniew, jaki czułem, słuchając matki, godzinę później, kiedy zziębnięty będę spacerował ulicami Beyoğlu (a może tym razem powinienem odwiedzić uliczki Fatihu i Üsküdaru?), zmieni się w pasję, która rozświetli całą moją przyszłość. W rozkołysanych długim spacerem i piwem myślach przyznam, że bardzo kocham te brudne, ciemne i smutne ulice. Poczuję się tak niewiarygodnie szczęśliwy, że będę chciał natychmiast wrócić do domu, usiąść za biurkiem i pisać coś albo rysować, by w jakiś sposób zatrzymać i uchwycić te cudowne chwile. Będę czuł się dokładnie tak jak wtedy, gdy brałem do ust kawałek ulubionego owocu lub kulkę do gry i chciałem je trzymać całymi godzinami.

„Ten obraz, który wisi na ścianie, dostaliśmy od Nermin w prezencie ślubnym. A kiedy ona wychodziła za mąż, postanowiliśmy z ojcem zrewanżować się tym samym. I poszliśmy do domu pewnego znanego malarza. Gdybyś zobaczył, jak najpopularniejszy turecki artysta ucieszył się, że ktoś w końcu zadzwonił do jego drzwi; jakie pozy przybierał, by ukryć radość, i jak kłaniał się, kiedy wychodziliśmy od niego z obrazem! Przenigdy nie chciałbyś przeżywać tego, co on. Dlatego ukrywam przed wszystkimi fakt, że mój syn chce porzucić szkołę. Kiedy ludzie, których nazywasz głupcami, dowiedzą się, żeś wyrzekł się swojej przyszłości, by pewnego dnia móc im sprzedać jakiś obraz, pewnie kupią od ciebie kilka sztuk choćby dla przyjemności upokorzenia mnie i twojego ojca. Może będą ci współczuć i rzucą trochę pieniędzy. Ale nigdy, przenigdy żaden z nich nie odda swojej córki artyście. Jak myślisz, dlaczego ojciec tej ładnej dziewczyny, której portrety malowałeś, wysłał ją do Szwajcarii, kiedy tylko dowiedział się o waszej miłości? Żeby móc żyć z honorem w tym biednym kraju, pośród słabych, bezwolnych i nieokrzesanych ludzi, musisz mieć pracę i pieniądze. Tylko wtedy będziesz mógł chodzić z podniesionym czołem. Nie porzucaj architektury, synu. Zmarnujesz sobie życie. Spójrz na Le Corbusiera, o którym wciąż opowiadasz — chciał być malarzem, ale studiował architekturę".

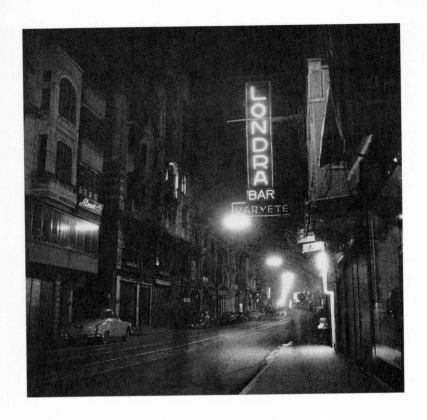

Ulice Beyoğlu, ciemne zakątki, chęć ucieczki i poczucie winy pulsowały w mojej głowie jak migoczące neony. Wiedziałem już, że tego wieczoru nie będzie kłótni. Za chwilę otworzę drzwi, wyjdę na ulicę dającą mi spokój, będę długo szedł przed siebie, a o północy wrócę do domu i usiądę przy biurku, żeby wydobyć coś z nastroju i ducha tych miejsc, które przed chwilą widziałem.

„Nie będę malować — powiedziałem. — Zostanę pisarzem".

2002–2003

O fotografiach

Kiedy wybierałem zdjęcia do tej książki, ponownie ogarnęły mnie wątpliwości i wzruszenie, które pojawiły się już podczas pracy nad tekstem. Przesiadując w należącym do Ary Gülera mieszkaniu na Beyoğlu, które było połączeniem pracowni, archiwum i muzeum, za każdym razem, kiedy napotykałem zapomniany już widok, doskonale mi znany z dzieciństwa (na przykład holownik, który obniżał komin przepływając pod mostem, s. 357), zanurzałem się w przeszłość z tęsknotą i zdziwieniem. Kiedy widziałem jakąś cudowną starą fotografię, która wracała jak echo z bardzo odległych czasów, czułem, że ogarnia mnie nagłe pragnienie ukrycia tego wspomnienia albo przeciwnie — chciałem dokładnie je opisać. Tak było w przypadku fotografii zaśnieżonego mostu Galata, umieszczonej na stronie 398. Niezwykłe i nieprzebrane archiwum Ary Gülera, za

każdym razem budzące we mnie niemal pijacką radość ze wspominania przeszłości, jest doskonałą dokumentacją stambulskich widoków i codziennego życia tego miasta od lat pięćdziesiątych dwudziestego wieku po dzień dzisiejszy. Poniżej przedstawiam listę fotografii Ary Gülera zamieszczonych w tej książce: 10–11, 45, 47, 53, 56, 60–61, 63, 70 (dół), 71, 74, 75 (po prawej), 124, 125, 127, 129, 130, 132, 133, 137, 139, 144, 148, 185, 225, 226, 235, 260, 284, 292, 295, 316, 318, 320, 322, 328 (dół), 329, 330, 334, 336, 354, 355, 356, 358, 359, 369, 387, 398, 406, 407, 408, 435, 436, 438, 439, 440– –441, 442, 443, 444, 445, 454, 459, 460, 464.

Natomiast przeszukiwanie archiwum należącego do urodzonego w 1912 roku Salahattina Giza, na które składały się fotografie ulic Beyoğlu, zrobione przez Giza jeszcze wtedy, kiedy uczył się w liceum Galatasaray, oraz przez czterdzieści dwa lata pracy dla gazety „Cumhuriyet", z nieznanych mi powodów dawało mi poczucie obcowania z czymś magicznym i intymnym jednocześnie. Może dlatego, że Giz, tak jak ja, najbardziej lubi puste i ciche stambulskie uliczki oraz zaśnieżone widoki: 44–45, 49, 51, 58–59, 69, 70 (góra), 73, 75 (z lewej), 79, 80–81, 115, 128, 146, 172, 182, 183, 186–187, 188–189, 222, 269, 270.

Pragnę podziękować Urzędowi Miasta Stambułu, który udostępnił mi i pozwolił opublikować będące w jego posiadaniu zbiory fotografii dziennikarza i fotografika Hilmiego Şahenka: 54, 60–61, 62, 68, 83, 131, 186, 258, 267, 302, 357, 386, 397, 434, 440–441, 442.

Zdjęcie świątyni Hagia Sophia zamieszczone na stronie 289 zostało wykonane w 1853 roku przez Jamesa Robertsona.

Fotografie autorstwa braci Abdullahów, którzy pod koniec dziewiętnastego wieku założyli w mieście własne atelier, znajdują się na stronach 287, 291 oraz 297.

Przygotowując się do pracy nad niniejszą książką odkryłem, że niektóre pocztówki Maxa Fruchtermanna wykorzystują fotografie wykonane przez wspomnianych braci Abdullahów.

Zdjęcia zamieszczone na stronach 69, 70, 71, 77, 294, 295, 296, 298, 312, 326, 328 (góra), 360–361, 362–363 (modna w owym czasie seria pięciu pocztówek z panoramą miasta) są kopiami kartek pocztowych Fruchtermanna.

Zdjęcia na stronach 175, 178, 180, 201, 204, 280, 298, 322, 323 są nieznanego autorstwa. Dostałem je od kogoś i bezskutecznie starałem się odnaleźć ich autora.

Dziękuję Fondation Le Corbusier za zamieszczoną na stronie 57 reprodukcję płótna Le Corbusiera.

Na stronie 65 zamieszczono reprodukcję ryciny Thomasa Alloma, na 332 — obrazu hodży Alego Rızy, na 424 — wizerunek „leżącej kobiety" Halila Paszy.

Reprodukcje rycin na stronach 86–87, 88, 90–91, 92–93, 96, 97, 98–99, 100–101 oraz powiększony detal ze strony 279 należy do Mellinga.

Pozostałe fotografie rodzinne pochodzą z mojego prywatnego archiwum. Większość z nich wykonał mój ojciec, jedną wuj albo matka. Fotografię zamieszczoną na początku tego rozdziału zrobił Murat Kartoğlu.

Jak napisałem w rozdziale 28, fotografie Cihangiru i Beşiktaşu, umieszczone na stronach 341, 342, 343, 344, 345, wykonałem własnoręcznie. Wielką satysfakcję daje mi świadomość, że znajdujące się na stronie 116 zdjęcie pokrytej brukiem stromej uliczki na Cihangirze zrobiłem, mając lat piętnaście.

Dziękuję Esrze Akcan i Emremu Ayvazowi za uważną lekturę i sugestie.

Wymowa w języku polskim
niektórych głosek tureckich

ç — czyt. cz (Dolmabahçe — Dolmabahcze)

c — czyt. dż (Çukurcuma — Czukurdżuma)

ı — czyt. y (Kız Kulesi — Kyz Kulesi)

j — czyt. ż (Kolej — Koleż)

ş — czyt. sz (Şehrengiz — Szehrengiz)

y — czyt. j (ayran — ajran)

ğ — a) wydłużenie poprzedzającej samogłoski i ścieśnienie
gardłowe (Beyoğlu — czyt. Bejoulu)

    b) czyt. j (w otoczeniu samogłosek przednich: e, i, ö, ü;
np. eğer czyt. Ejer)

ö — francuskie eu, niemieckie ö

ü — francuskie u, niemieckie ü

W tytułach, będących częścią nazwiska (np. Pasza), przyjęto
pisownię spolszczoną.

Indeks nazwisk i tytułów

Indeks najważniejszych miejsc w Stambule opisywanych w książce

Spis treści

Redaktor serii
Anita Kasperek

Konsultacja merytoryczna
prof. dr hab. Tadeusz Majda

Zespół redakcyjno-korektorski
*Renata Bubrowiecka, Paweł Ciemniewski, Anita Kasperek,
Ewa Kochanowicz, Anna Rudnicka*

Zdjęcie na okładce — fot. Ara Güler; na wewnętrznych stronach
okładki wykorzystano rycinę Antoine'a-Ignace'a Mellinga.

Opracowanie graficzne okładki i stron tytułowych
Marek Pawłowski

Redakcja techniczna
Bożena Korbut

Książkę wydrukowano na papierze Ecco Book Cream 70 g, vol. 2,0

Printed in Poland
Wydawnictwo Literackie Sp. z o.o., 2008
ul. Długa 1, 31-147 Kraków
bezpłatna linia telefoniczna: 0 800 42 10 40
księgarnia internetowa: www.wydawnictwoliterackie.pl
e-mail: ksiegarnia@wydawnictwoliterackie.pl
fax: (+48-12) 430 00 96
tel.: (+48-12) 619 27 70
Skład i łamanie: Infomarket
Druk i oprawa: Drukarnia Kolejowa, Kraków

Książki Orhana Pamuka
w Wydawnictwie Literackim:

NAZYWAM SIĘ CZERWIEŃ
NOWE ŻYCIE
STAMBUŁ
ŚNIEG

Już wkrótce DOM CISZY

*Cały naród śpi, cały Wschód śpi (…).
Kiedy się obudzą? Durnie, śpią w bez-
myślnym poczuciu spokoju, pogrążyli się
w głupim błogostanie kłamstw, śpią
z prymitywną radością wynikającą
z wiary, że świat jest zgodny z bzdurami
wypełniającymi ich głowy i głupimi
historyjkami! Wezmę pałkę i waląc w ich
łby, obudzę wszystkich! Głupki, uwolnijcie
się wreszcie od tych kłamstw, przebudźcie
i przejrzyjcie na oczy!* (fragment książki)

Dzieje upadku jednej rodziny na tle
burzliwej historii Turcji XX wieku.
Konflikt pokoleń, rodzinne tajemnice
i utopijne marzenie o Księdze –
encyklopedii, która oświeci tkwiące
w mrokach niewiedzy i zabobonu
społeczeństwo.

Powieść ukaże się w 2009 roku
w przekładzie Anny Sulimowicz.